実践 メディア・コンテンツ論入門

岩崎達也
Iwasaki Tatsuya

Media/Contents

慶應義塾大学出版会

はじめに

　スマートフォンの普及と呼応するように、ソーシャルメディアは急速に進展し、マスメディアの存在が薄れてきたかのように見える。それは、デジタル化によるメディアの構造変化か、デバイスの進化による市場の変容か、はたまた、技術の進歩によるメディアの送り手・受け手の関係性の変化だろうか。メディアの世界が大きく揺れ動き、次への模索が始まっていることは間違いない。そういった状況だからこそ、メディアの原点やその基本的思想に立ち返り、そこから今を見、未来を予測することが重要だろう。広告の世界に11年、テレビの世界に20年身を置く筆者にとって、いまメディアに何が起きているのか、明らかにしなければならない事態である。

　かねてから新たなメディアが誕生すると、その効果や影響について多くの議論が起こってきたが、今まさにそういった時代の渦中にいるのではないだろうか。マクルーハンは、『メディアの法則』の中で、新しく登場したメディアは「強化」、「衰退」、「回復」、「反転」の4つの効果を生み出すとしたが、既存のメディアがそれぞれどのような効力を持つ時期にあるのかを考えることも、メディアを読み解くうえでのヒントになるだろう。

　人のコミュニケーションの歴史を振り返ってみよう。それは、声の文化、文字の文化、複製技術による活字の文化、そして電子メディアの文化への進展と捉えることができる。言い換えれば、声や身振りなどの1対1の対面的コミュニケーションから、文字、声、画像をメディアによって伝える1対多の伝達とコミュニケーションへと移行した。それは、どちらも送り手と受け手という一元的な関係性の中で行われるものであった。しかし、インターネットの出現によって、多対多の情報発信、もしくは1対1が多とつながるコ

ミュニケーションの時代へと変容した。そこには送り手と受け手という関係性はなく、ソーシャルグラフ[*1]でつながる多数で双方向な関係が存在する。北田が『広告都市・東京・その誕生と死』で指摘するように、ネット社会では「送り手がメッセージをエンコードし、受け手がそれをさまざまにデコードするというマスメディア的なコミュニケーション・モデル」（北田，2002: 143-144）はしだいに効力を失っている。

　放送環境や技術的側面の変化を見ると、地上波放送のデジタル化（2011年7月24日）や視聴のためのデバイスの多様化がある。また、デジタル技術による表現技法の発達と映像など情報量の多い表現の簡便化や複製の簡易化は、アマチュアがメディア表現と発信に参入する可能性を大きく広げた。また、フェイスブックやツイッターなどソーシャルメディアの浸透とも相まって、流通する情報の総量を急速に押し上げている。情報センサス調査によると、取得可能情報量は10年前の約2倍に膨れ上がっているが、消費される情報量はほとんど変わらないという（総務省情報通信政策研究所，2011.8）。すなわち、発信した情報が以前より到達しにくくなったということである。

　こういったメディアの変化、デバイスの多様化、それに伴うコミュニケーションの変化の中で、氾濫する情報の中から有用な情報を掬い出し、自分の生活にどのように活かしていくのか。とりわけメディアの世界での活躍を志すものであれば、そういった状況をどのように仕事に活かし変化の時代を勝ち抜くのか。知識とスキルを持つことが肝要である。

　本書では、メディアの考え方や概要を示しつつ、いわゆるマスメディアやソーシャルメディアといった情報や映像を伝える手段としてのメディアを多角的に捉えている。そして、メディアを学ぶとともに、それを活用できる手立てとなる実践性の高いメディア論のテキストにしたいと考えた。そのために、社会学、マーケティング論、広告論など学問分野をまたぎ、さらに実務的な要素を多分に加えている。学問的な観点からすれば、多少逸脱した形にはなったが、本書を読む（使う）であろう大学生、大学院生、社会人など、メディアに関心のある人たちの視点に立った時に、どういったものが「使え

る！」のかを考えて、このスタイルでまとめることとした。また、自らの職務経験から広告とテレビに関する記述が多く、全体としての記述の分量に偏りがあるが、ご容赦いただきたい。

　第1章と第2章では、メディアの思想、マスメディアの成り立ちと歴史、メディアの影響に関する理論とメディアの受け手に関する研究を概観する。この2つの章では、メディアを知る上で欠かせない概念や歴史など、いわばメディア論のベースを身につける。第3章では、メディアとコミュニケーション戦略について、広告、SP、PRの理論と実務の両方の視点で捉え、理論をわかったうえで、実際に活用できるよう配慮したつもりである。第4章は、メディアの応用編ともいえるもので、視聴率に代わる番組価値に関する新たな基準を提示した研究論文を本書に合わせて書き直したものである。第5章は、オリンピックとワールドカップというメディアにとって最大のスポーツイベントのスポンサーシップについて説明する。第6章ではブランドの理論と、筆者が実際に行ってきた日本テレビのキャンペーンを例として、メディアのブランド戦略について解説し、また、キャンペーンのつくり方も伝授する。そして、最終の第7章では、激変の渦中にあるテレビメディアとコンテンツビジネスの未来について考察する。

　メディアが大きく変化する時代、エキセントリックにマスメディアの衰退を語り、インターネットやソーシャルメディアの可能性を声高に論じる書物は多い。しかし、そういった時だからこそ、メディアの歴史や基本概念からその本質を見極め、包括的に論じることが、これからメディアが向かう方向を考える上では有用ではないだろうか。

<注>
*1　ウェブ上における人間の相関関係。または、その結びつきの情報をいう（『知恵蔵』, 2012）。

目　次

はじめに　i

第 1 章　メディアとメディアの思想　1
1.1.　メディアとは何か　1
1.2.　メディアを思想した人々　2
■ウォルター・リップマン　3／■ダニエル・J・ブーアスティン　5／
■ヴァルター・ベンヤミン　8／■マーシャル・マクルーハン　9／
■ウォルター・J・オング　13／■ジョシュア・メイロウィッツ　16

第 2 章　マスメディアの誕生と諸相　19
2.1.　マスメディアとは　19
■マスメディアの接触時間　20
2.2.　マスメディアの歴史と展開　22
■新聞　22　(1) 新聞の歴史／(2)「戸別宅配制度」と拡販のための事業活動／(3) 新聞各社、経費削減への動きと新たな対応／(4) 進む電子化

■出版　27　(1) 出版の歴史と展開／(2) 出版とインターネット／(3) 電子化における問題点／(4) 書籍の市場概況と新たな施策

■ラジオ　31　(1) ラジオの歴史と展開／(2) 日本のラジオ放送、開始と変遷／(3) ラジオの新たな取り組み／(4) ラジオ経営の現状

■テレビ　38　(1) テレビの歴史と展開／(2) テレビ局の新たな事業への試み／(3) 地上波テレビの経営と市場動向

■電話　43　(1) 電話の歴史と展開／(2) 日本への導入／(3) 携帯電話の登場／(4) 電話のメディア特性とその影響／(5) 携帯電話とスマートフォンの市場概況／(6) スマートフォンの普及

■インターネット　48　(1) インターネットの誕生と展開／(2) ソーシャ

ルメディアの普及／(3) インターネットの広告市場

2.3. メディアの影響と受け手 53
- メディアの影響力に関する理論の変遷 53
- メディアの受け手と「利用と満足」 55
- 「カルチュラル・スタディーズ」におけるメディアの受け手 57
- メディア・リテラシー 59

第3章 メディアとコミュニケーション戦略 65

3.1. 広告 65
- 広告目的の設定 67
- 広告とマーケティングの関係 68
- 広告効果階層モデル 68
- ソーシャルメディアは、マーケティングを変える 71
- 広告戦略策定のための3つのメディア 72
- マスメディアの広告 74 (1) 新聞広告／(2) 雑誌広告／(3) 地上波テレビのCM
- インターネット広告 82
- インターネット広告の分類と種類 84
- 「伝わる」広告表現への模索 86 (1)「使える広告」「参加したくなる広告」「伝えたくなる広告」「生活の一部になる広告」／(2) ブランデッド・エンタテインメント（Branded Entertainment）
- 広告接触の尺度 93 (1) リーチとフリークエンシー／(2) 広告効果の最適化──オプティマイザー
- 広告のメディアプラン策定の流れ 95
- 2012年の日本の広告費 97

3.2. SP（セールス・プロモーション） 98
- 消費者向けプロモーション 98
- 流通業者向けプロモーション 100
- インナー向けプロモーション 101 (1) サンプリング・プロモーションの例「ドール・ラカタンバナナ」／(2) 店頭プロモーションの例「サン

トリー・角ハイボール」
- 3.3. PR（パブリック・リレーションズ）　101
  - ■パブリシティの手法　103
  - ■マーケティング・パブリック・リレーションズ（MPR）　104
  - ■戦略PR　104
  - ■戦略PRのためのチャネル設計と施策　106　（1）インフルエンサーの活用／（2）パブリシティ展開例：パナソニック電池「エボルタ」
- 3.4. コミュニケーション戦略の変遷
  ——「メディアミックス」から「クロスメディア」へ　109
  - ■コンタクト・ポイント　110
  - ■クロスメディアによるコミュニケーション展開例　111
  - ■コミュニケーションデザインの考え方　112
  - ■メディアスパイラルという考え方　114

第4章　テレビ視聴と番組価値　117

- 4.1. テレビの環境変化と意識　117
- 4.2. テレビを見るとはどういうことか　118
- 4.3. テレビ番組の新しい価値基準の提案
  ——視聴率とQレイトを利用したマネジメント　120
  - ■テレビ視聴率　120
  - ■Qレイト（Quality Rate）　122
  - ■テレビ番組のポジションを決める「プログラム価値マップ」　123
  - ■「プログラム価値マップ」で見る、いい番組とは　124
  - ■Qレイトと世帯視聴率の相関　126
  - ■番組の誕生から衰退・終了まで——番組ライフサイクルの検証　127
  - ■番組推移のパターン分析と3つの法則　128　（1）「時計回りの法則」（「番組ヒットの法則」）／（2）「ロングセラーの法則」（下りケースの分析）／（3）「番組終了の法則」
  - ■プログラム価値マップの有用性と番組価値への提言　131

<インタビュー>
土屋敏男氏（日本テレビ編成局専門局長、LIFE VIDEO 株式会社代表取締役社長）　134
（土屋流演出の源泉と笑いのツボ／『電波少年』をつくったきっかけ／テレビとソーシャルメディア／ソーシャルメディア時代の新しい可能性）

第5章　メディアとスポーツイベント　137
5.1.　スポーツイベントとスポンサーシップ　137
5.2.　オリンピックのスポンサーシップ　140
- ■The Olympic Partners（TOP）　142
- ■放映権料の高騰　145
5.3.　FIFA ワールドカップ　147
- ■FIFA ワールドカップのマーケティング戦略　149
- ■FIFA ワールドカップのスポンサーシップ　151
5.4.　変わりゆくスポーツとメディアとの関係　153
5.5.　スポーツはソーシャルに。"ソーシャルメディア・オリンピック"　154
- ■"選手がつぶやく"ことの宣伝価値　156

第6章　ブランドの理論とブランディングの実際　159
6.1.　ブランドとは　159
- ■「ブランド」の概念と定義　159
- ■ブランド・エクイティ　160
- ■ブランドの構造　162
- ■ブランド価値　163
6.2.　メディアのブランド戦略——日本テレビを例として　164
- ■日本テレビの局キャンペーン開始の背景とその展開　165
- ■キャンペーンの作り方　171

第7章　その先のメディアとコンテンツビジネス　175

7.1. 日本のコンテンツ産業　175
7.2. テレビを取り巻く状況と新たなビジネスモデルへの模索　177
　■番組フォーマットの海外販売例　179
7.3. テレビはスマートへ、マルチウィンドウ視聴へ　180
7.4. 若者のスマート化と今後　182
7.5. コンテンツビジネスとその対価　183

＜インタビュー＞
キム・ヨンドク氏(韓国コンテンツ振興院日本事務所所長)　187
(韓流がヒットしたわけ／韓流スターが売れるわけ／政府のコンテンツ支援)

参考文献リスト　191
あとがき　199
索　引　201

第 1 章 メディアとメディアの思想

普段何気なく使っている「メディア」という言葉も、時代やメディアの変化によってその解釈は異なるものであり、また研究者たちによってもその捉え方は多様である。本章では、まず、「メディアとは何か」ということを先人たちの著したものから紹介する。その後、メディアの思想に大きな影響を及ぼした6人の研究者、思想家たちを取りあげ、その概念の核となるものを捉えることで、メディアの考え方の基本と変遷を学ぶ。

1.1. メディアとは何か

メディア（media）とは、ラテン語の"medium"（中間）から派生した言葉であり、「仲裁・媒介」の意味である[*1]。17世紀初期には、言語によるコミュニケーションだけでなく、神と人間との仲介など、宗教的な意味合いもメディアの概念には内包されていた。18世紀から20世紀にかけて、新聞、映画、ラジオ、テレビと次々に新たなメディアが登場することになるが、それらのメディアが発信する情報や内容が人々に与える影響が大きく決定的なものになるにつれ、精神世界の概念は消え、情報を仲介するものとしてのメディア概念が確立していった。

メディアは、その時代の社会的背景や技術の進展とともに、またその役割や及ぼす影響によってさまざまに定義を変えてきたが、今メディアの捉え方は、より自分の身体に近いものになっているだろう。マクルーハンは、メディアは「人間の拡張」といったが、それが具現化する世界が今まさに、展開されている。インターネットは頭脳の拡張であり、目や耳の拡張である。ス

マートフォンなどのネットメディアによって、人は一方向のコミュニケーションではなく、双方向的な「つながり」を求めている。肌身離さず持ち歩き、ほんのすきま時間でも人や情報とつながっている。まさにメディアは心身ともに、生活に欠かせないものになっている。

　吉見は、「メディアは媒介であり、経験であり、言葉であり、意味生成の場であり、身体とテクノロジー、資本との間に結ばれるパフォーマンスである」（吉見, 2003: 374）とし、また「多様な実践が交錯し、抗争し、つなぎ合わされていく社会的な場」（吉見, 2004: 11）であると定義する。伊藤は、ハイデガーの「存在論的地平」という概念を用いて、何かが伝達されるというのは、その伝達されるもの自体が重要なのではなくて、その伝達を可能にしている媒介性がメディアの概念の核心であるとし、「人間が生きる上での基本的な時空間、『存在論的地平』[*2] を構成する媒質」（伊藤, 2009: 11）がメディアであるとする。現代のメディアは、情報やメッセージの媒介手段であると同時に、より身体的であり、人間が社会で生きるために欠かせない要素となっている。

1.2. メディアを思想した人々

　ここでは6人のメディアの思想家、学者を取りあげるが、彼らはメディア史およびその思想を理解するうえで欠かせない概念を発表した人物である。それぞれの主張する概念のつながりのあるもの、また書籍の発表の年代順の2点を踏まえ記述の順序とした。

　いうまでもなくメディアの進化は、その時代の技術や社会的背景と深くかかわり、人々に大きな影響を与えてきた。人が社会で生きるとは、人とつながることであり、そのためにはコミュニケーションが必要である。コミュニケーション手法としてのメディアの変容を、まず見てみよう。

　吉見は、マクルーハンの言説などを踏まえ、オングが示したメディアの4つの層を（a）「非複製性／複製性」、（b）「身体性／文字性」の2軸で整理し、「口承」、「筆記」、「活字」、「電子」の4つの位相として説明する（図表1-1）（吉

図表1-1 メディア変容の位相

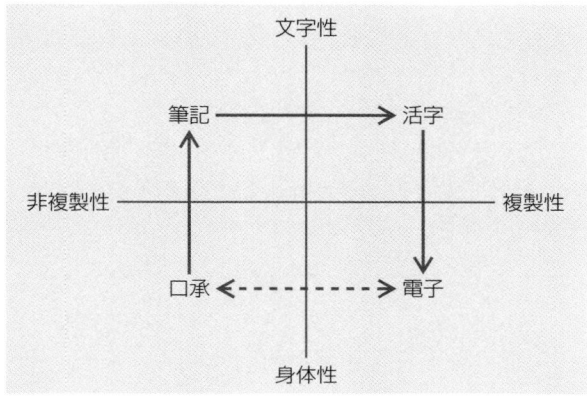

出典：吉見（1994）『メディア時代の文化社会学』新曜社、p.76

見，1994：76）。その流れは、声や身振りなど身体を使った「口承」の時代から、文字を書き写すという複製性の低い時代を経て、文字や絵を印刷するという複製性の高い時代に移行する。そして、電子の時代へと移行するが、人の身振り手振りや言葉をそのまま映像（音）で伝えられるために、身体性が高いものになる。そして、それぞれの変容過程は、「一方が廃棄されて他方へ移るという二者択一的な過程ではなく、一方が他方に重なっていくという積層的な過程である」（吉見，1994：77）という。

後に紹介する先人たちのメディアの思想を理解するときに、ここに示すメディア変容の位相が、解釈の一助になるだろう。

■ウォルター・リップマン　Walter Lippmann（1889〜1974）
ニューヨークに生まれる。ジャーナリスト、政治評論家。1958年と62年、2度ピューリツァー賞を受賞。
◎『世論』*Public Opinion*（1922）
キーワード：「疑似環境」、「ステレオタイプ」

リップマンが、著書『世論』(1922) の中で提唱した概念に「疑似環境」がある。「疑似環境」とは、人々を取り巻く現実の環境＝「現実環境」を反映し、人々が頭の中でイメージし、思考したものから形成された環境のことである。人は、「あるがままを事実をして受けとめるのではなく、自分たちが事実だと想定しているものを事実としている」（リップマン，1922＝1987（上）：18）というのである。そして、「それぞれの人間は直接に得た確かな知識に基づいてではなくて、自分でつくりあげたイメージ、もしくは与えられたイメージに基づいて物事を行っていると想定しなければならない」（同：42）と記述し、人は「疑似環境」を参照して自らの行動を決定していると主張する。それは、新聞・雑誌などを中心とするマスメディアが成長した1920年代アメリカの時代背景に起因する。「真の環境があまりに大きく、あまりに複雑で、あまりに移ろいやすいために、直接知ることができないからである。……それをより単純なモデルに基づいて再構成してからでないと、うまく対処していくことができないのだ」（同：30-31）。こういった、複雑な現実環境をシンプルに捉えなおし、自らの中に「疑似環境」を作り出し、行動への方向づけをすることを、リップマンは「ステレオタイプ」と呼んだ。「われわれはたいていの場合、見てから定義しないで、定義してから見る」（同：111）傾向があり、「一定の観念を通して外界の光景を観察する」（同：120）というのだ。

　リップマンは、メディアが伝える情報によって形成される「疑似環境」によって、情報操作やプロパガンダなど誤った対応がなされることを批判した。「疑似環境」の形成に拍車をかけるものとして、大きく4つの原因をあげる。①検閲とプライヴァシー（同：53）。「一般の人たちが事件に自由にアクセスするのを阻止できるひと握りの人々は、その事件のニュースが自分たちの目的に適うように按配する」（同：61）。②接触と機会（同：67）。交通網の問題や集団の行動様式、地位の違いなど、情報を正しく敷衍させるのを制限する社会的な諸状況。③時間と注意力（同：82）。人々が毎日の生活で、公共問題に注意をはらう時間の少なさ。④スピード、言葉、明確さ（同：91）。「行

動、思考、感情、結果といった全体のつながりを、ほんの数語で表現しなければならないことがしばしばある」(同：93)。こういった事件のすべての要素を少ない語彙に圧縮して報じることによって起こる事実の歪曲。

メディアが発達する疑似環境のもとでは、公衆の自律的な合意はできず、ステレオタイプどおりの世論が形成されることになる。これをリップマンは「合意の製造」といった。そして、「ステレオタイプというものはひじょうな一貫性と権威をもって親から子へと伝えられるために、ほとんど生物学的な事実のように思える」(同：128)と、ステレオタイプは、親から子、親方から徒弟など社会的プロセスの中で吸収され、相続されるものであると主張する。こうして形成されたステレオタイプによって、人々は世界で起こるあらゆる事象を、それとの比較によって認識するようになる。

また、ステレオタイプは、防御手段としても作用する。「ステレオタイプの体系は、秩序正しい、ともかく矛盾のない世界像であり、われわれの習慣、趣味、能力、慰め、希望はそれに適応してきた。それは、この世界を完全に描き切ってはいないかもしれないが、ひとつのありうる世界を描いておりわれわれはそれに順応している。そうした世界では、人も物も納得のいく場所を占め、期待通りのことをする。この世界にいれば心安んじ、違和感がない。われわれはその世界の一部なのだ」(同：130)。このように、ステレオタイプは忙しい生活の中で時間を節約するだけでなく、社会における自分たちの位置を守る役目を果たし、違和感のない心安らかな状況を保つ役割もしてくれる。

■ダニエル・J・ブーアスティン　Daniel Joseph Boorstin (1914～2004)
ジョージア州アトランタ生まれ。弁護士、シカゴ大学教授、スミソニアン協会の国立博物館・歴史科学館長を歴任。『アメリカ人―大量消費社会の生活と文化』で1974年にピューリツァー賞を受賞。
◎『幻影の時代　マスコミが製造する事実』*The Image: or, What Hap-*

pened to the American Dream（1962）
キーワード：「疑似イベント」

　ブーアスティンは、リップマンの「疑似環境」論を受け継ぎ、その著書『幻影の時代』(1962) において、現代のメディア環境の中にあっては、現実が「疑似イベント」に従うと主張した。マスコミがつくり出す「幻想（イメジ）」が、アメリカ社会を覆い、人々にどれほど大きな影響を及ぼしているかを著した。メディア社会の進展に伴い、メディアによって作られ提供される出来事、すなわち「疑似イベント」が人々を魅了するようになったというのである。また、ブーアスティンは、「自然が芸術を模倣する」ようになり、本来ある自然のほうが、写真や映画など創られた芸術を模倣するという主客逆転が起こると指摘した。本質はメディアによる「幻影（イメジ）」にとって代わられ、複製技術が作り出した「イメジ」がモノ化し、現実を創作しているという。

　そして、「疑似イベント」を引き起こす源泉となっているものをブーアスティンは、アメリカ国民の「とほうもない期待」だとし、「世界の出来事についての期待」と「世界を変えるわれわれ（アメリカ人）の能力についての期待」（ブーアスティン，1962＝1964：12-13）に支配されていると指摘する。

　ブーアスティンは、「疑似イベント」の特徴を4つあげる（同：19-20）。①「自然発生的でなく、誰かがそれを計画し、たくらみ、あるいは扇動したために起こるものである」、②「いつでもそうとは限らないが、本来、報道され、再現されるという直接の目的のために仕組まれたものである」、③「疑似イベントの現実に対する関係はあいまいである。しかも疑似イベントに対する興味というものは、主としてこのあいまいさに由来している」、④「自己実現の予言としてくわだてられるのがつねである」。

　「ニュース」、「有名人」、「観光」などをあげ、「疑似イベント」の実際をブーアスティンは、説明する。

　「ニュース」においては、人々は平穏な現実とその報道では満足しなくなり、よりドラマ的な出来事や報道を求めるようになるとし、「たいしたニュー

スの載っていない新聞を読んだ後で、読者が『きょうはなんて退屈な日なんだろう』とつぶやいた時代もあったが、現代の読者なら『なんて退屈な新聞だ』と叫ぶことであろう」（同：15）と記述する。さらに、「誰もが世界が与えてくれる以上のものを期待している。もし世界に欠陥があるとすれば、それをおぎなうものが作り出されなければならないと要求する。このような態度が、われわれがいかに幻影を求めているかの一つの例である。」（同：17）と、人々の「幻影（イメジ）」に対する強い欲求を語る。

「有名人」は英雄ではなく、テレビに現れては消費されるものになり、真の英雄がマスコミに取りあげられることはなくなったといい、今の有名人はテレビなどのメディアによってつくられたものであり、「有名ゆえに人によく知られた人」（同：67）であると主張する。

「旅」においては、本来発見や出会いや冒険に満ちたもので、その経験や能動的営みが人を成長させるものであったが、観光というただ見物をする「疑似イベント」によって、「安全な冒険」＝ガイドつきのパック旅行に取って代わったという。さらに、映画やテレビ観光ガイドブックに出てくるイメジを旅行によって確かめるという逆転が起こっている、とその現状を嘆く。

「誰でも疑似イベントの魅力を一度味わった後では、疑似イベントのみが唯一の重要な出来事なのだと信じがちである。進歩がわれわれの経験の源を毒している」（同：53）とブーアスティンはいう。写真や新聞、テレビをはじめとする複製技術の発達によって、人々は現実世界が与えてくれる以上のものを「疑似イベント」に期待し、またメディアによって取りあげられ、語られたことが現実の社会の中で重要な出来事だと解釈してしまう状況が起こっていることに懸念を抱く。そこには、メディアなど「疑似イベント」のつくり手と、「疑似イベント」を欲する人々との共犯関係が見えるが、その行き過ぎた現実に警告を発する。

「疑似イベント」論は、アメリカにおけるメディアの進化にともなう、消費社会の進展が背景にあるが、彼の提起した現実とメディアの発する情報によって形成された現実との逆転という概念の枠組みは、現在にも十分有効な

ものである。

> ■ヴァルター・ベンヤミン　Walter Benjamin（1892〜1940）
> ベルリンに生まれる。ドイツの文芸評論家、思想家、社会学者。
> ◎『複製技術時代の芸術』*Das Kunstwerk im Zeitalter seiner technischen Reproduzierbarkeit*（1936）
> キーワード：「アウラの喪失」

　ベンヤミンは、著作『複製技術時代の芸術』（1936）において、写真や映画における撮影、録音などの機械的な複製技術の発達が、芸術作品の「有効性に深刻な変化」を与え、芸術に対する価値を変容させていくことを論じた。「どれほど精巧につくられた複製のばあいでも、それが「いま」「ここに」しかないという芸術作品特有の一回性は、完全に失われてしまっている」（ベンヤミン，1936＝1999：12）と述べ、「複製技術のすすんだ時代のなかでほろびてゆくものは作品のもつアウラである」（同：15）と主張した。アウラとは、ギリシャ語で光やそのもの自体から醸し出される雰囲気、後光（オーラ）などの意であるが、ベンヤミンは、オリジナルな芸術作品のみが持つ、作品の真正性、歴史や権威など事物に伝えられている重みと定義した。アウラの根底には、芸術の儀式性が存在しており、唯一無二であることから人々はそこに「礼拝的価値」を感じるのである。

　複製技術が発達すると、アウラは作品から奪い去られていくが、「芸術作品の技術的複製の可能性が芸術作品を世界史上はじめて儀式への寄生から解放する」（同：19）と芸術作品の儀式的価値からの解放を述べ、アウラの崩壊による芸術作品に対する新たな価値を示した。「物事をおおっているヴェールを剝ぎとり、アウラを崩壊させることこそ、現代の知覚の特徴であり、……ひとびとは一回かぎりのものからでさえ、複製によって同質のものを引きだそうとする」（同：17）と、アウラの喪失は、ただ一回きりの「礼拝的価値」とは対象的な「展示的価値」を楽しむ文化のはじまりであることも示唆した。

またそれは、芸術が一部の者による独占から大衆への解放を意味することでもあった。「礼拝的価値」と「展示的価値」は相対するものではなく、相互補完、あるいは循環するものであるという。人はコピーを横溢させたオリジナルに出会った時、アウラを感じ、また、展示的価値となったモノに対しメディアを通すことで再びアウラを発見する。複製技術が出現した社会に、従来の芸術が置かれた時の価値観の変容、新しいメディアを通じての文化生成プロセスをベンヤミンはこの書に記した。

　1933年、ナチス政権成立と同時にベンヤミンはパリに亡命する。35年にホルクハイマー主宰「フランクフルト社会科学研究所」に研究員として迎えられたが、この書はその頃に発表されている。「芸術作品の制作にさいして真贋の基準がなくなってしまう瞬間から、芸術の機能は、すべて大きな変化を受けざるをえない。すなわち、芸術は、そのよって立つ根拠を儀式におくかわりに、別のプラクシスすなわち政治におくことになる」（同: 19-20）と記述し、芸術が政治に左右される危うさを訴えた。ベンヤミンは、複製技術が、群衆を捉えるのに人間の肉眼よりも適していると語る。「数十万もの軍勢を捉えるには、鳥瞰的パースペクティヴがもっともいい。たとえ器械と同様に人間の眼がこのパースペクティヴをもてたとしても、眼にうつる彫像を人間の眼は、撮影でおこなわれるように拡大してみせることができない」（同: 原注21, 146）と語り、複製技術が、大衆の複製を容易にし、週間ニュース映画がプロパガンダに利用されていることに大きな危機感を抱いていた。「政治の耽美主義のためのあらゆる努力は、必然的にひとつの頂点をめざしている。この頂点とは戦争にほかならない」（同: 47）とベンヤミンは主張する。この書は、複製技術時代の芸術作品の価値変容を述べると同時に、ファシズムの時代における芸術・文化の在り方を問う書でもある。

■マーシャル・マクルーハン　Marshall McLuhan（1911〜1980）
カナダ生まれ。トロント大学教授。英文学者、文明批評家。
◎『グーテンベルクの銀河系―活字人間の形成』*The Gutenberg Galaxy:*

> *The Making of Typographic Man*（1962）
> キーワード：「話し言葉の段階」、「文字メディアの段階」、「電気メディアの段階」

　マクルーハンは、本書において、人類の歴史をコミュニケーションメディアの交代の歴史と捉え、「話し言葉の段階」、「文字メディアの段階」、「電気メディアの段階」と３段階で論じた。

　「話し言葉の段階」とは、未開社会、いわゆる部族の時代であり、話し言葉による情報伝達が行われ、個人は村社会という小さな共同体に埋め込まれた存在であった。そして、その時代のコミュニケーションは、視覚、聴覚などさまざまな感覚の統合によって行われた。

　２番目は、「文字メディアの段階」である。この段階に関しては、さらに２つの段階に分けられる。写本の時代と印刷技術登場以降の活字の時代である。無文字文化からアルファベットという言葉を目に見えるようにしたことの意味をマクルーハンは次のように語る。「表音文字技術が精神構造として内化されたとき、人間は聴覚中心の呪術的世界から、中立的な視覚世界へと移った」（マクルーハン, 1962＝1986: 31）。印刷技術の登場以前は、写本により複製され、情報の伝達はまだまだ限られた範囲のものであった。そして書物は、人前で朗読されるものであり、会話的な性格を持っていたという。

　グーテンベルクの活版印刷の発明によって、情報の伝達範囲は一気に拡大する。書物が普及することによって、それは人前で朗読するものではなく、個人で読む＝黙読するものになっていく。この段階において、文字以前の聴覚を中心とするさまざまな感覚によるコミュニケーションから視覚中心のコミュニケーションへと移行した。そのことにより、均質な時間と均質な空間という認識の画一化が起こったとする。印刷技術によって、画一性と反復可能性が強化されることにより、綴りや意味の統一がなされ、民族語が統合され、国民生活の中心となる。

　印刷は民族語をマスメディアという閉じられた系（クローズド・システム）へと変質させることによって、近代ナショナリズムの画一的にして中央集権

的な勢力を創りあげた」（同：303）とし、印刷技術の登場が、部族社会を今日の国民国家への変容へ導いたと主張した。

　3番目は、「電気メディアの段階」。19世紀後半に、蓄音機、電話、ラジオ、無線、映画、テレビなど電気技術によるメディアが登場する。電気メディアの時代には、人々は文字メディアの時代の線形的で視覚的なメディア受容から、聴覚や触覚を中心とする包括的なメディア受容へ移行すると主張した。

> キーワード：「地球村（グローバルヴィレッジ）」

　マクルーハンは、「電子技術による新しい相互依存は、世界を地球村のイメージで創りかえる」（同：52）といい、電子メディアは、それまで人々がコミュニケーションを行う際の障壁になっていた時間と空間の壁を取り払い、地球をひとつの村（グローバルヴィレッジ）にすると主張した。文字メディアの段階において、書物は個人で読むものになり、個人と社会の分離ということが起こったが、電気メディアの段階において「地球規模の共同体」という部族的な状況へ移行することを示唆した。それは、時間と空間を一瞬にして飛び越える電子的なつながりによって、個人がふたたび活字文化以前のような部族的共同体に移行すること（再部族化）を意味する。

　「グローバルヴィレッジ」という言葉は普及するにつれて肯定的な意味でのみ用いられるようになったが、もともとマクルーハンはこの言葉に否定的な意味合いを込めて著している。「電磁気をめぐる諸発見が、すべての人間活動に同時的『場』を再創造し、そのために人間家族はいまやひとつの『地球村』とでもいうべき状態のもとに存在していることは確かなのだ。われわれは部族の太鼓が響きわたる、狭く窮屈な単一の空間のなかに住んでいる」（同：52）と記述する。電子技術による新しい相互依存社会、すなわち「地球村」とは、「世界がひとつの村になる」という理想郷的なものではなく、「全面的な相互依存の時代、上から押し付けられた共存の時代でもある」（同：53）。

　そして、世界それ自体がコンピューター化した社会の「新時代の力学に気付かないときには、われわれは部族的太鼓のなりひびく小世界に似つかわし

い世界、制することのできない恐怖の時代へと直ちに移行することになろう」（同：53）と警告を発している。

> ◎『メディア論——人間の拡張の諸相』*Understanding Media: The Extensions of Man*（1964）
> キーワード：「メディアは、メッセージである」

"The Medium is the Message" という言葉は、メディア自体の解釈を大きく変えたひと言であり、「メディア論」の新たな地平を切り開いた概念でもある。メディアは、通常の解釈でいえば、発信者と受信者の中間にあって、その情報を媒介する手段ということになるが、マクルーハンは、使用したメディアが伝達内容に対して規定的に作用し、コミュニケーションにおいて決定的な意味を持つと主張した。「内容」とは、独立して存在するものではなく、「形式」によって規定されるとした。

マクルーハンは、「われわれの文化は統制の手段としてあらゆるものを分割し区分することに長らく慣らされている。だから、操作上および実用上の事実として『メディアはメッセージである』などと言われるのは、ときにちょっとしたショックになる」（マクルーハン，1964＝1987：7）と記述している。そこにはメディアとその内容を分割し、伝達内容こそがすべてで、伝達手段は二次的なものであるという考え方に対する批判がある。さらに、メディアは、その物質的な特性に基づいて、独自の「空間」、「時間」を編成し、人間の感覚・知覚のバランスや思考の在り方さえも組み替えていくと論じた。

また、メディアを広義に捉え、新聞やテレビ、電信や印刷物だけでなく話されることば、書かれたことば、道路と紙のルート、数、衣服などもメディアとし、すべてのメディアは、人間の身体と感覚の拡張したものであると定義している。

さらに、マクルーハンは、次のように説明する。「多くの人は、機械ではなくて、人が機械を使ってなすことが、その意味あるいはメッセージだったのだ、と言いたいであろう。しかし、機械がわれわれ相互の、あるいは自分

自身に対する関係を変えた、その仕方を考えてみれば、機械がコーンフレークを生産しようがキャデラックを生産しようが、そんなことはまったく問題ではなかった」(同：7-8)。すなわち、その機械を使うことによって(そのメディアを使って生まれた新たな関係性によって)、生産(メッセージ)が可能になるのであり、そのことが重要なのだという。まさに、メディアこそメッセージである。

キーワード：「ホットなメディア」、「クールなメディア」

　マクルーハンはメディアを「ホット」と「クール」という概念で2分類した。それを区別する基本原理とは、「高精細度」(high definition)のメディアか、「低精細度」(low definition)のメディアかである(同：23)。「高精細度」、すなわちホットなメディアとはデータで十分に満たされており、人の感性で補う部分の少ないメディアである。「低精細度」、すなわちクールなメディアとは、与えられるデータ情報が少なく需要者自らが情報を補完する必要のあるメディアである。

　マクルーハンは、電話はクールなメディア、ラジオはホットなメディア、写真はホット、漫画はクール、映画はホット、テレビはクールなメディアとした。多分に感覚的な分類であり、また、技術の進歩によってもその規定は変わるものであろう。テレビは、現在ではホットなメディアであろうし、アニメ漫画なども非常に高精細度になっており、ホットである。また、彼は「話し言葉」と「文字」についても問題にしており、話し言葉は「クール」、表音アルファベットは「ホット」としている。音声言語は、参与性が高く、文字(表音アルファベット)は参与性が低いということで、このような分類になる。

■ウォルター・J・オング　Walter Jackson Ong（1912〜2003）
カンザスシティ生まれ。セントルイス大学名誉教授。
◎『声の文化と文字の文化』*Orality and Literacy, The Technologizing of the*

> *Word*（1982）
> キーワード：「声の文化と文字の文化」

オングは、メディアの進展を「声の文化」—「文字の文化」—「印刷」—「電子的コミュニケーション」の4つの過程で捉え、それぞれの文化において知覚の仕方が異なることを明らかにした。オングは、書くことを知らない人々の話し言葉による文化を「一次的な声の文化」と定義し、「声の文化」と「文字の文化」の間には、「心性 mentality」の違いがあるとした（同：9）。「一次的な声の文化 primary oral culture（つまり、まったく書くことを知らない文化）と書くことによって、深く影響されている文化との間には、知識がどのように扱われ、またどのように言葉に表されるかという点で、ある基本的な違いがある」（同：5）とし、声を主体にした人間の活動と、文字が現れて以降の人間の活動の変化を詳細に著した。

かつては「話し言葉」だけが世界を占めていたが、文字を発明した部族や民族が出現し、その文字はたちまち伝播していった。しかし、その文字の大半は声を出して読む文字であり、いわば音読社会であったという。やがて、印刷技術の登場によって、「書き言葉」があっという間に社会文化の主流を占めるようになった。オングは、書くということは「言葉を空間にとどめること」（同：25）であると定義した。そのことによって、言語の潜在的な可能性が拡張し、思考は深化していくが、人は個人として切り離された存在となり、意識は内向していくことになる。また、黙読が主流になることによって、聴覚文化から視覚文化への移行が行われた。

オングは、ホメロスの叙事詩をはじめとする口承文学を「声の文化」を残すものとして研究した。ホメロスの詩における「きまり文句のくりかえし」や挿話の入れ子型の形式、「記憶できるような思考」とそれを可能にする表現様式（強いリズム・均衡のとれた型・反復や対句・頭韻や母音韻・形容詞句・紋切り型のテーマなど）を声の文化にもとづく思考・表現として指摘した。すなわち、声の文化の中では、「いったん獲得した知識は、忘れないように絶えず反復していなくてはならない」（同：57）ために「声の文化に属する

〔人びとの〕認識世界 noetic world ないし思考の世界の全体が、そうしたきまり文句的な思考の組み立てに頼っていた」（同：57）というのである。そして、「ほとんどあらゆる種類の散文のスタイルを特徴づけていた」（同：62）という。

　オングは、声の文化にもとづく思考や表現の特徴を9つの項目にまとめている（同：83-107）。①累加的 additive であり、従属的でない　②累積的 aggregative であり、分析的ではない　③冗長ないし「多弁的 copious」④保守的ないし伝統主義的　⑤人間的な生活世界への密着　⑥闘技的なトーン　⑦感情移入的あるいは参加的であり、客観的に距離をとるのではない　⑧恒常性維持的 homeostatic　⑨状況依存的 situational であって、抽象的ではない。

　また、「話されることばは、音〔音声〕という物理的な状態においては、人間の内部から生じ〔それゆえに〕人間どうしをたがいに意識を持った内部、つまり人格 person として現れさせる。それゆえに、話されることばは、人々をかたく結ばれた集団にかたちづくる。（中略）ところが、もし話し手が、手渡した資料を読むようにと聴衆に求め、聴衆の一人ひとりが自分だけの読書の世界に入ると、聴衆の一体性はくずれ、ふたたび口頭での話がはじまるまではその一体性はもどらない。書くことと印刷とは〔人びとをたがいから〕分離する」（同：157）と主張する。「声の文化」は「聖なるもの」を醸成し、共同体を維持するが、「文字の文化」は、それぞれが個人の内面でテキストの編集をはかるため、共同体としての統一感は消え、個人としての「孤独な営み」を生むとした。

　そして、エレクトロニクス技術の進歩は、電話、ラジオ、テレビなどによる声の文化＝「二次的な声の文化」を生み出した。オングは、「一次的な声の文化と同様、二次的な声の文化は、強い集団意識 group sense を生みだした。というのも、話に耳を傾けるということは、そうして聴いている〔複数の〕聴取者を一つの集団、一つの現実の聴衆をつくりあげるからである」（同：279-280）と述べ、「マクルーハンの『地球村』という言葉が示すように」その集団は、一時的な声の文化において意識される集団とは比べものにならな

いほど大きいとする。「二次的な声の文化」は、その中の人々が参加して一体化するという神秘性や共有的な感覚をはぐくみ、現在の瞬間を重んじ、決まり文句を用いるという点で、「一次的な声の文化」と似ているとするが、意図的であり、自らを意識している文化であり、書かれたものと印刷の使用の上に基礎を置くものであるとした。

　エレクトロニクス技術の上に成り立つ「二次的な声の文化」の時代においては「個人は、それぞれが、一人の個人として、社会的な意識を持たなければならないと感じているのである。一次的な声の文化に属する人びと〔の意識〕が外に向かっているのは、内面に向かう機会がほとんどなかったからだが、〔今日の〕われわれが外に向かっているのは、逆に、これまでわれわれが内面に向かってきたからである」（同：280）と、「文字の文化」によって意識が内向したことによる反動として、「二次的な声の文化」では意識が外に向かおうとしていると主張した。

　また、ラジオ、テレビなどの電子的コミュニケーションは、「一種の新しい電子的な視覚中心の考え方 electoronic visualism を生みだす」（同：日本語版序文：2）といい、文字によって可視化された言葉は、「二次的な声の文化」である電子メディアによって、新たな視覚文化として再構成されることを示唆した。

■ジョシュア・メイロウィッツ　Joshua Meyrowitz
アメリカのメディア研究者。ニューハンプシャー大学コミュニケーション学部教授。
◎『場所感の喪失（上）電子メディアが社会的行動に及ぼす影響』*No Sense of Place: The Impact of Electronic Media on Social Behavior*（1985）
キーワード：「場所感の喪失」

　メイロウィッツは、その著書『場所感の喪失』（1985）において、「テレビと電子メディアが、一般に、社会的出来事の経験において物理的存在の意味を大きく変えてしまったことは明らかである」（メイロウィッツ，1985＝2003：

5）と記述し、かつては、異なる場所にいる人間どうしは異なる経験をしていたが、テレビやインターネットなどの電子メディアによって、別の場所にいても「同じ」経験を共有できるようになったという。

メイロウィッツは、「メディアの進化は、人や出来事の経験における物理的存在の重要性を低下させてしまった。人は今や居合わせることなしに社会的パフォーマンスのオーディエンスになることができるし、また人は同じ場所で接することなしに他の人たちと『直接に』コミュニケートすることができる。結果として、かつて私たちの社会を多くの別個の空間的な相互行為セッティング〔＝舞台、環境〕に分割していた物理的構造は、社会的意味を大きく失ってしまった」（同：6）という。メディアの進化は人々の生活に大きな利点ももたらしたが、同時に「場所感の喪失」によって、人々の役割を曖昧にし、アイデンティティを混乱させてしまったと主張する。

また、「私はメディアと対人行動の相互作用の分析に興味を持った。私は、二つの領域の研究が相互にまったく独立になされていることを知って驚いた。……二つのコミュニケーション・システムを二分法的にでなく、連続体的に扱うモデルはほとんどなかった」（同：11）と述懐する。メイロウィッツは、E・ゴフマンの「社会生活をある種の多元舞台のドラマ」（同：24-25）として見る状況論的アプローチと、電子メディアによってもたらされる「社会的行動の広範な変化を説明する」（同：27）要因を示したマクルーハンの「メディア論」に影響を受け、それらを結びつけることで、1960年代のアメリカにおいてテレビが人々の社会的行動や振る舞いに対してもたらした影響を分析、明示した。

2人の論を拠り所にしながらも、彼は次のように記す。「私が思うに、ゴフマンとマクルーハンそれぞれの長所と短所は相補的な関係にある。すなわち、ゴフマンは対面的相互行為の研究にのみ集中し、彼が描いたさまざまな変数に対するメディアの影響や効果を無視したが、それに対しマクルーハンは、メディアの効果にのみ注目して、対面的相互行為の構造的局面を無視したのだった。これらの見落としは、対面的相互行為とメディア・コミュニケー

ションとはまったく異なるタイプのコミュニケーションであるという伝統的なものの見方、つまり現実生活対メディアというものの見方から来ているように思われる。本書の研究は対面的相互行為研究とメディア研究とを結びつける公分母、すなわち社会的『状況』の構造を探求する」（同：28）。

　メイロウィッツは、「本書で展開する理論は、静態的状況の研究を、変化する状況の研究へと拡張するものであり、物理的に定義づけられるセッティングの分析をコミュニケーション・メディアによってつくりだされる社会的環境の分析へと拡張するものである」（同：8）と記述する。人と人が対面的に社会を捉える理論からメディアの介在する状況認識のパターンへと社会生活の解釈を定義し直している。

　「電子メディアは場所と時間の特別さを破壊する。テレビやラジオや電話は、かつて私的だった場所を外部世界からアクセス可能なものにすることによって、より公的な場所に変えてしまう」（同：249）とし、「集団的アイデンティティや社会化やヒエラルヒーの、かつては特定な物理的位置取りとそこで手に入れられる特別な経験に依存していた諸々の局面が、電子メディアによって変えられてしまった」（同：250）とメイロウィッツは主張する。かつては、物事が起こる物理的場所と社会的場所とは、分かちがたく結びついていたが、電子メディアがその両者を引き離してしまったというのである。

＜注＞
＊1　北川高嗣ほか編（2002）『情報学事典』弘文堂に詳しい。
＊2　ハイデガーの『存在と時間』（1927）によると、「存在」とは「存在者が存在している事実と存在している状態において、その存在者を認識する」（中公バックス世界の名著74　原佑編『ハイデガー』、p.70）とあり、存在論的地平とは「存在するものが存在する事実と状況を維持するための地平」といえるだろう。

第2章 マスメディアの誕生と諸相

　本章では、誕生以来人々の生活や社会に大きな影響を及ぼしてきたマスメディアと近年その伸長が著しいソーシャルメディアについて、その概念、歴史、仕組みについて説明する。その後、メディアの受け手についての研究を、歴史を追って概観する。ここでは、情報の送り手であるマスメディアの概要を学ぶとともに、受け手を理解することによりメディアの全体像を把握することにする。

2.1. マスメディアとは

　「マスメディア」とは、メディアの中で特に不特定多数の人々に向けて、情報を発信する機構、およびその伝達システムである。マスメディアを利用してなされるコミュニケーション活動がマス・コミュニケーションであり、略してマスコミというが、一般的にはその活動を行うメディアを総称してマスコミという（藤竹, 2005: 13）。新聞、雑誌、テレビ、ラジオを「4マス」と呼ぶが、他に、映画、音楽、書籍出版、OOH（Out of Home）[*1] をこれに含めることが多い。現在は、グーグルやヤフーなどのポータルサイトもその大きな訴求力を考えるとマスなメディアといえるだろう。

　これまで情報は、送り手であるマスメディアから受け手である生活者（視聴者、聴取者、読者）へという流れの中で多くは語られ、また、能動的な受け手の存在は認めながらも、メディアの送り手─受け手という、二分法で捉えられ語られてきた。しかし、メディアのコミュニケーションは、インターネットが登場し、パソコンやケータイ、スマートフォンなどの普及によって、

受け手─送り手の関係性において構造的変化が起こり、単純な二分法ではもはや捉えることができない。

近年急速に普及しているものに「ソーシャルメディア」がある。個人と個人、個人と組織、組織と組織の間の情報発信が、Webサービスによってコミュニティとなり、そこでのコミュニケーションが実社会に広く拡散され、影響力を持つことになった。ツイッターやフェイスブックがその代表的なものであるが、個人の情報発信が可視化されたことにより、ネットワークの概念を超えて、新たなメディアとして発展し定着した。個人の発信したものが社会現象や、国の政権交代につながるような大きな力になることも確認されている[*2]。

生活者それぞれが情報を発信できる時代において、従来のマスメディアの役割は、どうなっていくのだろうか。広告媒体としての側面からいえば、一度に情報を大量に送れるマスメディアは、かつてのような絶対的な存在ではなくなるが、依然として、到達力（リーチ）のあるメディアとして存在感を示していくだろう。そして、環境監視としての役割はさらに重要になるだろう。ジャーナリズムとして社会を監視し、情報を正確に早く伝えることは多くの記者を抱えるマスメディアだからこそできることである。また、情報が玉石混淆する時代だからこそ、情報のゲートウェイ機能とアジェンダ設定が重要になる[*3]。有事、平常時を問わず、社会生活にとって重要な情報の選択と提供、そして年代を問わず広く楽しめるコンテンツを提供していく役割は、マスメディアに課せられた使命であり、基幹メディアとしての存在意義でもある。

■マスメディアの接触時間

ビデオリサーチ社の調査（図表2-1）によると、10〜69歳（東京30キロ圏）の2012年のメディア接触時間の合計は、5時間24分、テレビは3時間26分で最長、続いてインターネットの75分であった。2000年からの推移を見てみると、テレビは3時間半前後でほとんど変化がなく、新聞、ラジオの接

図表 2-1　1日のメディア接触総時間（1週間平均・自宅内外計5〜29時）(2000〜2012年)

個人全体（男女10-69歳）

年	テレビ	ラジオ	新聞	雑誌	インターネット	総時間量	[人数]
2000年	208	39	24	8	16	4:55	[1,986]
2001年	205	40	23	8	25	5:01	[2,015]
2002年	211	36	22	7	26	5:02	[2,055]
2003年	208	36	22	7	32	5:05	[2,076]
2004年	212	36	22	7	34	5:11	[2,027]
2005年	204	37	21	6	36	5:04	[2,031]
2006年	203	35	21	5	38	5:02	[2,030]
2007年	200	37	20	6	46	5:09	[2,028]
2008年	215	33	20	6	72	5:46	[2,032]
2009年	216	31	19	6	60	5:32	[2,032]
2010年	206	28	18	5	69	5:26	[2,030]
2011年	200	30	18	5	71	5:24	[2,030]
2012年	206	23	15	5	75	5:24	[2,030]

出典：ビデオリサーチ社（2012）MCR調査を筆者修正

触時間は減少している。インターネットに関しては、年々増加しており、スマートフォンなどモバイル端末の普及による影響も大きいと推測される。

　スマートフォンやスマートテレビの普及によるメディア環境のスマート化により、テレビやラジオの番組、書籍、新聞といったコンテンツ消費は、インターネット経由のモバイル端末などで行われることも多くなり、こういったメディア接触時間の区分も近い将来大きく変わることになるだろう。

2.2. マスメディアの歴史と展開

　新聞、出版、ラジオ、テレビの4マスメディアとスマートフォンの普及が著しい電話、そして、ソーシャルメディアを含むインターネットについて概観する。その歴史と概要、現在の市場規模や新たな動き、そして業界のしくみについて解説する。

■新聞
(1) 新聞の歴史――日本の日刊紙のはじまり

　日本で最初の日刊新聞は、1871年に創刊された『横浜毎日新聞』といわれる。1872年には『東京日日新聞（現『毎日新聞』）』、『郵便報知新聞』がそれぞれ創刊された。明治政府は新聞が国民の教育・啓蒙に役立つという観点から、新聞を保護し、各地に無料もしくは安価に新聞を読むことができる「新聞縦覧所」を設置した。また漢字を読めない人に新聞を読み聞かせる「新聞解話会」を行うなど新聞の普及をあと押しした。当初新聞は、開化政策を進める明治政府の意志伝達としての色合いが濃いものであった。

　その後、自由民権運動が盛んになると、民権派の勢力が増し、政府の御用新聞から政論新聞や政党機関紙の時代へと移行する。それらの紙面において、政府に批判的な論調が目立つようになると、明治政府は1875年に新聞紙条例、讒謗律[*4]を制定して新聞の言論弾圧を行った。政論を中心とするこの頃の新聞は、「大新聞」と呼ばれた。

　1874年に『読売新聞』が、1879年に『朝日新聞』が創刊された。これらの新聞は、一般大衆を対象としており、ひらがな中心で漢字には振り仮名をつけ社会的な事件や小説などを中心とした報道や娯楽性の強いものであり、大きさが大新聞の半分であったことから「小新聞」と呼ばれた。

　1890年、記者クラブが誕生した。新聞は、日清・日露戦争の戦時報道、ポーツマス講和条約の引用報道が引き金になった日比谷焼打事件、警視庁廃止の論説などを展開した。1909年、反政府的言論活動を封じることを目的として、新聞紙条例を引き継ぐかたちで新聞紙法が制定された。しかし、1910

年代以降も大正デモクラシーの風潮の中、護憲運動や民本主義を唱え、新聞は社会を動かす役割を担った。

　大正初期には『朝日新聞』や『大阪毎日新聞』は、100万部を超える部数を獲得する。一時期低迷していた『読売新聞』は、1924年正力松太郎が社長に就任、多くの紙面改革を行い読者の獲得に成功した。第二次世界大戦、太平洋戦争中は政府情報局による新聞統制が敷かれ、戦意高揚以外の内容は許されなかった。この戦争中に行われた新聞統合や一県一紙制の導入は、現在に至るまで大きな影響を与えている。

　戦後、日本は連合国軍最高司令官総司令部(GHQ)の統治下に置かれ、GHQに関する記事の検閲が行われ、批判は許されなかった。

　1953年以降、民放テレビ局が次々に設立されるが、各新聞社はそこに自己資本を投入することによってグループ化し、新聞は放送業界においても大きな発言力を持つようになった。

(2)「戸別宅配制度」と拡販のための事業活動

　新聞の販売方法としては、各地域の新聞販売店からの宅配による月極め販売と、鉄道駅売店、コンビニエンスストアなどでの1部ごとの販売の2通りが行われている。前者の「戸別宅配」は、『東京日日新聞』が1875年に開始したものであり、日本の高い新聞購読率はこの戸別宅配制度が支えているともいえ、2009年の戸別宅配率は、94.7%に達している[*5]。また、新聞社が販売価格を販売店に指示する「再販売価格維持制度」も新聞の普及に寄与したといわれている。戸別宅配制度を維持するには多くの設備投資や人件費がかかり新規参入は難しいことから、全国紙の寡占状態をもたらす結果にもなっているが、昨今の新聞離れの状況や電子化などにより、販売店の維持・存続も厳しいものとなっている。

　ちなみに、2011年10月時点での全国の新聞販売店の従業員総数は377,495人で、前年に比べ14,337人、37%の減少、新聞販売店の数も前年から425店減少し18,836店となっている[*6]。

また、日本の主要な新聞社は、スポーツ、文化、芸術などさまざまな事業を自ら主催している。毎日新聞と朝日新聞は、それぞれ春と夏の高校野球大会を主催し、読売新聞や中日新聞は、プロ野球球団の親会社となりプロ野球に深く関与している。そういったスポーツや美術展などの事業は、ニュース性も高く人々の話題となるだけでなく、自社の宣伝となり、チケットなどが新聞契約の販促ツールとしても活用されている。

　新聞社は国の政策によりテレビ局とグループになっているという特徴を持つが、ひとつの事業でメディアを横断した多角的な展開ができることも、事業を行うメリットとなっている。日本新聞協会の資料によると、販売部数は、1948年1,934万部（朝夕刊計）、1999年5,376万部でこの年がピークであり、2010年は4,932万部であった。新聞の市況は年々悪化し、2009年から2010年にかけて、発行部数が5,000万部を割り込み、売上も2兆円台を割り込んだ。

　その後も販売部数では苦戦が続くが、2012年の新聞の広告費は6,242億円（前年比104.2％）と回復傾向にある。（電通, 2013. 2. 21）

図表2-2　新聞の市場概況

	2009年	2010年	傾向
発行部数	5,035万部	4,932万部	減少
新聞社総売上	2兆19億円	1兆9,323億円	減少
販売収入	1兆2,087億円	1兆1,814億円	減少
広告収入	4,785億円	4,496億円	減少

出典：電通総研『情報メディア白書2012』ダイヤモンド社をもとに作成

(3) 新聞各社、経費削減への動きと新たな対応

　新聞社はこれまで、制作、流通まで自前主義で新聞発行を続けてきたが、2008年以降は協業による合理化に積極的に取り組み、異業種企業との提携が多く見られた。さらに、印刷受委託、共同配達、記事の相互配信といった

新聞社同士による提携も続いた。特に印刷受委託が多く、一例として、朝日新聞の新潟地方での印刷を、新潟日報が受託するというものである。メリットは、①印刷拠点から販売店までの輸送距離、時間の短縮により輸送コストを削減できる、②販売店への新聞配送の遅配リスクを小さくできる、③受託側には委託収入が得られる、などである（『情報メディア白書2011』, 32）。

共同配達は、販売店の販売区域が重複する地域では、提携した新聞社の店舗経費、配達経費を削減するために、数社の新聞社が共同で配達するものである。一例として、神戸市では朝日、毎日、日経が行っている。相互配信は、記事・写真などをお互いに提供しあうものである。自社の取材網だけでにカバーしにくい情報等を補完しあう利点があり、山陽新聞と中国新聞等が行っている。このように各新聞社は即効性のある協業に積極的に取り組んでいる。

また2011年には、全国紙・地方紙ともに子ども向け紙面の別刷りやページの新設・拡充をした社が目立った。これは、新聞の活用が盛り込まれた新学習指導要領の実施を受けての動きである[*7]。

(4) 進む電子化

2010年より、日本経済新聞がパソコンや携帯電話で閲覧できる有料電子新聞サービス『日本経済新聞　電子版』を開始した。月額購読料は日経本誌（朝・夕刊版）と電子版セットで5,383円、電子版のみでは4,000円。契約は新聞販売店とではなく日経本社と結ぶ。有料会員数は20万人、無料も含む会員登録は135万人を超える（2012年4月現在）。2011年、朝日新聞が『朝日新聞デジタル』を開始した。電子化により読者情報の把握もできるようになった。

『ニューヨークタイムズ』、『ウォールストリート・ジャーナル』など世界の新聞社では電子化の動きは進んでいるが、日本では普及の速度が緩やかである。その背景としては、約5,000万部の発行部数を誇る紙の新聞が依然として大きな収益を生んでおり、電子新聞を導入した場合、収益の落ち込みが予想されることによる。一方では、読者の新聞の電子化へのニーズは高まっ

図表 2-3 新聞業界のしくみ

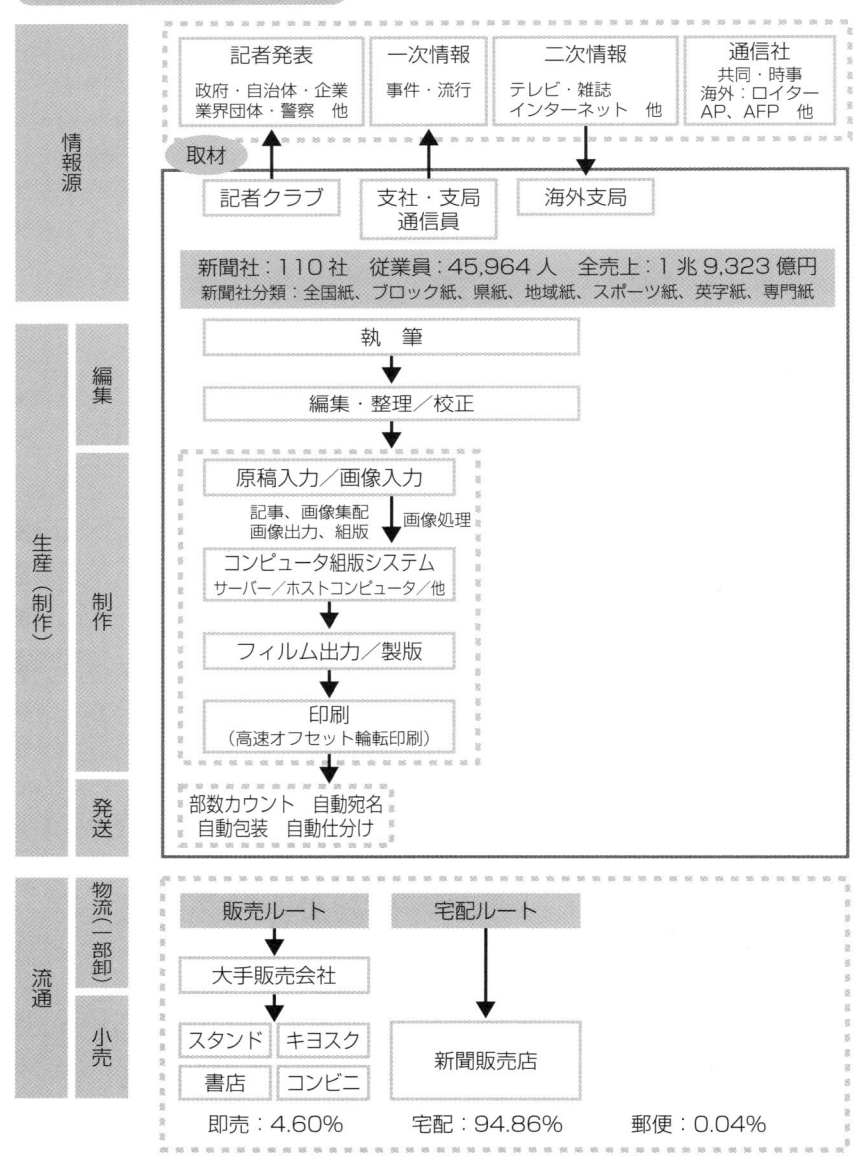

情報源

- 記者発表：政府・自治体・企業、業界団体・警察 他
- 一次情報：事件・流行
- 二次情報：テレビ・雑誌、インターネット 他
- 通信社：共同・時事、海外：ロイター、AP、AFP 他

取材 → 記者クラブ／支社・支局 通信員／海外支局

新聞社：110社　従業員：45,964人　全売上：1兆9,323億円
新聞社分類：全国紙、ブロック紙、県紙、地域紙、スポーツ紙、英字紙、専門紙

生産（制作）

- 編集：執筆 → 編集・整理／校正
- 制作：原稿入力／画像入力（記事、画像集配／画像出力、組版／画像処理）→ コンピュータ組版システム（サーバー／ホストコンピュータ／他）→ フィルム出力／製版 → 印刷（高速オフセット輪転印刷）
- 発送：部数カウント　自動宛名　自動包装　自動仕分け

流通

- 物流（一部卸）／小売
- 販売ルート → 大手販売会社 → スタンド／キヨスク／書店／コンビニ
- 宅配ルート → 新聞販売店

即売：4.60%　　宅配：94.86%　　郵便：0.04%

出典：電通総研編『情報メディア白書2012』ダイヤモンド社、p.35を筆者修正

第2章　マスメディアの誕生と諸相──●27

ており、およそ60％が望んでいるという調査結果もある（『インターネット白書2011』）。新聞社は新聞本来の役割を追求しながら、読者のニーズにも応えることで、新たな活路を見出そうとしている。

■出版
(1) 出版の歴史と展開
　印刷技術が普及するまで、本は写本によって伝えられた。日本では、770年に『百万塔陀羅尼』[*8]、そして、鎌倉時代に『五山版』[*9]など仏典の印刷が行われた。
　1450年代にドイツのグーテンベルクが活版印刷の技術を完成させ、朝鮮半島から印刷技術が伝えられた。戦国時代には、イエズス会によってキリシタン版と呼ばれる活版印刷の技術が持ち込まれた。江戸時代初期には木活字または銅活字で印刷・刊行された「古活字本」が作られたが、その中でも「嵯峨本」[*10]がよく知られている。しかし、寛永期を境に、再び木版印刷が主流となり、浮世草子、黄表紙、洒落本、滑稽本などが盛んに刊行された。同時期、浮世絵の流行により多色刷り本も現れた[*11]。そして、19世紀末から活版による印刷が木版印刷に代わって用いられるようになった。
　明治時代になると、自由民権運動の高まりとともに政治的主張を唱える雑誌が多く出版されたが、それに呼応し、政府は出版条例（1869年）を制定して言論活動を取り締まった。
　1887年、日本初の総合雑誌である『国民之友』が創刊され、続いて『太陽』『中央公論』などの雑誌が次々に登場した。総合雑誌や新聞には小説などの文芸作品も掲載され、人々に広く読まれるようになっていった。
　1893年に出版法が制定される。内務省検閲局による検閲が行われ、書籍は発売3日前に届け出ることが決まりになり、風俗を害すると判断されたもの（永井荷風『ふらんす物語』など）や反体制的であると判断されたものに発売禁止処分になった。1934年に出版法が改正され、1935年、天皇機関説[*12]に関する東京大学教授美濃部達吉の憲法書問題など、言論弾圧が一層強化さ

れた。

　第二次世界大戦後、1949年に出版法は廃止されるが、GHQによる厳しい検閲が行われた。1945年9月に発した「プレスコード」によって、軍国主義的なものやGHQを批判するものなどについての言論を統制した。今日では日本国憲法によって、言論や表現の自由が規定されている。

　小説や言論、主婦の在り方や生き方の指南、食やファッションなど、ターゲットとする読者に対してつねに最新の情報を提供してきた書籍は、人々の社会生活に不可欠なものである。現在では、インターネットが広く人々に浸透し、紙による書籍だけでなく、タブレット端末などによる電子出版への大きな動きも起こっている。

(2) 出版とインターネット

　出版は、作者—出版社—印刷・製本会社—取次—書店という流通経路の中で読者に届く仕組みであったが、インターネット上で出版物の売買が行われる「アマゾン」などの出現によって、書籍の流通は大きく変化した。読者は、家に居ながらにして、ネット上で書籍を検索・注文でき、電子決済で受け取ることができる。書物を陳列する棚や、在庫の問題がなくなり、話題の本や売れ線の本だけでなく、広くいろいろなジャンルの品ぞろえによって書籍販売ができる「ロングテール」[*13]が実現した。

　また、インターネットを利用した電子出版の出現によって、業界自体が変容してきている。合庭は、「印刷という伝統的な手法によっては不可能なテキストの無限な拡張は、第4のライティング・テクノロジーとしてもはや紙の上で行使されることはなく、コンピュータとネットワークが実現するのであり、そこは文字、音声、音楽、画像、コンピュータ・プログラムが一体となった世界なのである」(合庭, 2005: 282)と記述する。電子出版による無限の拡張は、「デジタルライブラリー」を可能にした。電子ジャーナルなどの学術誌の分野でまず導入され、論文、古文書、研究の調査資料、画像データなど研究のための資源が電子的な形態で入手することが可能になっている。

現状日本では、話題の新作がすぐに電子書籍として発売されるケースはまだ少ないが、2010年以降、小説やタレント本などの単行本、雑誌などが書籍発売と同時に配信される事例も増えてきている。また、携帯電話に配信されるケータイ小説がティーンズを中心に普及し、それらが書籍化され、書店でベストセラーになるという現象も起こっている。

　書籍の電子化への対応として、大手出版社31社が業界団体として「日本電子書籍出版協会（電書協）」を設立した。主な事業は、電子出版事業に関する制作、流通、サービス等の調査研究や法環境の整備や提言などである。また、大日本印刷と凸版印刷が発起人となり、「電子出版制作・流通協議会」を立ち上げ、アマゾンやアップルのような製品の開発・生産・販売までを一貫して行う「垂直統合型」とは異なる、開発・生産等の各段階を外部に委託してオープンに連携する「水平分業型」の日本独自の電子出版流通を推進している。

　『情報メディア白書2012』によると、2010年度の電子書籍市場は650億円、うち携帯電話向けが572億円、新たなプラットフォーム向け（iPadやキンドル）が24億円である。利用ジャンルはコミックが全体の49.6％、書籍、雑誌、新聞の順番である。利用経験者はわずか6.7％にとどまっている。利用者の性・年代別では、男性30〜39歳、女性20〜29歳の利用率が高い。利用端末は、スマートフォン以外の携帯電話が48.8％、パソコンが40.8％、スマートフォンは18.6％であった。一方、アメリカでは、2010年の電子書籍売上は4億4,130万ドル（約370億円）で、日本よりも市場規模は小さいものの、前年と比較すると2.6倍で高い普及率といえる。日本がコミック中心なのに対し、ジャンルやターゲットも広く浸透している。

　2012年4月に、（株）出版デジタル機構（サービス名称：パブリッジ）が設立された。産業革新機構と大手出版社、印刷会社が株主となり、賛同出版社358社（2013年1月22日現在）によって、これまでは困難であった電子出版に関連する共通のプラットフォームを立ち上げ、あらゆる本が電子書籍として読める読書環境の整備を図っている。2012年11月、講談社の「ブルーバック

ス」の配信が第1弾として始まっている。

(3) 電子化における問題点

　電子化にあたっては、著者の権利をどのように処理するか、という問題がある。現在の電子書籍は、主にこれまで紙媒体で流通していた作品を電子化したものが大多数である。過去に出版された作品を電子化によって再版する場合に、複雑な権利関係の問題があり、電子化を躊躇させる原因にもなっている。

　また、収益面からオリジナルの電子書籍作品が流通しにくいことも電子書籍が普及しない一因となっている。従来の紙による出版物であれば、書店・取次に出版物を卸した段階で出版社に収入があり、それを原資に著者や制作に関する費用を支払うことができるが、電子書籍ではこのようなシステムを構築するのが難しい。

　しかし、電子化の波は必然的に大きくなり、それにどう対応していくかは避けて通れない道である。前述した「(株)出版デジタル機構」の設立など、共通の販売プラットフォームによって電子書籍購入は容易になるだろう。海外からの電子書籍の波も踏まえ、今後の電子書籍市場拡大のための施策は進んでいる。

(4) 書籍の市場概況と新たな施策

　書籍の発行部数は、1997年に15億7,000万部、実売総額は1兆1,062億円とピークになったが、その後低下傾向にある。2011年の書籍の売上額は8,198億5,000万円で、14年連続前年割れとなっている。ちなみに、雑誌も含めた出版市場は、1兆8,042億円（前年比6.4%減）であった（図表2-4）。

　市場回復と活性化のために、出版各社は電子化への市場整備とインターネットやモバイルなど新たなデバイスを活用した展開を模索しその対応を行っているが、それ以外の改革も進めている。

　まず、紙の調達、印刷、輸送、広告出稿などの面でコスト削減を図るため

図表 2-4　書籍市場概況の比較

	2010年	2011年	前年比
販売金額合計	1兆8,748億3,000万円	1兆8,042億2,000万円	6.4%減
書籍	8,212億9,000万円	8,198億5,000万円	0.2%減
雑誌	1兆535億5,000万円	9,843億7,000万円	6.6%減
販売部数合計	28億7,455万冊	26億8,983万冊	3.8%減
書籍	7億233万冊	7億13万冊	0.3%減
雑誌	21億7,222万冊	19億8,970万冊	8.4%減

出典：出版科学研究所（2012）『出版指標年報』㈳全国出版協会、pp.3-4 をもとに作成
＊販売金額は、表示単位で四捨五入したため合計と異なる。

に大手出版社は提携をし、女性誌のサイズを統一した。また、新刊市場の縮小から、三省堂ほかの大手書店やレンタルチェーンのTSUTAYAなども新たな収益源の確保をめざして、中古書籍事業を展開している。

流通面においては、大手取次が送品抑制を本格化した。これまでは売上期待により、過剰に送品していたが、返品が多いため抑制を行うようになった。売上拡大よりも効率化による収益増加を狙った施策である。

また、国内市場が伸び悩む中、出版社はアジアを中心に海外市場に目を向け始めている。角川グループは2011年2月に、電子書籍販売のパピレスは6月に、通信最大手・中華電信の電子ブックサービス「Hami書城」で自社コンテンツの販売を開始し、講談社は台湾や中国の企業と提携し、ビジネスを展開している。

■ラジオ
(1) ラジオの歴史と展開
　無線での音声放送を世界で初めて実現したのはエジソンの会社・GEの技師だったカナダ生まれの電気技術者レジナルド・フェッセンデン（1866-1932）である。周波数変調方式（FM方式）によるもので1902年に考案され

図表 2-5　出版業界のしくみ

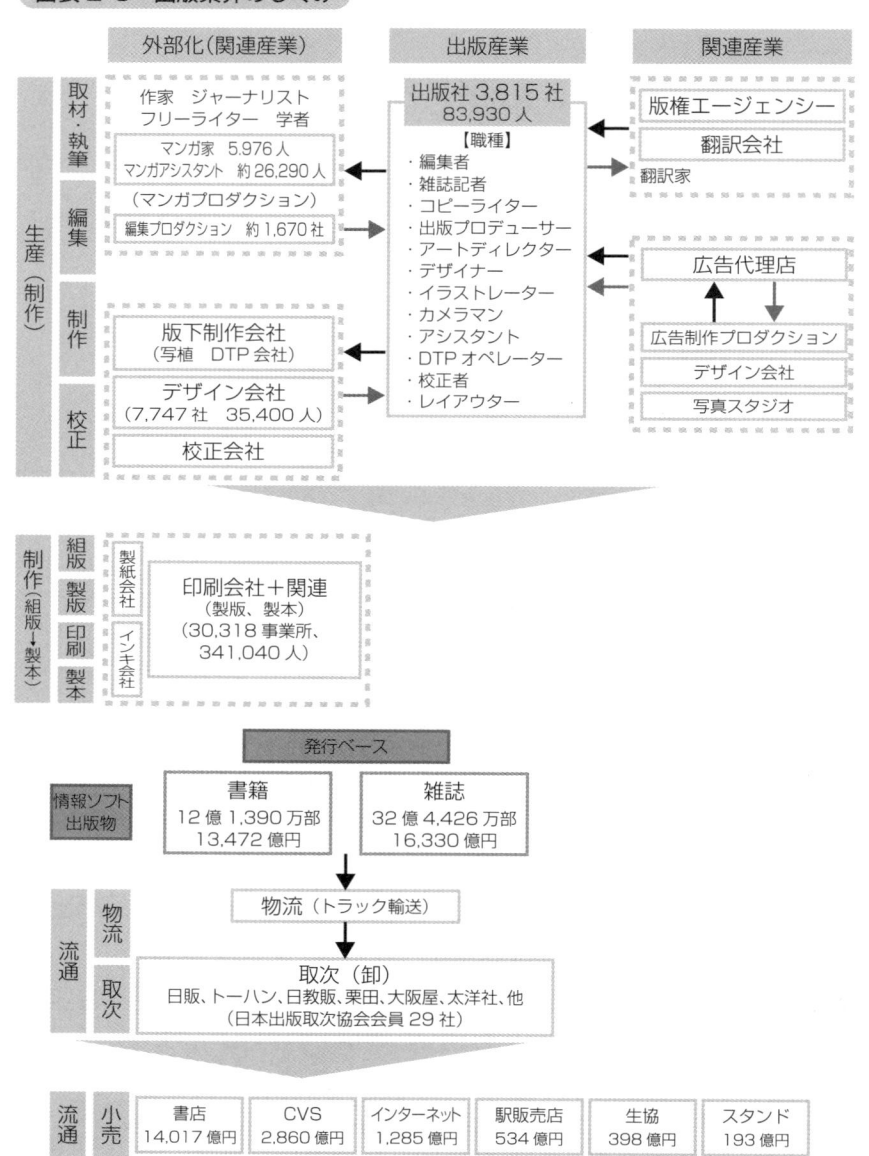

	外部化（関連産業）	出版産業	関連産業
生産（制作）／取材・執筆	作家　ジャーナリスト　フリーライター　学者 マンガ家 5,976人 マンガアシスタント 約26,290人 （マンガプロダクション）	出版社 3,815社　83,930人 【職種】 ・編集者 ・雑誌記者 ・コピーライター ・出版プロデューサー ・アートディレクター ・デザイナー ・イラストレーター ・カメラマン ・アシスタント ・DTPオペレーター ・校正者 ・レイアウター	版権エージェンシー 翻訳会社 翻訳家
編集	編集プロダクション 約1,670社		
制作	版下制作会社 （写植　DTP会社）		広告代理店 広告制作プロダクション デザイン会社 写真スタジオ
校正	デザイン会社 （7,747社　35,400人） 校正会社		

制作（組版→製本）

組版／製版／印刷／製本

製紙会社／インキ会社

印刷会社＋関連（製版、製本）
（30,318事業所、341,040人）

情報ソフト　出版物

発行ベース

書籍	雑誌
12億1,390万部 13,472億円	32億4,426万部 16,330億円

流通／物流

物流（トラック輸送）

流通／取次

取次（卸）
日販、トーハン、日教販、栗田、大阪屋、太洋社、他
（日本出版取次協会会員29社）

流通／小売

書店	CVS	インターネット	駅販売店	生協	スタンド
14,017億円	2,860億円	1,285億円	534億円	398億円	193億円

出典：電通総研編『情報メディア白書2012』ダイヤモンド社、p.49 を筆者修正

ているが、実用化されたのは 1933 年になってからで、アメリカのエドウィン・H・アームストロング（1890-1954）の手による。1906 年 12 月 24 日、フェッセンデンは、アメリカ・マサチューセッツ州ブラントロックの実験室から、自身のバイオリンと歌とスピーチを発信した。船舶無線局や海軍艦船の無線オペレーターはこれを受信し熱狂したという（高橋，2011：14）。これが、世界初のラジオ放送になる。

最初の正式な公共放送は、1920 年 11 月 2 日、アメリカ・ペンシルベニア州ピッツバーグの KDKA 局においてである。AM 方式によるもので、ハーディング対コックスの大統領選挙の結果を放送し話題になった（高橋，2011：14）。この頃には放送局の数が 500 局を超えたという。

極長距離を伝送できる短波ラジオ放送を最初に行ったのはオランダの国営放送で、1927 年 11 月から海外植民地向けに試験放送を開始、翌 1928 年には当時オランダ領だったインドネシア・ジャワ島での受信に成功する。

1938 年 10 月、作家のオーソン・ウェルズがハロウィーンの余興として企画出演したラジオドラマ「宇宙戦争」を放送。音楽番組の途中で火星人の襲来を臨時ニュースとして流すという凝った演出で、それを信じ込んだ多くの聴取者がパニックに陥った。それは、ラジオの影響力の大きさを物語る事件でもあった。

2000 年代に入って、地上デジタルラジオ放送が開始され、またアメリカのシリウス XM ラジオ[*14]のような衛星デジタルラジオサービスも開始された。

(2) 日本のラジオ放送、開始と変遷

1922 年 3 月、上野公園で開催された平和記念博覧会会場と東京朝日新聞本社との間でニュースや音楽の実験放送を行った。1923 年、関東大震災が発生、ラジオ放送の必要性があらためて認識されるようになる。

日本でも開局の出願が 100 件以上になり、東京では 28 社の申請があったが、逓信省の指導により 1 本化され、1924 年 11 月 29 日、後藤新平を総裁

とする社団法人東京放送局に許可がおりた。

　日本初のラジオ放送は、1925年3月22日午前9時30分、社団法人東京放送局（JOAK：現在のNHK東京放送局）が東京・芝浦の東京高等工芸学校（千葉大学工学部の前身）内に設けた仮送信所から発信された。京田武男アナウンサーによる「JOAK、JOAK、こちらは東京放送局であります」が、第一声だった。その日までに正式に聴取契約を結んでいた人が3,500人、未届けの人を加えれば8,000人以上が聴いたと推定されている（日本放送協会，1977：3-4）。

　受信機設置の際は、逓信局の「聴取無線電話私設許可書」が必要で、政治性や公共性を反映するために民営を排除した。1925年の放送当初、聴取料は月2円、その後、契約料は1円、75銭、50銭と低下していった。

　1926年には、東京・大阪・名古屋の各放送局は「社団法人日本放送協会」として統合される。その後、日本各地に放送局を開設し、当時日本領だった南樺太や南洋群島、さらには、朝鮮、台湾にも放送局が設立された。

　1928年には、「ラジオ体操」や「相撲中継」などが始まり、ラジオ受信機の普及とともに、契約者も増え、ラジオは娯楽の主役となった。ラジオは、識字能力が必要なく、家事や仕事をしながら聴取できることも普及の大きな要因であった。

　しかし、1941年に第二次世界大戦が勃発すると、その後の戦局の進行や大本営発表を行うための政府機関と化し、プロパガンダ的な番組が増えた。1943年には、700万の契約者数があり、契約世帯率は50％に達していたという。1945年8月15日、「昭和天皇玉音放送」により、全国民に第二次世界大戦の終結が告げられた。

　「社団法人日本放送協会」は、GHQの管理・監督下に置かれて言論統制が行われ、また進駐軍向け放送局が主要都市に設置された。1950年に「社団法人日本放送協会」が「特殊法人日本放送協会」に改組され、また同年、電波三法（電波法、放送法、電波管理委員会設置法）が施行され、民間放送の開設が可能となった。翌1951年、9月1日に中部日本放送（CBC）、新日本放

送(現・毎日放送 MBS)が、同年 12 月 25 日にはラジオ東京(現・TBS ラジオ)と、民間放送が相次いで開設された。

　戦後の 10 年がラジオの最盛期となる。1946 年には、『NHK のど自慢』が始まり、1952 年にはラジオドラマ『君の名は』が日本中の女性の心を捉え、放送時間には女湯は空になったと伝えられる。その年、受信世帯は 1,000 万を突破、ラジオは人々の生活に欠かせないものになっていった。

　1960 年代から 1970 年代初頭にかけて、トランジスタラジオの商品化と普及によって、ラジオは一家に一台から一人一台というパーソナルなメディアとなっていく。ラジオ放送は家族をターゲットにした編成から、個人をターゲットにした編成へと転換した。人気のミュージシャンやアナウンサーをディスクジョッキーに起用し、若者にターゲットを絞った深夜放送を開始する。『パック・イン・ミュージック』、『セイ・ヤング』、『オールナイト・ニッポン』が、若者たちに絶大な人気を博した。

　1970 年頃から FM ラジオ放送も開始し、エフエム東京、エフエム大阪、エフエム愛知、エフエム福岡の 4 局が開局、音楽を中心とした編成で放送された。FM ラジオ放送では、放送される楽曲を録音する「エアチェック」が流行し、カセットテープに録音された。また、エアチェックを目的として放送される楽曲が載った FM 情報誌、『FM Fan』や『FM レコパル』が創刊された。1970 年代後半、主に小・中学生の間で海外の短波放送を聴取する、いわゆる"BCL ブーム"[*15]がおこり、多くの家電メーカーから短波が受信できるラジオが発売されるようになった。

　1982 年、FM 愛媛を筆頭に全国で民放 FM 放送局が相次いで開局する。1988 年には東京で 2 番目となるエフエムジャパン(現・J-WAVE)が開局、大都市圏では複数の民放 FM 局が開設された。1992 年にはコミュニティ放送が制度化され、都道府県単位よりもかなり狭い地域を対象としたラジオ放送が行われるようになった。1995 年の阪神・淡路大震災では、災害時における情報伝達メディアとしてのラジオの重要性がクローズアップされ、その後多くのコミュニティ FM 局が認可、全国で開設された。2000 年代に入る

と、インターネットラジオが登場、さらに衛星や地上デジタルラジオも加わり、ラジオ放送の多様化が進んだ。

(3) ラジオの新たな取り組み

ラジオの新たな動きとして、2010年3月、地上波のラジオ放送と同内容の番組をインターネットを利用してサイマル配信するIPサイマルラジオ「radiko」の実験放送が開始され、同年12月から本格放送に入った。2013年1月時点で、民放ラジオ局66社が参加し、37都道府県で聴取可能となっている。2011年9月から、NHKも地上波放送のIPサイマル配信「らじる★らじる」を開始している。

さらに、携帯端末向けマルチメディア放送の取り組みとして、「V-Low帯向け音声放送」がある。チャンネル周波数には、76～90MHzをFMラジオ、90～108MHzをチャンネルごとに周波数帯域幅が割り当てられているが、この90～108MHzをVHF-Low帯（V-Low）といい、地上放送の完全デジタル化により空きの状態になった。総務省では「ラジオと地域情報メディアの今後に関する研究会」を設置し、参加希望を募ったところ133事業者の参入希望があった。東日本大震災をきっかけに、災害時メディアとして有用であるとの認識が高まり、実施に向けて進展を見せている。

(4) ラジオ経営の現状

メディアの多様化によりラジオ離れは顕著であるが、それに伴い広告費も

図表2-6　ラジオの市場概況

	2009年	2010年	
AM・短波社	941億円	891億円	減少
FM社	604億円	575億円	減少
合計	1,544億円	1,467億円	減少

出典：電通総研編『情報メディア白書2012』ダイヤモンド社、p.116より著者作成
＊数字は、四捨五入による

第2章　マスメディアの誕生と諸相──●37

図表 2-7　ラジオ業界の仕組み

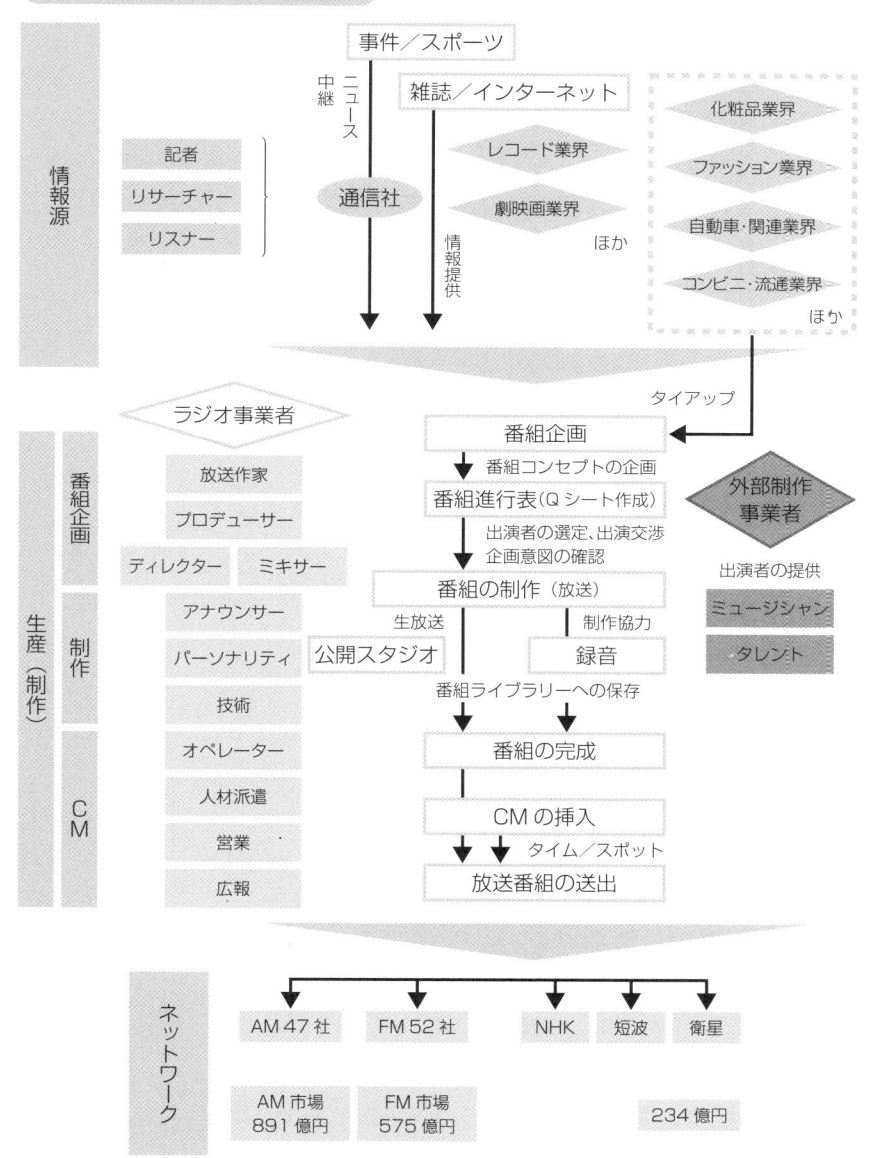

情報源
- 記者
- リサーチャー
- リスナー

事件／スポーツ → 中継・ニュース → 通信社
雑誌／インターネット → 情報提供
- レコード業界
- 劇映画業界
ほか

（タイアップ業界）
- 化粧品業界
- ファッション業界
- 自動車・関連業界
- コンビニ・流通業界
ほか

番組企画／生産（制作）

ラジオ事業者
- 放送作家
- プロデューサー
- ディレクター　ミキサー
- アナウンサー
- パーソナリティ
- 技術
- オペレーター
- 人材派遣
- 営業
- 広報

番組企画
↓ 番組コンセプトの企画
番組進行表（Qシート作成）
↓ 出演者の選定、出演交渉／企画意図の確認
番組の制作（放送）
　生放送 → 公開スタジオ
　制作協力 → 録音
↓ 番組ライブラリーへの保存
番組の完成
↓
CMの挿入
↓ タイム／スポット
放送番組の送出

外部制作事業者
　出演者の提供
- ミュージシャン
- タレント

ネットワーク
- AM 47社
- FM 52社
- NHK
- 短波
- 衛星

AM市場　891億円
FM市場　575億円
234億円

出典：電通総研編『情報メディア白書 2012』ダイヤモンド社、p.115 を筆者修正

減少し続けている。地上波民放ラジオ放送の営業収入は、2010年、1,500億円を割り込んだ(『情報メディア白書2012』)。リーマンショック後の世界的不況の影響による大幅な広告出稿の減少が要因である。広告収入が減少する中、ラジオ放送事業者は放送事業以外の収入確保を迫られている。2008年以降エフエム九州ほかが、経営破たんをしており、ラジオの広告媒体価値評価機関として2004年に設立された日本ラジオ広告推進機構(RABJ)も2010年9月末に解散した。このようにラジオ放送事業全体で、経営状況が苦しい現状にあるが、「radiko」が行っているラジオ放送とインターネットとの広告連動など、ラジオ広告の新たな施策も始まっている。

■テレビ
(1) テレビの歴史と展開

　最初のテレビ放送の実験成功は、1928年、GE傘下のラジオ局による。1929年、イギリスBBCが実験放送に成功、1935年、ドイツが本放送を開始し、1936年ベルリンオリンピックを実況中継、1941年にアメリカで商業放送が開始された。日本では、1926年、浜松高等工業学校の高柳健次郎が、電子式ブラウン管を用いて「イ」の字を写しだすことに成功した(日本放送協会, 1977: 50)[*16]。しかし、太平洋戦争でテレビの研究開発は中断され、戦後実験放送が再開された。

　1950年、「放送法」が、戦前の無線電信法に代わるものとして「電波法」、「電波監理委員会設置法」とともに「電波三法」として公布、同年6月1日より施行された。同法に基づき、日本放送協会(NHK)は公共企業体に認定され、また同時に「民間放送」の設置が認められ、以後の放送に関する基本法となった。

　1953年2月1日、日本放送協会がテレビ放送を開始、「JOAK-TV、こちらはNHK東京テレビジョンであります」という言葉で始まった(同: 383)。放送開始時の受信契約数は866件、受信料は月200円であった。同年8月28日、日本テレビ放送網(NTV)が、民放初のテレビ放送を開始、最初の番組

は、東芝提供の『寿式三番叟』であった[*17]。

　1953年1月、シャープが国産第一号のテレビを発売、価格は175,000円だった。当時、大学卒の初任給は9,000円弱であり、テレビ受像機はまだまだ高価で、一般家庭では容易に手の届くものではなかった。テレビ放送推進のために、日本テレビの正力松太郎は、日比谷公園、上野公園など人々が集まる所に街頭テレビを設置、最終的には関東一円278カ所に置かれた。その頃の人気番組は、巨人戦ナイターやボクシング世界タイトルマッチ、力道山が活躍したプロレスなどのスポーツが中心であった[*18]。

　1955年、ラジオ東京テレビ（TBS）、1959年に、富士テレビジョン（フジテレビ）と日本教育テレビ（テレビ朝日）が開局した。この頃、まだ各家庭にテレビが普及していたわけではなく、テレビのある裕福な家や客寄せのためにテレビを設置した飲食店などでテレビを見るものが多かった。1959年、4月10日の皇太子明仁親王（今上天皇）御成婚の中継をきっかけにテレビ受像機が一般に普及し始める。この同時期に、各局のニュースネットワークが結成された。

　1960年9月、カラー本放送開始（NHK＝東京、大阪の総合、教育両テレビ、日本テレビ、TBS、読売テレビ、朝日放送）。1961年には、受像機の世帯普及率が50％を突破した。1964年、財団法人日本科学技術振興財団テレビ局（現テレビ東京）が開局し、現在の東京キー局が出そろった。1975年、テレビは新聞を抜いて広告費1位の座に就いた[*19]。

　1978年、日本テレビが世界初の音声多重実用化試験放送を、そして1984年NHKが衛星放送（BS）の試験放送を開始し、1989年に本放送をスタートさせた。さらに、1990年、日本初の民間衛星放送局・日本衛星放送（JSB・WOWOW）が試験放送を行い、翌年4月より有料の本放送を開始した。

　1986年以降の郵政省における「1県4チャンネル」政策によって各県に系列局が誕生し、NNN系30局、JNN系28局、FNN系28局、ANN系26局、TXN系6局になった。

　2000年12月、BSデジタル放送が開始され、2003年12月には、東京、名

図表 2-8　通信・放送法の改正

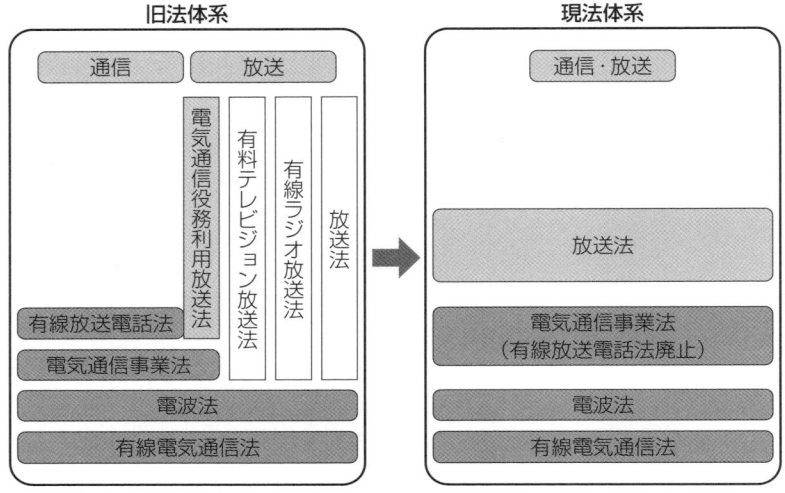

旧法体系：通信／放送
- 電気通信役務利用放送法
- 有料テレビジョン放送法
- 有線ラジオ放送法
- 放送法
- 有線放送電話法
- 電気通信事業法
- 電波法
- 有線電気通信法

現法体系：通信・放送
- 放送法
- 電気通信事業法（有線放送電話法廃止）
- 電波法
- 有線電気通信法

出典：総務省ホームページ

古屋、大阪を中心に地上デジタル放送がスタートした。2006年4月、移動体受信機向けの地上デジタル放送、「ワンセグ」放送も始まる。

2008年、メディア環境の変化に伴い、放送法が改正されて放送持株会社が解禁された。2010年3月5日、「放送法等の一部を改正する法律案」が決定され、放送関連4法（放送法、有線ラジオ放送法、有線テレビジョン放送法、電気通信役務利用放送法）が新たな「放送法」として統合、通信・放送法体系の見直しが60年ぶりに行われ、2011年に施行された。そして、地上波放送は、2011年7月24日、アナログからデジタルに移行した。

(2) テレビ局の新たな事業への試み

メディアの変化、メディアを受信するデバイスの変化、メディアの受け手の変化によって、テレビ局も従来の放送ビジネスだけでは生き残りが厳しい時代となっている。かつては、同業のテレビ放送事業者がライバルだったが、現在は通信事業者、ネットの巨大プラットフォームなども競争相手となって

いる。そこで、テレビ局各社は自らの強みであるニュースギャザリング、コンテンツ制作力、コンテンツマネジメント力、アーカイブ、会社の知名度（ブランド）などを活用し、新たな事業収入の獲得に取り組んでいる。

ブロードバンド配信（ビデオ・オン・デマンド）サービス、「見逃し視聴」対策として、現在放送中の番組を期間限定で配信するサービス、また番組フォーマットの販売や番組と連動した商品の販売、映画やアニメーション作品等への出資、さらには、総合通販事業、グッズショップの経営、不動産賃貸業、ゲーム業界や流通業との提携など、新事業を幅広く展開している。

近年、日本テレビ、TBS、フジテレビ、テレビ東京が「認定放送持株会社」に移行した。地上波、BS、CSの放送会社や制作会社をその傘下に持つが、これは激変するメディア環境の中でグループ一体化による競争力強化を狙ったものである。テレビ業界も新たな局面へと向かっている。

(3) 地上波テレビの経営と市場動向

地上波民放局はその収入のほとんどを広告収入で得ている。東京キー局においては、70％〜80％が、テレビ広告収入であり（全地上波民放局ではさらに高い比率になる）、残りは番組販売収入、イベント等の事業活動からの収入、非放送系コンテンツ収入（映画、ビデオ・DVD、携帯コンテンツ配信など）である。テレビ広告収入にはタイム広告とスポット広告がある。タイム広告とは、スポンサーとして提供する番組の枠内で流されるCMをいう。

スポット広告とは、特定の番組枠内ではなく、予算規模に応じて一定期間放送されるCMのことである。2008年、リーマンショック以降は景気悪化の影響を受け、各企業の広告費削減に伴いテレビ広告費は減少した。電通の2012年の報告によると、2009年のテレビ広告費は1兆7,139億円で、14年前の水準を下回るものであった。2009年後半からはスポット広告を中心に回復の動きが見られ、2010年には4年ぶりに増加に転じた。

しかし、好調だったスポット広告も東日本大震災の影響により、市況が落ち込んだ。2011年（1月〜12月）のテレビ広告費は1兆7,237億円（前年比99.5

図表 2-9　テレビ業界のしくみ

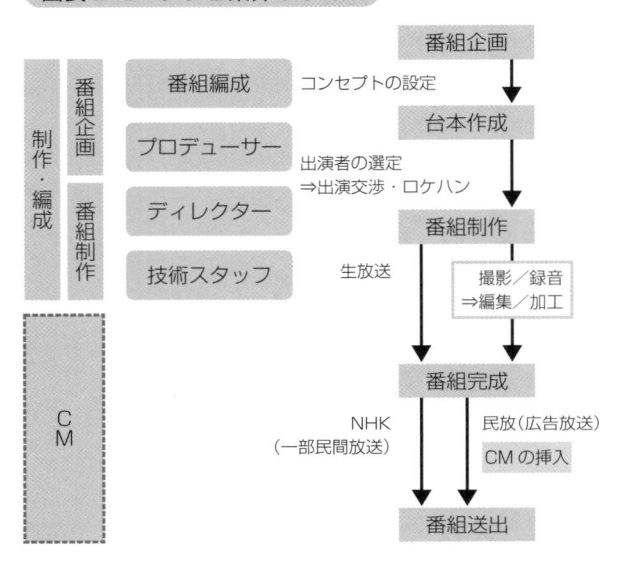

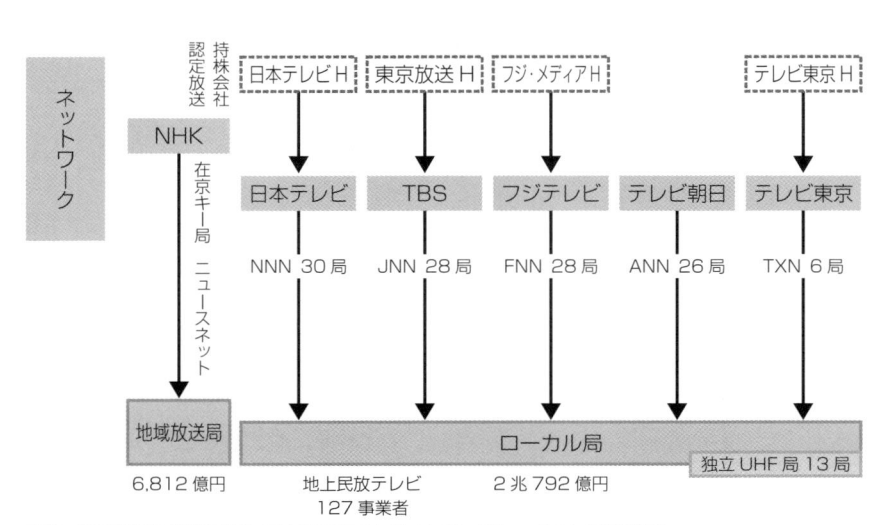

制作・編成
- 番組企画
  - 番組編成
  - プロデューサー
- 番組制作
  - ディレクター
  - 技術スタッフ

CM

番組企画
↓　コンセプトの設定
台本作成
↓　出演者の選定
　　⇒出演交渉・ロケハン
番組制作
↓　　　　　　撮影／録音
　生放送　　　⇒編集／加工
↓
番組完成
├─ NHK（一部民間放送）
└─ 民放（広告放送）
　　CMの挿入
↓
番組送出

ネットワーク

- 持株会社認定放送：日本テレビH → 日本テレビ → NNN 30局
- 東京放送H → TBS → JNN 28局
- フジ・メディアH → フジテレビ → FNN 28局
- テレビ朝日 → ANN 26局
- テレビ東京H → テレビ東京 → TXN 6局
- NHK（在京キー局、ニュースネット）→ 地域放送局

地域放送局　6,812億円
ローカル局　地上民放テレビ 127事業者　2兆792億円
独立UHF局 13局

出典：電通総研編『情報メディア白書2012』ダイヤモンド社、p.123を筆者修正

%）で微減であり、内訳は、番組広告費が 6,979 億円（同 97.9%）、スポット広告費が 1 兆 258 億円（同 100.7%）であった。2012 年は、タイム広告 7,195 億円（同 103.1%）、スポット広告 1 兆 562 億円（同 103%）であり、テレビ広告は、堅調に推移している（民放連研究所，2013. 2. 21）。

■電話
(1) 電話の歴史と展開

電話の歴史は、1876 年 3 月 7 日に米国特許 174465 号としてグラハム・ベルが取得したことに始まる[20]。同年 3 月 10 日に、マサチューセッツ州ボストンで、送話機の実験時に希硫酸をズボンにこぼし、"Mr. Watson, come here, I want you！" と発したベルの音声が初めてつながった。これが電話機を通じた第一声と言われている。ちなみに、英語圏で一般的に使われている "Hello" は、エジソンが電報会社社長の友人に「聞き取りやすいから」という理由で提唱したことから始まっているという[21]。

電話は草創期においては、有線ラジオ的な娯楽メディアとしても活用されていた。1881 年に開催されたパリ国際電気博覧会の会場にはテアトロフォンと呼ばれた受話器が多数置かれ、劇場の中継や歌手の歌声、オーケストラの演奏などを楽しんだと伝えられる。ロンドンやパリなど大都市ではホテルのロビーや盛り場に置かれた電話にコインを入れ、受話器から流れる音楽などに耳を傾けるという放送メディア的な楽しみ方がされていた（吉見，2004：130–131）。

(2) 日本への導入

1877 年、日本に電話 2 台が輸入され、1878 年には、東京、横浜、大阪で官庁・警察間の通信に使用された。1889 年には、民営論と官営論の対立があったが、官営で決着した。そして、国家機密の保持、全国一律での普及・維持が困難などの理由によって、通信省による運営となった（橋元，2011：22）。米国での電話サービス開始（1878 年）から 12 年後の 1890 年、最初の商業的

な電話交換業務が、東京－横浜間で開始された。当初の加入者数は東京 155 回線、横浜 42 回線で、ダイヤル 1 番は東京府庁、2 番は逓信省、3 番は司法省だった。料金は定額制で、東京市内年間 50 円、横浜 35 円であり、当時の上級国家公務員の初任給が 50 円、東京－大阪間の国鉄の急行列車運賃が 4 円ということからすると非常に高いものだった。しかし、しだいに電話の便利さが理解され、加入契約も 3 年後には 3,000 世帯、1899 年には東京－大阪間が開通し、全国で 1 万世帯以上になった（NTT DIGITAL MUSEUM）。

　日露戦争後には加入希望者が激増したが、一般庶民にはまだ高価だったため、なかなか普及しなかった。電話売買業の開始が後押しとなり、1910 年には、全国の電話加入者数が 10 万を突破した。1923 年、関東大震災では関東地方の電話網が大きな打撃を受けたが、1939 年には、全国の電話加入者数が 100 万人を突破した（同上）。

　1952 年、日本電信電話公社が設立。逓信省、電気通信省を経て、日本の電信電話事業は創業以来 63 年目にして、公共企業体による自主経営へと移行した。1955 年に、200 万台突破。しかし、多くは事業者用で、住宅用は 18 万台の契約数だったという。なかなか一般家庭には電話が普及しなかったのは、当時は電話を引くのに許可を得る必要があり、事業者が優先され、架設費用も高価であったことによる。

　一般家庭に普及するのは、1960 年以降である。それまでは、「呼び出し電話」であり、電話が設置してある近所の家に頼んで、電話を取り次いでもらうのが一般的であった。そういった事情から、電話は家の玄関先にあった。1974 年に、ようやく電話の世帯普及率は 50％ を突破、1983 年には、架設費用が男子大卒初任給を下回ることになる。そして 1985 年、電気通信事業は民営化され、日本電信電話株式会社（NTT）が発足した。

(3) 携帯電話の登場

　最初の携帯型の電話は、1985 年に NTT が貸出ししたショルダーホンに始まる。1987 年に一般向け携帯電話サービスが開始されたが、加入料金 29 万

8,300円、保証金20万円、契約料月額23,000円と高価であり、当初なかなか普及しなかった。

携帯電話が本格的に普及するのは、1988年の通信自由化によって日本移動体通信（現KDDI（au））やボーダフォンなど多くの事業者が参入し、競争の激化によって利用料金が値下げされていってからである。それまでは、NTTと新電電の2社でサービス地域が2分され、競争も制限されていた。1994年、携帯電話はレンタル制から売切り制に移行し、普及は急速に伸展する。個人の所有物となったことで、ストラップやデコレーションを施すなど、自分だけのものとなり手放せない存在となっていった。2000年には、携帯とPHSを合わせた普及率が固定電話を上回った（橋元, 2011: 29）。

携帯電話は「おさいふケータイ」や「ワンセグ」など次々に新たな機能を備え、日本独自の進化を遂げて、日常生活に欠かせないメディアになった。さらに、iPhoneの日本上陸に端を発するスマートフォンの登場とその後の普及によって、電話の機能を大きく超えた総合情報メディアとしての性格はさらに顕著なものとなっている。

(4) 電話のメディア特性とその影響

電話が登場したばかりの頃のアメリカの調査では、電話によって直接的会話が減少すると思われたが、逆に増加させるという結果が報告された。場を同じくせずにコミュニケーションできる電話というメディアは、直接的なコミュニケーションも活発化させたのである。この空間を飛び越えてコミュニケートできるという特性は、その後多くの人々に影響を与えることになる。

マクルーハンは、「電磁気をめぐる諸発見が、すべての人間活動に同時的『場』を再創造する」（マクルーハン, 1962＝1986: 52）といったが、電話は、まさしく使用する人々の場を一瞬にして結びつけ、コミュニケーションの場を構成するのである。

吉見らは、玄関の下駄箱の上にあった電話が、家庭の深部へ移動していく状況を「次第に応接間や台所、リビングルームへと移動し、コードレス電話

の普及とともに、電話は両親の寝室や子ども部屋にも置かれ、家庭の各々の成員を直接、外部社会に媒介するようになるのである」(吉見・若林・水越, 1992: 65) と記述する。生活空間の中に、否応なく外の空間からの一方的なアプローチがあり、時間を強制的に共有させられる。よい場合も悪い場合も含め、自分の時間の中に突然他人の用事や社会の出来事が介入してくる。電話が固定されているうちはまだよかったが、携帯電話の登場によってその傾向はより顕著なものになった。

　携帯電話の登場によって、以前は感じなかった新たな感情や感覚が人々にもたらされた。吉見は、通勤電車内など公共の場での携帯電話のマナー問題に関し、「彼らはその場にいながらその場にはいない。つまり、物理的には電車の中という場に身を置いていても、意識としてはすでにそこから遊離し、回線の中を生きてしまっている」(吉見・若林・水越, 1992: 92-93) と、公共の場にいながらここにいないリアリティのズレによる違和感を指摘する。また、北田は、「つねに見られることが可能であるにもかかわらずだれにも見られない可能性を上昇させたのは『ケータイ』というメディアである」(北田, 2002: 147) と語り、今人々が恐れるのは、誰にも接続されないこと、つまり「見られていないかもしれない」という恐怖だと主張する[*22]。

　このように、電話は登場以来、エンターテインメント的な使用を経て、画期的なコミュニケーションツールとして、その存在感を高めてきた。ポケベルが登場し携帯電話が普及すると、人々のコミュニケーションにおける「場所感は喪失」[*23]し、いつでもどこでもつながる便益を人々にもたらした。インターネット端末と容易につながるスマートフォンの出現によって、コミュニケーションとエンターテインメントの可能性は格段に広がった。そして、フェイスブックやツイッターなどソーシャルメディアの爆発的普及によってその空間は拡大を続けている。

(5) 携帯電話とスマートフォンの市場概況

　携帯電話市場は 2007 年の 9 兆 4,746 億円をピークに年々減少し、2010 年

図表2-10 携帯電話業界の仕組み

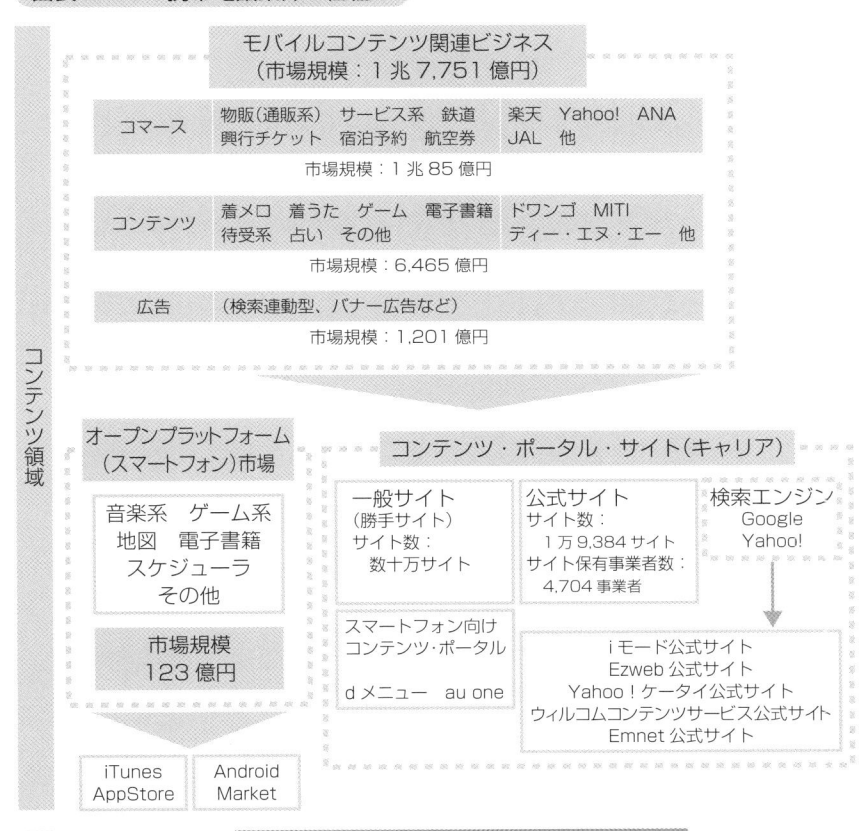

コンテンツ領域

モバイルコンテンツ関連ビジネス（市場規模：1兆7,751億円）

コマース	物販（通販系）　サービス系　鉄道　楽天　Yahoo!　ANA 興行チケット　宿泊予約　航空券　JAL　他
	市場規模：1兆85億円

コンテンツ	着メロ　着うた　ゲーム　電子書籍　ドワンゴ　MITI 待受系　占い　その他　　　　　　　　　ディー・エヌ・エー　他
	市場規模：6,465億円

広告	（検索連動型、バナー広告など）
	市場規模：1,201億円

オープンプラットフォーム（スマートフォン）市場

音楽系　ゲーム系
地図　電子書籍
スケジューラ
その他

市場規模
123億円

iTunes AppStore　　Android Market

コンテンツ・ポータル・サイト（キャリア）

一般サイト（勝手サイト） サイト数：数十万サイト	公式サイト サイト数：1万9,384サイト サイト保有事業者数：4,704事業者	検索エンジン Google Yahoo!

スマートフォン向け
コンテンツ・ポータル

dメニュー　au one

iモード公式サイト
Ezweb公式サイト
Yahoo!ケータイ公式サイト
ウィルコムコンテンツサービス公式サイト
Emnet公式サイト

キャリア／販売店

移動通信サービス提供者（電気通信役務）

移動体通信キャリア（MNO）

携帯電話 ／ PHS

NTTドコモ	KDDI(au)	ソフトバンクモバイル	イー・アクセス（イー・モバイル）	ウィルコム
連結営業利益：4兆2,242億円	移動通信売上高：2兆5,823億円	移動通信事業売上高：1兆9,380億円	売上高：1,406億円	
契約数：5,801万契約	契約数：3,300万契約	契約数：2,541万契約	契約数：312万契約	契約数：375万契約

出典：電通総研編『情報メディア白書2012』ダイヤモンド社、p.159を筆者修正

は8兆9,022億円となった。これは、携帯電話の普及の伸びが鈍化したこと、事業者間の価格競争が激化したことなどが考えられる。事業者間のシェアを見ると、2001年はNTTドコモのシェアは59.2%だったが、2011年には50%を割り込み、48.5%まで落ち込んだ。auは、2001年に18%だったシェアが2011年には27.6%と約10%伸び、ソフトバンク（2001年当時はJ・フォン）は16.3%だったが、2011年には21.3%まで伸長した。

2011年3月期の3大キャリアの営業収益を見てみると、NTTドコモが4兆2,242億円（前年度比98.6%）、KDDI（au）が2兆5,907億円（前年度比97.8%）、ソフトバンクが1兆9,445億円（前年度比114.3%）と、ソフトバンクはiPhone人気により、売上が大幅に上昇した。iTunes StoreやAndroid Marketなどのオープンプラットフォーム（アプリ）市場の成長とともに、スマートフォンの普及拡大は、さらに続く傾向にある。

(6) スマートフォンの普及

MM総研の調査によると、2011年度の携帯電話（フィーチャーフォン）とスマートフォンの総出荷台数は前年比11.3%増の4,190万台であり、スマートフォン出荷台数は、前年度2.7倍の2,340万台で総出荷台数の55.8%を占め、通期で初めてスマートフォンが過半数を超えた（**図表2-11**）。

2012年度以降の総出荷台数は、4,100～4,200万台規模で推移すると予測されるが、スマートフォンの占める割合が徐々に増していき、2015年には契約件数6,629万件、契約比率は55.8%と携帯電話の半分以上がスマートフォンになると予測されている[*24]。

■インターネット

(1) インターネットの誕生と展開

1957年、旧ソ連が最初の人工衛星スプートニクを打ち上げたのに対抗し、アメリカは科学技術で軍事的優位に立つために、国防総省内に高等研究計画局（ARPA: Advanced Research Projects Agency）を設立した。1969年、ARPA

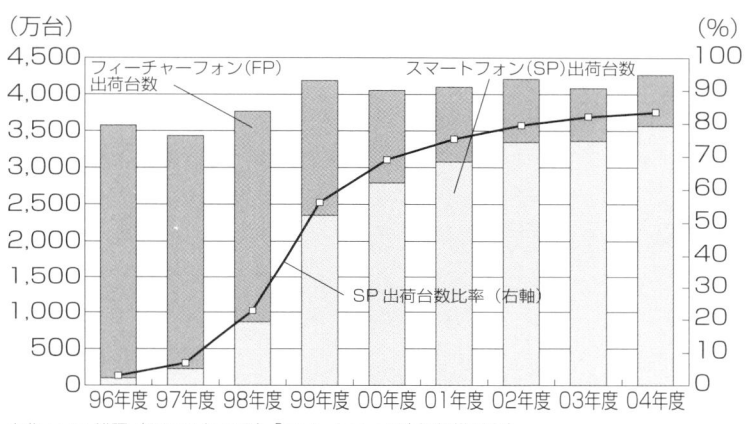

図表2-11　スマートフォン出荷台数の推移・予測（12年3月予測）

出典：MM総研（2012年3月）「スマートフォン市場規模調査」

は、アメリカ国内の4つの大学（UCLA、UCSB、SRI、Utha）と24時間常時接続のネットワークの運用を開始した。このネットワークを「ARPANET」というが、インターネットの起源は、ここに始まるとされる。

1972年、国際電信電話諮問委員会、CCITT（Consulting Committee of International Telegraph and Telephone）のジュネーブ総会でサービス総合デジタル網、ISDN（Integrated Service Digital Networks）の基本概念が発表された。これはデジタル通信サービスの国際基準で、電話、データ通信、FAXなどを1つの回線に統合することを目標としていた。商用利用は80年代後半から活発化し、1990年には、商用アクセスプロバイダができ、インターネットの民間利用が促進された。

日本では、1980年代に学術ネットワークとして大学や研究所等に導入、商用利用は1993年に旧郵政省に許可され、運用されるようになった。また同年、ホームページ閲覧ソフト「Mozaic」が開発され、インターネット人口が爆発的に増加する。この後、パソコン価格の低下、インターネット接続コストの低下、ソフトウェアの進歩などがあり、一般家庭でもインターネットを使用することが一般的となった（宇都宮編，周藤，2009: 81）。

1990 年代半ば以降、電子メール、インスタントメッセージ、ビデオチャット、World Wide Web（WWW）によるインターネットコミュニティ、ブログ、ソーシャル・ネットワーキングサービスなどインターネットは広く生活や文化、産業に大きな影響を与えている。2010 年には、インターネット広告は新聞を抜いて広告費 2 位に躍り出た[*25]。

　電通総研は、次のように推測する。導入初期の「Web1.0」の時代は、検索エンジンに代表される、情報と情報を直接つなぐ静的な情報整理体系の時代で、情報同士の関連性が軸であった。そして、現在も含むソーシャルメディアに代表される「Web2.0」の時代は、ユーザーの集合知によって情報がつねに多面的に評価される動的な情報整理体系の時代で、人が情報整理の軸になった。そして、これから先の「Web3.0」の時代は、モバイル端末を生活者が日常的に持ち歩くため、位置情報＝場所が情報整理の軸となり、情報がリアルな生活とより結合するようになる。

　総務省「通信利用動向調査」によると、2011 年末のインターネット利用者数は 9,610 万人、人口普及率は 79.1％ であり、ブロードバンド契約がその内の 90％ 以上を占める。端末ごとの利用者では、パソコンからが 8,706 万人で利用者の 92％、モバイル端末からの利用が 7,878 万人で 83.8％ を占める。およそ 7 割がパソコンとモバイルを併用しているという結果であった。

(2) ソーシャルメディアの普及

　インターネットサービスの中で、最も注目されているのがソーシャルメディアである。ソーシャルメディアとは、『大辞泉』によると「ソーシャルネットワーキングサービス（SNS）、ブログ、ミニブログなど、インターネットを利用して個人間のコミュニケーションを促進するサービスの総称」とある。コミュニケーション・ディレクターの佐藤氏は「ソーシャルメディアは、社会や文化、流行、購買などに大きく影響を与える『関与する生活者』をつなげ、強く結びつけ、その行動を加速させるプラットフォーム」（佐藤, 2011: 7）と定義する。

ソーシャルメディアの代表的なものとしては、「フェイスブック (Facebook)」、「ツイッター (Twitter)」、「ミクシィ (mixi)」などがある。個人と個人、個人と組織、組織と組織の間の情報が、ソーシャルメディアによって結びつけられ、それぞれが大きなコミュニティとなり、そこから発信される情報が実社会に広く拡散され、影響力を持つようになった。

ジャーナリストの津田氏は『動員の革命』の中で、ソーシャルメディアの特徴を次の5要素でまとめている（津田，2012: 100-107）。①リアルタイム〜速報性と伝播力 ②共感・協調〜テレパシーのように共有し合う ③リンク〜具体的行動につながる ④オープン〜参加も離脱も簡単 ⑤プロセス〜細切れの情報が興味を喚起する。そして、この5要素をうまく使えば、ムーブメントが起こせるという。

マスメディアが、同じCMや情報を同時に何百万人という生活者に一瞬にして流すのに対し、ソーシャルメディアは、一人ひとりの小さな共感が連鎖しながら大きなムーブメントを起こす。ソーシャルメディアの情報波及現象については、「リードの法則」[*26]を使って語られることが多いが、それによって消費者エンパワーメントの波及力の大きさがわかる。

ソーシャルメディアの始まりは、米国で2002年にスタートしたSNSの「フレンドスター (Friendster)」だといわれている。翌年「マイスペース (Myspace)」が誕生し、2005年に動画共有サイトの「ユーチューブ (YouTube)」、2006年に「ツイッター」と「フェイスブック」、2007年に「ユーストリーム (USTREAM)」が誕生している。日本では、2004年に「グリー (GREE)」と「ミクシィ」が、2007年にツイッター、2008年にフェイスブックがそれぞれサービスを開始している。図表2-12は2012年2月度のソーシャルメディアの利用動向調査である。訪問者数は、フェイスブックが1,351万人（前月比104%）と増加。ツイッターは1,342万人（前月比99%）で微減。ミクシィは684万人（前月比85%）と大きく減少したが、平均訪問時間は圧倒的に長い。

さらに見逃せないのが、急成長している「ライン (LINE)」である。2011

図表2-12　ソーシャルメディアの利用動向（2012年2月度）

	訪問者数 (千人)	(前月比)	リーチ率 (%)	総訪問時間 (百万分)	(前月比)	平均訪問時間 (分)
ミクシィ (mixi)	6,839	85.1%	11.4%	1,171	79.1%	171
ツイッター (Twitter)	13,419	98.7%	22.3%	380	88.8%	28
フェイスブック (Facebook)	13,508	103.5%	22.4%	1,007	147.3%	74
グーグル＋ (Google+)	2,045	99.7%	3.4%	29	170.0%	14
Linkedin	231	116.1%	0.4%	1	68.4%	2

出典：ネットレイティングス社インターネット利用動向調査「Neilsen/NetRatings NetView」
　　（対象は「一般家庭および職場のPCユーザー」）を筆者修正

年6月よりサービスを開始したスマートフォン向けメッセンジャーアプリであり、無料で音声通話やメッセージが送れる。開始から19カ月でユーザー数は世界で1億人を超え、国内でも4,151万人と急成長している（NHNジャパン，2013.1.18）。ソーシャルメディアはたった10年という短い期間に、大きなメディアとして成長した。スマートフォンの普及とともに、さらに新たなメディア地平を拓く可能性は高い。

(3) インターネットの広告市場

　電通が発表した2011年度のインターネット広告費は8,062億円、前年比104.1%であった。そのうち、媒体費は6,189億円（うちモバイル広告費1,168億円、検索連動広告費2,194億円）で前年比101.8%、インターネット制作費は、1,873億円で前年比112.2%であった。堅調に伸びていたインターネット広告媒体費は2011年3月の東日本大震災の影響で市場が一部停滞し、モバイル広告市場においてはスマートフォン向け広告が拡大するのに伴い、従来の携帯電話向け広告が縮小したことで、市場全体としては前年をやや超える程度に留まった（電通ニュースリリース，2012.2.23）。
　インターネットのウェブ広告は、5,021億円で前年比103.0%（検索連動広

告を含む）である。ポータルサイトを活用した展開だけでなく、リッチコンテンツやソーシャルメディアの活用、行動ターゲティングやアフィリエイトなどに加えて、アドエクスチェンジなど新しい技術を活用した手法も登場し、市場全体の継続的拡大を支えている。

　スマートフォン向け広告は337億円（そのうち検索連動広告は208億円）と、急増するユーザー数に応じて拡大した。また、携帯電話とスマートフォンを合わせたモバイル検索連動広告は463億円（前年比162.5%）であった。

2.3. メディアの影響と受け手
■メディアの影響力に関する理論の変遷

　1920年代、新聞、ラジオなどが普及するにつれ、マスメディアの影響力を語るものとして「強力効果論」が唱えられた。それは、メディアから発せられたメッセージが、弾丸のように直接的に人々の態度に影響を及ぼすという考え方であり、「弾丸理論」、「皮下注射モデル」とも呼ばれる。ラジオドラマ『宇宙戦争』が、人々をパニックに陥れた例など、その効果は直接的で絶大であると考えられた。

　その後、1940年代にはマスメディアには限定された効果しかないとする見方が提起される。P・F・ラザースフェルドらは、1940年のアメリカの大統領選挙に際し、有権者たちがどのようにして自分たちの態度を決定したのかについてパネル調査を行い、その結果を著書『ピープルズ・チョイス（*The People's Choice*）』（1944）としてまとめた。それによると、マスメディアの影響は当初予想していたものより小さなものであり、個々人の相互作用が決定的な役割を果たしていることがわかった。同時に、そこで大きな役割を果たしていたのはオピニオンリーダーの存在であり、マスメディアが伝える情報は、まず彼らが断片的に選び出し、政治的知識の少ない人々に伝達されるということが見出された。

　『ピープルズ・チョイス』での知見は、E・カッツとP・F・ラザースフェルドによって論理的に整理され、1955年に『パーソナル・インフルエンス』

として発表された。オピニオンリーダーとは、マスメディアをより多く利用し、社交性が高く、情報源やガイド役として他者に影響力を持つ者のことで、コミュニケーションの中継機能を果たす。「いろいろな観念はラジオや印刷物からオピニオンリーダーに流れ、さらにオピニオンリーダーから活動性の比較的少ない人々に流れることが多い」（カッツ＆ラザースフェルド，1955＝1965：21）とする「コミュニケーションの二段階の流れ」仮説が展開された。こういった社会調査を積み重ねた実証研究により、強力効果論に代わって、「限定効果論」が学会の主流学説になっていった。

　この流れは、J・クラッパーによって引き継がれる。『マス・コミュニケーションの効果』（1960＝1966）の中でクラッパーは、マスメディアの影響を現象論的に捉え、「マス・コミュニケーションを、受け手において生ずる効果の必要かつ十分な原因として考える傾向から、全体的状況において他の諸影響力の中で作用している一つの影響力」（クラッパー，1960：21）とした。そして、「マス・コミュニケーションは、媒介的諸要因と諸影響力の連鎖（a nexus of mediating factors and influences）の中で、そしてその連鎖を通して機能している」（同：24）と主張した。そして、メディアは、既存の意見を変化させるよりも、補強もしくは修正させるものとして機能するとし、そのための媒介的要因として、「選択的接触」、「準拠集団の規範」、「メディアからの情報の個人相互間の伝播」、「オピニオンリーダーの存在」、「マスメディアの特性」があると主張した。

　1960年代には、テレビが急速に普及しメディア状況が大きく変化した。それに伴って、限定効果論に対する異論が生じてきた。やはりメディアの影響は強力だとするかつての強力効果説への揺り戻しとも思える議論である。しかし、新たな強力効果論は、メディアの「非意図的」な影響や「長期的・累積的」な影響、メディア「認知」の視点など、その影響を複合的に捉えるものであった。1970年代中頃から、メディアの「複合影響説」のもとでの議論が多くなされるようになる。

　テレビが登場した頃、W・シュラムら（1954＝1968）が、児童の日常的行

動や学力などへの影響について調査した結果では、テレビはさまざまな要因の一つに過ぎず、その及ぼす作用は子供によって異なるという結論であった。しかし、S・ガーブナーは、1960年代から70年代のアメリカのテレビドラマを分析したところ、実際の統計資料よりもはるかに多く暴力や犯罪がドラマに描かれており、テレビの長時間視聴者ほど不安傾向や他者への不信感が強かったという。テレビドラマなどのフィクションに長期的、反復的に接することで、その人の現実認識がテレビに描かれる世界と近いものになってしまうことを、ガーブナーは、「カルティベーション（培養）効果」といった。

　また、マスメディアによる議題やトピックの扱われ方、強調のされ方が、現実社会の認識に及ぼす効果のことを「議題設定効果」という。新聞やテレビが毎日特定の問題をトップニュースとして重点的に報道すると、その問題が今最も重要な問題であり、それ以外のものは重要度が低いかのように認知される。メディアメッセージとして、何を取り上げ、何を後回しにするかが、人々の認識に大いに影響を与えるというものである。

　世論形成過程のモデルとして、ノエル＝ノイマン（1984＝1997）は、「沈黙の螺旋」仮説を提唱した。意見が多数派であると同調行動が生じ、人々は追随するが、少数意見になると人は孤立を恐れるため、自分の意見を表明しなくなり沈黙してしまうというものである。メディアの露出や言論によって、実際の意見分布にバイアスがかかり、誤った世論が形成される可能性があるということである。

　このように、長期的、累積的なメディアの影響、メディアの情報の扱い方における人々の認知の問題、メディアの意見が多数派を形成してしまい、誤った世論を形成してしまう恐れなど、メディアは人々の意見や行動、考え方まで複合的に強力な影響を与えていることが議論され、明らかにされた。

■メディアの受け手と「利用と満足」

　マスコミュニケーション研究は、その普及と大衆化がいち早く進んだアメリカで積極的に行われた。それは、大規模な数量調査によってメディアが人々

の行動に与える「効果・影響」に関する研究である。前述したように、効果・影響研究は、主に「強力効果論」、「限定効果論」、「複合影響説」の3つの時代区分の中で語ることができる。メディアの受け手は、それぞれの時代で異なった受け手像として捉えられ、「強力効果論」の時代には、無知で極めて消極的な受け手であり、「限定効果論」の下では、メディアに対して一定の自律性を持つ受け手として捉えられた。どちらの時代も情報の送り手から受け手へという一元的な情報の流れの中で捉える研究であった。

しかし、W・シュラムらは、受け手の立場からの考察を行うことでメディアの「利用と満足」研究を行った。この研究は、限定効果モデルを支持しつつその観点を再考するものであった。シュラムらは、人間が何らかの「報酬」を求めるためにニュースに接触するという考えを次のように提示した（シュラム，1960＝1968：222-223）。①即時報酬：快楽原理にもとづくもので、犯罪、事故、災害、スポーツなどのニュースに接触する動機、②遅延報酬：現実原理にもとづくもので、政治・経済問題、科学、教育などに接触する動機。

シュラムの分類をベースにして、D・マクウェールら（1979＝1985）は、「利用と満足」研究の立場からテレビ視聴行動の事例研究を実施し、テレビ視聴を「自己関与的であり、その上相互的である」とし、その動機を「充足のタイポロジー」として、以下の4つに分類した（マクウェールほか，1979＝1985：44-54）。

①気晴らし（Diversion）
 a）日常生活のさまざまな制約からの逃避
 b）解決しなければならない諸問題の重荷からの逃避
 c）情緒的な開放
②人間関係（Personal Relationship）
 d）登場人物への親近感
 e）社会関係にとっての効用
③自己確認（Personal Identity）
 f）自分を位置づける座標軸の獲得
 g）現実に対する対処の仕方の学習

h）価値の強化

④環境監視（Surveillance）

「限定効果論」の枠組みの中で多くの研究がなされたが、テレビの普及による人々へのメディアの影響が大きくなると、再び強力効果論が唱えられ、「複合影響説」へと研究の中心は移っていく。

■「カルチュラル・スタディーズ」におけるメディアの受け手

　マクウェールらの研究は、メディアの受け手に視点を置いたものであったが、メディアの受け手を「能動的なオーディエンス」として捉えたのが、イギリスで興ったカルチュラル・スタディーズ[*27]のオーディエンス研究である。メディアで伝達される文字、音声、映像をテクストといい、オーディエンスによるテクストの意味の理解、解釈を対象とする研究が活発に行われた。そこでは、メディアの受け手は、メディアのテクストを解釈する「読み手」と呼ばれ、「能動的オーディエンス論」として展開されるようになる。カルチュラル・スタディーズにおいて、マスメディアが発信するメッセージによって一方的に操作される弱者としての受け手という図式は棄却され、能動的なオーディエンスは、各々の生活する社会、文化の中で、テクストを能動的に解読する存在として位置づけられることになった。

　メディアの受け手によるテクストの解釈の議論において、代表的な研究がイギリスバーミンガム大学教授で「CCCS（現代文化研究センター）」の2代目所長であったスチュアート・ホール（1980）の提示した「エンコーディング／デコーディング」に関するモデルである[*28]。ホールは、コミュニケーションモデルに記号論を導入することで「メッセージ」を「テクスト」として捉える概念を提示した。テクストとは、文字、映像や音楽などから形成される多層的な意味の織物ということができる。テクストは送り手によって作成され、受け手によって解読されるが、その意味は、送り手と受け手が持つ解釈のコードや受け手が置かれているコンテクストによって決まるとする。メディアのメッセージは、オーディエンスとの解釈のコードが必ずしも一致

図表2-13 「エンコーディング／デコーディング」に関するホールのモデル

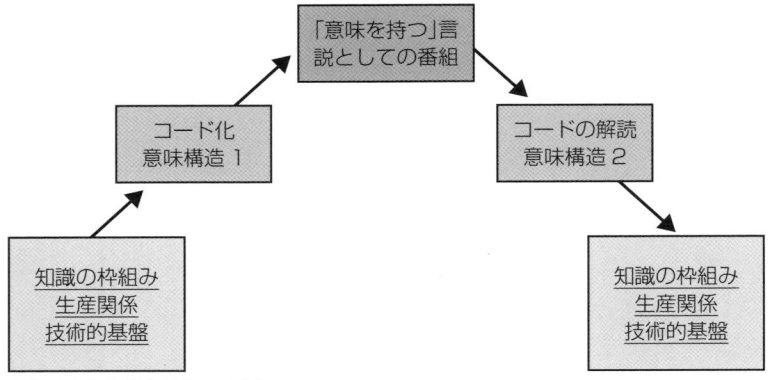

```
              「意味を持つ」言
              説としての番組
           ↗                    ↘
    コード化                        コードの解読
    意味構造1                       意味構造2
      ↑                                ↓
  ┌─────────┐                    ┌─────────┐
  │知識の枠組み│                    │知識の枠組み│
  │ 生産関係  │                    │ 生産関係  │
  │技術的基盤 │                    │技術的基盤 │
  └─────────┘                    └─────────┘
```

出典：Hall, S. (1980)、p.130

しないため、意味伝達のズレが生じる。すなわち、メディアと受け手とのコミュニケーションが非対称であることを主張した。

ホールはまた、メディアの発するメッセージに対して、「多様な読解」という受け手の抵抗的解釈が行われることに着目した。そして、テレビメッセージのデコーディングには、「支配的立場」、「交渉的立場」、「対抗的立場」という3つの異なった立場で読解される可能性があることを指摘した（Hall, 1980：136-138）。

①支配的立場（dominant-hegemonic position）：受け手が送り手と同一のコードでテクストを読解することで、社会の支配的なコードを再生産し、補強する。

②交渉的立場（negotiated code or position）：受け手は支配的なコードに適応しつつ、状況に応じて自らのコードで読解を行う。

③対抗的立場（oppositional code）：受け手が送り手の意図と正反対の読みを行い、対抗的なフレームワークの下にメッセージを再編する。

たとえば、視聴者が、テレビのニュースや情報番組を見て、そこで語られた言葉や含有されている意味をそのまま受けとり、送り手の意図どおりにメッセージを解釈すれば、それは①の優先的読みを行っていることになる。ま

た、支配的なコードに従いながら、個々人の置かれた状況において自らのコードで解釈する場合は、②の交渉的な立場である。そして、現状の立場や信条と異なる視点でのメッセージに対して、意図されたメッセージと反対の意味にとる場合は、③の対抗的読みを行っていることになる。

　ホールが提示したメディアの読みのモデルは、その後、D・モーレイ、I・アング、J・フィスクらによるテレビ番組の受け手分析に応用された。D・モーレイの『ネーションワイド・オーディエンス(*The Nationwide Audience*)』(1980) は、イギリスの人気時事番組「ネーションワイド」におけるオーディエンスの多様な読みの実態を明らかにした。階級、人種、ジェンダー、教育程度などによって異なる視聴者グループが生まれ、それらの反応をインタビューで収集することで、多様な読みとその複雑な生成過程を実証的に示した。また、カルチュラル・スタディーズの研究手法として、オーディエンスの多様な読みを解明するために、エスノグラフィー[*29]の手法も多く用いられた。

■**メディア・リテラシー**

　メディア・リテラシーとは、情報社会の中で、メディアが発する情報を主体的に読み解いて、真偽を見抜き、必要な情報を取り出して活用する能力のことである。メディアからの情報はすべて正しいとは限らず、何らかの事情や意図によって、嘘や誇張、誤った情報などが含まれていることがある。したがって、情報の発信者、情報が発せられた目的、背景等を的確に読み取ることによって、情報を正しく選択し利用することが必要になる。

　吉見は、メディア・リテラシーを「私たちの身のまわりのメディアにおいて語られたり、表現されたりしている言説やイメージが、いったいどのような文脈のもとで、いかなる意図や方法によって編集されたものであるのかを批判的に読み、そこから対話的なコミュニケーションを創り出していく能力」と定義し、「あらゆる情報は編集されて」おり「社会過程のなかで編集され、構成されたものであるという認識がメディア・リテラシーの出発点」(吉見,

2004: 257) であると主張する。メディアのテクストは、さまざまな要因の中で巧妙にコード化されているというのである。

水越は、メディア・リテラシーが語られてきた系譜は、大きくわけて3つあるとする（水越, 2009: 162-163）。①生活者や子供たちのメディア文化を批判的に読み解く力を養うようにするというもの、②放送教育などメディアを活用した学校教育について、③インターネットや携帯電話、スマートフォンなどのデジタルメディアの使用能力を高めようという考え方。そして、①から③まですべての問題を合わせて総合的に捉える必要があるとする。

メディア・リテラシーで取り扱われるメディアには、新聞、テレビ、ラジオ、映画、音楽、書籍、雑誌、インターネット、広告、さらには口コミやソーシャルメディアが含まれる。従来のメディアに加えソーシャルメディアが広く流布することによって、生活者はメディア情報の受け手であると同時に、発信者にもなっている。情報は、マスメディアからも生活者からも発信され、それが人々の生活空間の中で大量に拡散し伝達される。こういったさまざまな情報をきちんと識別し、どのように自らのものとしていくかというメディアに対する構えと、玉石混交する情報に対する鑑識眼を持つことも重要である。いままで語られてきた「メディア」対「生活者」という一元的な枠組みではなく、「個」として社会にあふれる情報に対してどう立ち向かうかという視点も含め、メディア・リテラシーの問題はますます重要なものとなってきている。

<注>
*1　交通広告、看板やポスター、デジタルサイネージなど屋外広告全般を指す。
*2　2009年のイランの民主化運動や、2001年チュニジアで起きたジャスミン革命は、ツイッターなどのソーシャルメディアがその引き金になったといわれる（津田大介 (2012)『動員の革命』中公新書ラクレに詳しい）。
*3　ゲートウェイ機能とは玉石混淆する情報の門番となる機能。正確な情報とデマを選り分ける機能。アジェンダ設定とは議題設定のこと。マスメディアでの扱われ方で、情報が人々の認識に及ぼす影響が変わるため、社会的重要度の高いものを優先させることがますます重要になっている。自らニュースギャザリングをし、放送しているマスメデ

第2章　マスメディアの誕生と諸相──●61

　　ィアにしかできない重要な機能である。
* 4　日本最初の名誉保護に関する法律。太政官布告第110号、1875年6月28日公布。近代国家には個人の名誉保護の立法が必要だとした小野梓らのイギリス法研究グループ〈共存同衆〉の提出した建議を受けて制定されたものとされる（『世界大百科事典』第2版　平凡社）。
* 5　社団法人日本新聞協会業務担当調べ　2011年10月。
* 6　社団法人日本新聞協会販売委員会調べ　2012年2月3日。
* 7　『読売KODOMO新聞』などの発刊があった。電通総研『情報メディア白書2012』。
* 8　称徳（しょうとく）女帝（在位764〜770）の発願で、法隆寺ほか奈良の10大寺に納められた三重小塔百万基の小木塔に収納した陀羅尼（経文）。銅板印刷で世界最古の印刷物といわれる。765年（天平神護1）より770年まで数年をかけて完成した（『日本大百科全書』小学館）。
* 9　鎌倉末期（14世紀前半）から室町末期（16世紀後半）にかけて、主として京都・鎌倉の五山の禅院から出版された書籍の総称。禅籍を中心とした仏典が主だが、禅僧の教養に必要な中国の経書、史書、杜甫などの詩文集、作詩作法書などの外典にも及んでいる（『日本大百科全書』小学館）。
* 10　日本の近世初期に行われた古活字本。京都嵯峨の豪商、角倉家が本阿弥光悦らの協力を得て出版を行った。角倉本、光悦本ともいわれる。
* 11　版元としては蔦屋重三郎（1750-1797）が有名である。大田南畝（蜀山人）、山東京伝ら一流の狂歌師、戯作者の協力を得て、草双紙、絵本、狂歌本類の名作を次々と出版、また錦絵の版行にも意欲をみせた。曲亭馬琴、十返舎一九のほか、美人画の喜多川歌麿、役者絵の東洲斎写楽など多くの逸材を世に送り出している（『日本大百科全書』小学館）。
* 12　天皇は法人たる国家の最高機関であり主権者ではないとする憲法学説（『日本大百科全書』小学館）。
* 13　米 WIRED 誌の編集長だったクリス・アンダーソン（Chris Anderson）が、2004年に提唱。インターネットによる販売においては、膨大なアイテムを低コストで取り扱うことができるために、ヒット商品の大量販売に依存することなく、ニッチ商品の多品種少量販売によって大きな売上げ、利益を得ることができるという経済理論。
* 14　アメリカ合衆国およびカナダで放送している通信衛星を使用したデジタルラジオの放送事業会社。主に自動車などの移動体向けに、有料会員向け衛星放送とインターネット放送を行っている。
* 15　1970年代に中学生・高校生を中心に、主に短波による国際放送を聴取して楽しむ一大ブームが起った。
* 16　「イ」の字の伝送から2年後の1928年に人の顔の伝送に成功した。
* 17　日本テレビ開局式の直後に放送された。天津乙女、南悠子らによる舞踊で、テレビ初のスタジオ番組である。
* 18　日本テレビ編（2004）『テレビ夢50年』（番組編①　p.6-7）。

＊19　1959 年、テレビの広告費はラジオを抜いて第 2 位になった。1975 年に新聞を抜き第 1 位となり、現在もその地位を守っている。
＊20　1876 年 2 月 14 日、ワシントン特許局に「電信の改良」(Improvement in Telegraphy) の特許を出願。同年の 3 月 3 日に認可され 3 月 7 日に公告された（特許番号 174,465）。アメリカ人の発明家であるイライシャ・グレイは、ベルと同時期に電話を発明したが、ワシントン特許局への特許申請がベルより 2 時間程度遅れたため、特許取得を逃したといわれている。
＊21　橋元（2011）『メディアと日本人―変わりゆく日常』(pp.21-22)。ベルは、船員がよく使う "Ahoy" を提案していたという。ちなみに、日本の「もしもし」は、「申し申し」の変化したもの（『大辞泉』）。
＊22　ミッシェル・フーコーは、イギリスの思想家ジェレミー・ベンサム（1748〜1832）の考案した一望監視の刑務所「パノプティコン」から「いつも見られているかもしれない」状況を「パノプティコン的」と表現した。携帯電話の出現は、いつもつながることができるがゆえに、逆に「見られていないかもしれない」という不安の状況を作り出す。それを北田は「逆パノプティコン的」状況といった。
＊23　米のメディア研究者 J・メイロウィッツは、電子メディアは社会的状況に対する場所の拘束力を低下させ、公的な場所と私的な場所の区別を曖昧にすると主張した。
＊24　経済産業省商務情報政策局監修（2012.3 月）『デジタルコンテンツ白書 2012』（財）デジタルコンテンツ協会（MM 総研ニュースリリース）。
＊25　2010 年インターネット広告費は 7,747 億円、新聞の広告費 6,396 億円を抜いて 2 位になった（電通総研編『情報メディア白書 2012』）。
＊26　インターネットの発明者 R・メカトーフは、1 対 1 の状況においてメンバー n 人のネットワーク力は n の 2 乗に等しいと主張した（メカトーフの法則）。しかし、関係が 1 対多、もしくは多対多の時は、さらに大きなネットワーク力が発生することをリードは主張した。それは、多数対多数の環境におけるメンバー n 人のネットワークの力は、2 の n 乗に等しいというものである。David P. Reed(2001) "The Law of the Pack", *Harvard Business Review*, February.
＊27　1960 年代にイギリスで起こり、世界各地に広がっていった多元的かつ批判的な視点からの文化研究の総称。その発端となったのは、R・ホガート（1918- ）の『読み書き能力の効用』(1958) と R・ウィリアムズの『文化と社会―1780-1950』(1958) の 2 著である。1964 年に設立されたイギリスのバーミンガム大学「現代文化研究センター」Centre for Contemporary Cultural Studies（略称 CCCS、初代所長 R・ホガート）を中心として、労働者文化や若者文化についての一連の研究が生み出された。『日本大百科全書』（小学館）。
＊28　Stuart Hall (1973), "Encoding/Decoding in Television Discourse", *Culture, Media, Language* (Working Papers in Cultural Studies, 1972-79, The Centre for Contemporary Cultural Studies, University of Birmingham), Hutchinson.

＊29　エスノ（ethno-）は「民族」、グラフィー（-graphy）は「記述」の意で、「民族誌」と訳される。文化人類学や社会学において集団や社会の行動様式をインタビューや観察によって調査し、記録する定性的な分析手法。

第 3 章 | メディアとコミュニケーション戦略

　コミュニケーション戦略は、広告、SP（セールス・プロモーション）、PR（パブリック・リレーションズ）の大きく 3 つに分けることができる。メディアを利用した広告宣伝活動と、イベントやグッズ、店頭 POP、商品サンプリングなどを利用した販売促進活動、そして、情報提供や話題作りをしてメディアに無料で取り上げてもらう PR である。本章では、まず広告によるコミュニケーションについての基本的な考え方、その手法と変遷、そして広告の実際について解説する。その後、SP 戦略の考え方と実際、そして、アメリカの大統領選挙などでもその効果について話題になった PR の考え方や手法について言及する。

3.1. 広告

　広告の定義は、時代やメディア環境により、また研究者によってさまざまな捉え方があるが、ベースとなるものとしてアメリカ・マーケティング協会（AMA）のものがある。広告とは、「明示された広告主による組織、製品、サービス、アイデアについて行われる、非人的なコミュニケーションのうち有料の形態のもの」("Advertising is defined as any paid form of non-personal communication about an organization, product, service, or idea by an identified sponsor.")と定義されている[*1]。また、清水は、「広告とは企業や非営利組織または個人としての広告主が、自己の利益および社会的利益の増大化を目的とし、管理可能な非人的媒体を使って、選択された生活者や使用者に、商品、サービス、またはアイデアを、広告主を明確にして告知し説得するコミュニケーシ

図表 3-1　2つの側面から見た広告の機能

マクロ的機能	ミクロ的機能
経済的機能	情報伝達機能
社会的機能	説得機能
文化的機能	関係強化機能

出典：石崎（2008）と波田（2011）の定義をもとに筆者作成

ョン活動である」（清水, 2009: 9）と定義する。企業のほかに非営利的組織における社会的利益を明示しており、現在では重要な視点だろう。

　広告の必要条件を整理してみると次のようになる。①広告主（企業、非営利組織、個人）が明示されていること、②管理可能な非人的媒体（メディア）を利用して行うものであること、③アイデア、製品、サービスを通じて行うコミュニケーション活動、④広告主に経済的、および社会的利益をもたらすもの、という4点に集約できるだろう。

　広告の機能は、さまざまな切り口で説明できるが、ここでは石崎と波田の整理に従って、マクロとミクロの両側面から見てみよう。マクロ的に見ると、市場の活性化や消費の促進をさせる「経済的機能」、社会への有益な情報伝達や問題提起を促す「社会的機能」、そしてCMによる娯楽の提供や流行を生み出すなどの「文化的機能」がある（石崎, 2012: 22）。そして、ミクロ的な側面では、企業や商品の情報を広くかつ的確に伝える「情報伝達機能」、情報を魅力的に人々の気持ちに働きかけ、新商品需要を喚起したり、企業イメージ向上を図る「説得機能」、さらに生活者、投資家、従業員など各ステークホルダーとの関係を深める「関係強化機能」がある（波田, 2010: 17-18）。

　広告媒体として使用するメディアには、テレビ、新聞、雑誌、ラジオといったマスメディアのほか、近年伸長著しいインターネット広告、ツイッター、フェイスブックなどのソーシャルメディア、看板、ポスター、デジタルサイネージやダイレクトメール（DM）、カタログ、映画、チラシなどがある。デジタル化によるメディア環境の変化やデバイスの多様化によって、広告コミ

ュニケーション手法も変化してきている。

変化の大きな出来事として、国際的な広告賞である「カンヌ国際広告賞」が、2012年から「カンヌライオンズ 国際クリエイティビティ・フェスティバル」へ名称変更したことが挙げられる。広告という言葉は消え、クリエイティブなコンテンツやコミュニケーションならすべて対象になるということになった。広告は大きく動いている。

■広告目的の設定

広告目的は、ターゲット市場、商品のポジショニング、マーケティングプログラムに基づいて行われるものとし、一定期間にマーケティングプログラムによって定めた広告ターゲットに、達成すべきコミュニケーションタスクを実行することであるとする。マーケティング・マネージャーが、広告プログラムを作成する際、次の「5つのM」が重要であり、それらに基づいてなされる。それは、「ミッション（Mission）」、「予算（Money）」、「メッセージ

図表3-2 広告プログラムの設定

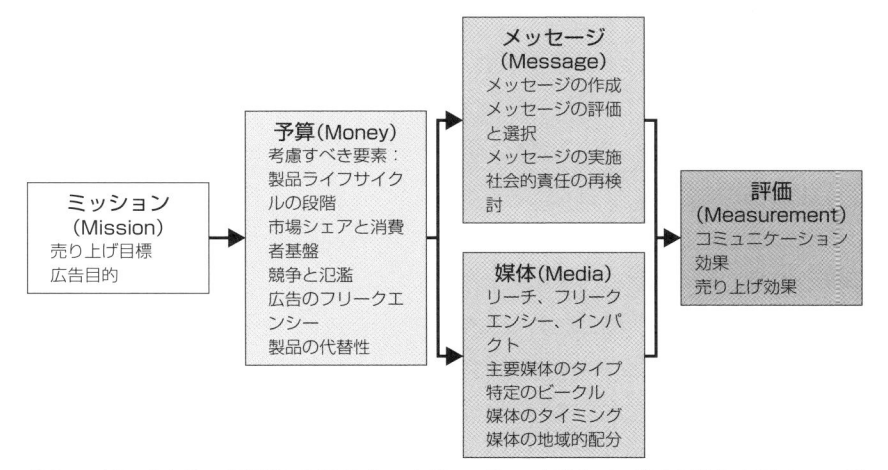

ミッション（Mission）
売り上げ目標
広告目的

予算（Money）
考慮すべき要素：
製品ライフサイクルの段階
市場シェアと消費者基盤
競争と氾濫
広告のフリークエンシー
製品の代替性

メッセージ（Message）
メッセージの作成
メッセージの評価と選択
メッセージの実施
社会的責任の再検討

媒体（Media）
リーチ、フリークエンシー、インパクト
主要媒体のタイプ
特定のビークル
媒体のタイミング
媒体の地域的配分

評価（Measurement）
コミュニケーション効果
売り上げ効果

出典：コトラー＆ケラー（2006＝2008）『マーケティング・マネジメント（第12版）』、ピアソン・エデュケーション、p.706

(Message)」、「媒体（Media）」、「評価（Measurement）」である（コトラー＆ケラー，2006＝2008：706）。

■広告とマーケティングの関係

　前述したように、企業や団体は、マーケティング活動の一環として広告活動を行う。マーケティングとは、商品やサービスが生産者から生活者に至る間の流通過程を方向づけ、打って出る市場において競争優位を保ち、利益を得るための仕組みである。この仕組みの基本となるのがアメリカのマーケティング学者、エドモンド・J・マッカーシー（1960＝1978）[*2]が提唱したマーケティング活動を成立させる「4P理論」である。「製品（Product）」、「流通（Place）」、「価格（Price）」、「販売促進（Promotion）」の4つの要素を組み合わせ、企業がターゲットとする市場で目標を達成することをめざすものである。

　広告は、マーケティング戦略の4つのPの中の販売促進活動のひとつに位置づけられる。製品（Product）の戦略は、コンセプトやターゲット、ネーミングやパッケージなど製品をどうするかということである。そして、流通（Place）戦略は、その製品をどのような販売チャネルや店舗で売るか、またはインターネットやテレビ通販を利用するか、などの戦略である。そして、競合や社会状況などを考えての価格（Price）戦略、その商品の価値を最大限魅力的に伝え、購入してもらうための販促活動（Promotion）、それらをあわせたものが4Pの戦略である。「Promotion」を大きく分類すると、「広告」、「SP」、「PR」がある。

■広告効果階層モデル

　広告露出から購買行動までの、情報処理の階層を著したモデルとしては1898年にS・E・ルイスが発表した「AIDA理論」が最初のものとされる。これによると、広告を見た生活者の心理は、まず製品あるいはサービスにAttention（注目）し、そしてInterest（興味）を持ち、Desire（欲しい）と思い、Action（購買行動）を起こすというものである。さらに、1925年にE・K・

ストロングが、行動する前に「Conviction（確信）する」ステップがあるとして、「AIDCA」を提唱した。そして、同時期R・ホールが提唱した「AIDMA」モデルがもっとも著名なものである。「Memory（記憶）」を加え、「Attention（注意）」→「Interest（関心）」→「Desire（欲求）」→「Memory（記憶）」→「Action（行動）」とした。インターネットが普及するまで主流となったモデルである。

R・H・コーリーは1961年に、"Defining Advertising Goals for Measured Advertising Results（広告効果測定のための広告目標設定）"と題する論文を発表した。その頭文字をとってDAGMAR理論というが、コミュニケーションの過程が、「Unawareness（未知）」、「Awareness（認知）」、「Comprehension（理解）」、「Conviction（確信）」、「Action（行動）」の5段階に分けられるとし、各段階で効果指標などの目標を設定し、その達成度で広告管理することを提唱した[*3]。インターネットが普及し、消費者間の情報流通が大きく変わったことで、AIDMAモデルでは購買行動に至る広告効果プロセスを的確に表現できなくなった。そこで、電通により「AISAS」モデルが提案されることになった。まず「Attention（注意）」、「Interest（関心）」までは、これまでのモデルと一緒である。そのあとに、成熟した生活者たちはインターネットなどを駆使して、商品の「Search（検索）」を行い、納得して「Action（購買）」する。そして、その商品情報を、ブログやSNSで発信し、不特定多数の生活者と「Share（共有）」するというものである。

そして、フェイスブックやツイッターなど、ソーシャルメディアが劇的な勢いで普及するメディア状況の中で、クリエイティブディレクターの佐藤氏は、「SIPS」を提唱する。ソーシャルメディア時代の多対多の情報伝達においては、「Sympathize（共感）」、「Identify（確認）」、「Participate（参加）」、「Share&Spread（共有・拡散）」の4つの段階での行動プロセスを主張する（佐藤, 2011: 148）。人や企業によって発信された情報は「共感される」ことがすべての入口となり、そうでない広告コミュニケーションは認知されず見過ごされてしまう。言い換えれば、「Attention（注意）」、「Interest（関心）」は、「Sym-

図表 3-3　広告効果階層モデル

広告露出 → 心理変容1 → 心理変容2…→ 心理変容N → 購買行動

出典：嶋村和恵 監修（2008）『新しい広告』電通、p.186

図表 3-4　広告効果階層モデル変遷

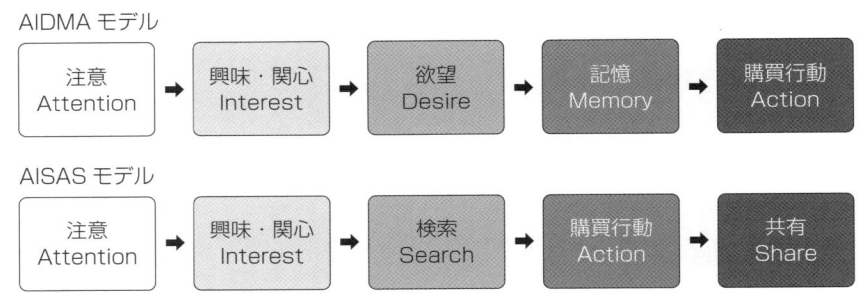

AIDMA モデル

注意 Attention → 興味・関心 Interest → 欲望 Desire → 記憶 Memory → 購買行動 Action

AISAS モデル

注意 Attention → 興味・関心 Interest → 検索 Search → 購買行動 Action → 共有 Share

出典：嶋村和恵 監修（2008）『新しい広告』電通、p.186

図表 3-5　SIPS モデル（ソーシャルメディア時代の消費行動）

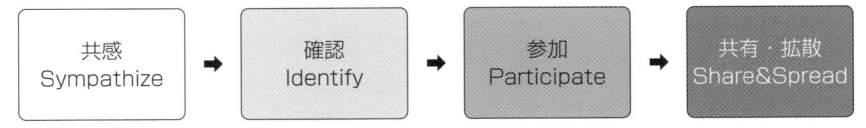

共感 Sympathize → 確認 Identify → 参加 Participate → 共有・拡散 Share&Spread

出典：佐藤尚之（2011）『明日のコミュニケーション「関与する生活者」に愛される方法』アスキーメディアワークス、p.154

pathize（共感）」があってこそ成り立つものであると主張する。

　情報洪水の世の中で、成熟した生活者の注意を喚起するためのコミュニケーション手法も変化してきている。

■ソーシャルメディアは、マーケティングを変える

　フィリップ・コトラーは、ソーシャルメディア時代のマーケティングを「マーケティング3.0」といい、「協働マーケティング」、「文化マーケティング」、「スピリチュアルマーケティング」の融合と位置づけた。「協働マーケティング」では、製品開発やコミュニケーションにおいて、顧客や他社を参加させること、すなわち生活者との共創の重要性を説く。「文化マーケティング」においては、文化的課題を自社のビジネスモデルの中心に置くことで、消費者行動の変化に対応できるようにすることを主張する。「スピリチュアルマーケティング」では、精神を感動させる経験やビジネスモデルを提案し、心理精神的便益の実現を述べる。

　コトラーは「マーケティング3.0では、マーケターは人々を単なる消費者とみなすのではなく、マインドとハートと精神を持つ全人的存在として捉えて彼らに働きかける。」（コトラーほか，2010＝2010：17）と記述し、従来のマーケティングの目的だった「製品を販売すること」や「消費者を満足させ、つなぎとめること」ではなく、「世界をよりよい場所にすること」を目的とした。消費者がインターネットやソーシャルメディアによって対話し、協働する世界では、もはや企業論理のマスマーケティングは通用しない。消費者は「企業に利益創出の推進役ではなく社会文化的発展の推進役になることを期待する」（同：197）と主張する。生活者をターゲットと規定し、一方的に送り手の都合のいい情報を大量に送り届けるマスメディア時代のマーケティングから、「文化や社会のために」というベースをふまえて生活者のためになる情報を伝え、つながるソーシャルメディア時代のマーケティングへの移行をコトラーは示唆する。

　現在の生活者は、メディアの受け手であると同時に、ソーシャルメディアなどを通じてメディアに関わる発信者にもなっている。広告においても、圧倒的なリーチを持つマスメディアと生活者の声を反映したソーシャルメディアとのクロスメディアが効果的とされるが、フェイスブックやツイッターによって、個人間の情報発信が可視化されたことにより、広告よりも友人の「共

感」や「推奨」が消費行動を左右する場合が多い。ソーシャルメディア上でつながる人間関係を「ソーシャルグラフ」というが、そういった「いいね」でつながる多くのグループに、企業や製品にいかに共感してもらい、情報を話題にして発信してもらえるかがマーケティング3.0時代の企業戦略である。

■広告戦略策定のための3つのメディア

　広告を出稿する企業側の視点に立って見た時に、従来のバイイングによって得るメディアだけでなく、自社のホームページや店舗をメディア化する方法、またはフェイスブックなどのソーシャルメディアによる情報発信など、生活者へのメディアによるアプローチは、大きく3つに分けられる（横山，2010：27）。

　① 　ペイドメディア（Paid Media）

　　　企業が広告枠を買って使うメディア。テレビCM、新聞、雑誌、インターネット広告、OOHなど。短時間で、広く生活者に認知させ、関心を持ってもらうのに有効。必要なだけ調達でき、コントロールが可能。

　② 　オウンドメディア（Owned Media）

　　　自社で所有するメディア。自社ホームページ、広報誌、店舗、カタログ、商品パッケージ、スマートフォンのブランドアプリなど。顧客との長期的な関係を構築するのに有効。多くの情報を掲載でき、店舗などでは実際に見て触れさせる効果があり、理解促進に役立つ。

　③ 　アーンドメディア（Earned Media）

　　　信頼や評判を獲得するメディア。ツイッター、フェイスブック等のソーシャルメディアやブログ、ニュースサイトの記事、専門家の評価、マスコミ報道など。第三者からの推奨により信頼性を構築できる。また、ユーザー同士が情報のシェアをすることで評判が広まるなど、最も信頼され販売に影響するものである。ただし、コントロールできないという短所がある。

　3つのメディアを使ったコミュニケーション手法としては次のようなもの

第3章　メディアとコミュニケーション戦略　73

図表3-6　3つのメディアの役割

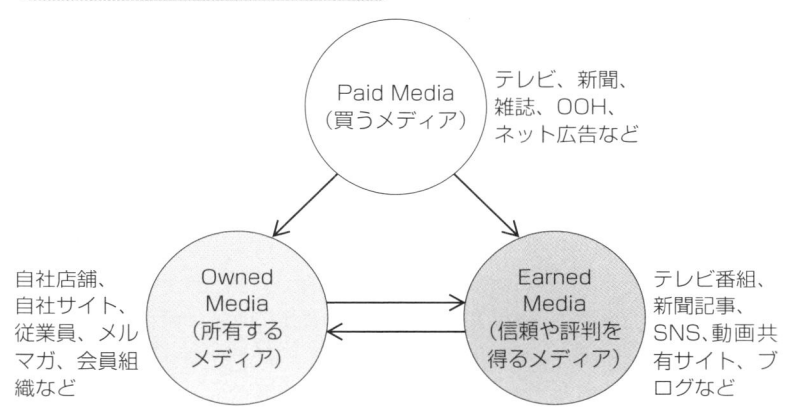

```
                    Paid Media        テレビ、新聞、
                    (買うメディア)      雑誌、OOH、
                                      ネット広告など

自社店舗、     Owned              Earned         テレビ番組、
自社サイト、    Media              Media          新聞記事、
従業員、メル    (所有する)          (信頼や評判を    SNS、動画共
マガ、会員組   メディア)           得るメディア)   有サイト、ブ
織など                                           ログなど
```

出典：横山（2010）『トリプルメディアマーケティング』インプレスジャパン、p.27をもとに筆者修正

が考えられる。テレビCMなどのペイドメディアは、特に何の関心も持っていないユーザーに対して広く訴求でき、圧倒的なリーチ力があり、また情報を送り手の思うままに発信できる。そこで、まずテレビCMで広く生活者に情報の種を撒き、その告知に興味・関心のある人々をオウンドメディアであるWebなどへ誘導し、一段深い情報へと誘う。また同時に、ツイッターなどのソーシャルメディアによって使用経験者をフォローしたり、ブログによって新たな商品情報を発信する。ユーザーに共感してもらうことで、ユーザーどうしが連鎖的につながり、企業や商品の情報はさらに広がっていく。トリプルメディアの特性を活かし、立体的に組み合わせることで、コミュニケーション戦略は有効に機能する。

　テレビCMなどのペイドメディアは、特に何の関心も持っていないユーザーに対して広く訴求し、また情報を出し手の思うままに発信できる。コストはかかるが使い勝手がよく、圧倒的なリーチ力がある。まず、テレビCMで関心をつくり、オウンドメディアであるWebへ誘導し、自社情報へと辿り着かせ浸透させる。そして、ツイッターなどのソーシャルメディアによって、ネット上でユーザー同士が共感し、情報が連鎖的に広がっていくトリプ

ルメディアによるコミュニケーション戦略が考えられる。

■マスメディアの広告
(1) 新聞広告
●新聞広告の媒体特性

　新聞は、古くから政治、経済、文化など報道をリードしてきたメディアであり、社会的信頼性も高い。さらに、手元でじっくり読んでもらえるという特性があるため、生活者を説得する媒体として用いる場合が多い。企業の理念や方針、新製品のコンセプトや新開発の技術説明など、読んで理解してもらうことでの理解促進を狙うメディアである。また、販売店による宅配制度により、契約世帯に毎日確実に届けられるという点で、特定の日にピンポイントで広告出稿できるため、記念日や新商品キャンペーンの初日など、スタート日に活用すると訴求効果が期待できる。毎日届けられるという継続性があるため、シリーズ広告などにして企業告知や商品紹介を広く行うこともできる。

　また、さまざまな主義主張の人に向けて自らの考えを表明する「意見広告」や商品のリコール・回収情報、株主への案内、経営者や創業者の訃報、社内人事変更を知らせる「社告」、「謝罪広告」や「三行広告」、「書籍広告」なども新聞独特の広告である。

　若年層の新聞離れは、長い間言われていたが、インターネットの普及、さらにはスマートフォンなどモバイルの普及によってその傾向に拍車がかかり、新聞を購買しない世帯が多くなっている。読者層も高齢化が進んでいる。厳しい状況の中、紙面のデジタル化が進み、新たなビジネスモデルへの転換が図られている。

●新聞の種類と新聞広告の種類

　新聞は、発行エリアによって分類される。日本全国に発行される「全国紙・中央紙（朝日、読売、毎日、日経、産経)」と地方紙に分けられる。地方紙の中で複数県にまたがって発行されるものを「ブロック紙（北海道新聞、中日

図表3-7 新聞広告枠の種類

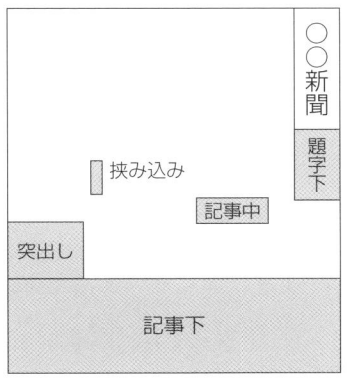

出典：波田浩之（2011）『広告の基本がわかる本』日本能率協会マネジメントセンター、p.137

新聞、西日本新聞）」といい、都道府県を対象とするものを「県紙」、地域で発行されるものを「地域紙」という。

　新聞広告は、大きく2つに分けられる。記事欄と広告欄が罫線で区分されており、罫線よりも下に掲載される広告を「記事下広告」、記事欄にある定型の広告を「雑報広告」と呼ぶ。雑報は、掲載される位置によって、左図のように「題字下」、「突出し」、「挟み込み」、「記事中」といった異なった呼び方をされる。中面では、すべての紙面を使う全面（15段）広告がある。

(2) 雑誌広告
●雑誌の種類と媒体特性

　雑誌は、各誌のジャンルや各号のテーマによって読者層が明確に分かれるメディアである。したがって、ターゲットの性別や年齢、収入、ライフスタイル、好むテイスト、趣味、関心領域など、さまざまな視点でターゲットを限定でき、集中的かつ効率的に広告を打つことができる。

　雑誌の種類は、いくつかの軸で分けることができる。ジャンルでは、「総合誌」と「専門誌」、もしくは、「一般誌」と「専門誌」、読者層では、「男性

誌」、「女性誌」、「ティーン向け」、「シニア向け」などに分けられる。さらに、それらが内容によって細分化され、「情報誌」、「ファッション誌」などに分類される。

　体裁としては、サイズによってA5判、B5判、A4判、AB判などがある。また、綴じ込み形態によって、中綴じ（週刊誌タイプ）、平綴じ、無線綴じ（月刊誌タイプ）がある。

　また、美しい写真などビジュアルによる訴求ができ、同時に商品情報や細かいスペックなども掲載できる。そして、次号発売までの一定期間にわたり何度も読むチャンスがあり、反復効果も高く、特集によっては、手元に保存しておく場合もある。また、店舗や公共の場に置かれることも多く、一冊の雑誌が複数の人に読まれる回読効果もあり、実売以上のリーチが期待できる。ファッションや若者の流行などを一番先取りしているのも雑誌であり、文化面での信頼性は高い。

●雑誌の広告枠と料金

　広告料金は、発行部数とポジション、ページ数、枠の大きさ、色数によって決まる。雑誌広告の枠は、**図表3-8**のようにページ単位で設定されており、「表4」、「センター見開き」、「表2」、「目次対向」などの特殊スペースは、読者の認知度が高く金額も高い。また、4色、2色、1色があり、色数が多いほど金額は高くなる。

　通常のクライアントが制作した広告を「純広」というが、雑誌広告では、「編集タイアップ」というものをよく行う。雑誌の編集部が、クライアント企業とタイアップし、商品などの広告を通常の紙面のように記事として制作するものである。その雑誌のテイストを維持しているため飛ばされることがないというメリットがある。ただし、「広告」や「協力」などのクレジットを入れる必要がある。

　また、特殊な雑誌広告の方法としては、次のようなものがある。「ハガキ」を挟み込み、資料請求やアンケートを読者が簡単にできるようにするもの。

図表3-8 雑誌広告枠の種類

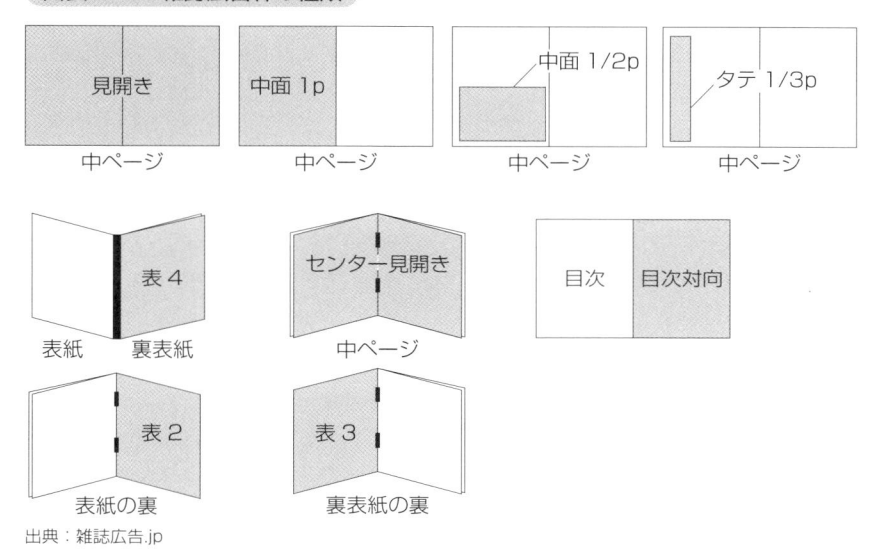

見開き	中面1p	中面1/2p	タテ1/3p
中ページ	中ページ	中ページ	中ページ

表4（表紙・裏表紙）／センター見開き（中ページ）／目次・目次対向

表2（表紙の裏）／表3（裏表紙の裏）

出典：雑誌広告.jp

「Book in book」といい、雑誌社が企業とタイアップした企画ものの小冊子を入れるもの。「サンプリング」といって、雑誌に化粧品や入浴剤など商品サンプルを挟み込むもの。「カスタマーBook」といって、1冊まるごとクライアント企業の訴求方針に沿って雑誌社が編集し発売するもの、そして、付録のほうがメインとなるような企業とのタイアップによる「オリジナルグッズ」付き雑誌などがある。

(3) 地上波テレビのCM

●地上波テレビCMの媒体特性

　地上波テレビのCMは、接触率、接触時間のどちらをとっても他のメディアと比較して圧倒的なメディアパワーがある。CMを繰り返しオンエアすることで、企業名や商品名を短期間に幅広い層に認知させ、またインパクトやアイデアに富んだ優れたCMは話題性を喚起し、世間の誰もが認知する

広告となる。

　また、メーカーが、自社 CM を多量に出稿することで売上げアップが予測できるため、メーカーの販売員が店舗へ商品を売り込む後押しにもなる。さらに、テレビ CM は企業のメジャー感を醸成し、その企業の社員や関係者に誇りを与えることも多く、インナー効果も期待できる。

　次の項で詳しく記述するが、出稿エリアを全国、エリア、もしくは都道府県単位（関東、関西は地域）で設定でき、期間、ターゲットを絞った出稿も可能である。

● 地上波テレビ CM の種類

　地上波のテレビ CM には大きく分けて、「タイム CM」と「スポット CM」の 2 種類がある。「タイム CM」とは、個別の番組を提供し、その番組の CM 枠内で放送する広告をいう。「スポット CM」とは、番組とは関係なく値段や出稿期間などの条件で決定した CM 枠（主に番組と番組の間の CM 枠）で放送する広告である。それぞれ異なるセールス方法で販売され、クライアントの広告目的も異なる。

(a)「タイム CM」

　「タイム CM」の販売の最小単位は 30 秒で、期間は 2 クール（6 カ月）が基本となる。そして、放送エリアによって、「ネットタイム」と「ローカルタイム」の 2 つに分類される。

　　① 「ネットタイム」：全国（東京キー局＋各地の系列局）で同時に放送される CM

　　② 「ローカルタイム」：関東ローカル（1 都 6 県）で放送される CM

また、提供表示とアナウンスコメントは、CM の提供秒数の違いによって以下のように異なる。

　「タイム CM」には、CM による幅広い告知効果などのほかに、提供番組の特徴で生み出せるメリットもある。人気番組を提供すれば、CM 視聴者数の拡大が狙えるほか、番組のよいイメージが、そのまま企業や商品イメージ

図表 3-9　提供秒数と提供表示・コメント

提供秒数	提供表示	コメント
30 秒	社名または商品名	"ごらんのスポンサー"
60 秒	社名または商品名	"社名または商品名"
90 秒以上	キャッチフレーズ、マーク可、社名または商品名	"キャッチフレーズや企業スローガンと社名または商品名"

出典：日本テレビセールス HP をもとに作成

へ反映される可能性がある。1 社提供の番組では、その傾向が一層顕著になるため、テレビ局はターゲットや内容、テーマなど提供スポンサーの要望を入れた番組を制作する。そのことにより、目的とする訴求対象へ効率よくアプローチできる。たとえば、F1 層（20〜34 歳・女性）をターゲットとするスポンサーであれば、F1 含有率の高い番組を提供することで、無駄なくターゲット層に訴求できる。さらに、30 秒以上の CM 枠を利用できるため、よりメッセージ性の高い CM や、ストーリー性のある CM を流すことができ、加えて競合社の CM を排除できるというメリットもある。「タイム CM」は、番組の改編時期である 4 月期（1 月〜3 月にセールス）と 10 月期（7 月〜9 月にセールス）が重要なセールス時期となる。

(b)「スポット CM」

「スポット CM」のセールスの最小単位は 15 秒で、基本的には関東ローカルでの出稿となる。タイム CM とは異なり、購入できる期間は自由に設定できるので、商品の新発売時などのキャンペーン期間中のみ集中して CM を放送することが可能である。

「スポット CM」は、SB（Station Break）という番組と番組の間に設定された CM 枠と PT（Participating commercial）という番組枠内に設定された CM 枠で放送される。企業は、代理店を通じて、局のスポット営業部に発注する。

たとえば、企業がある新商品キャンペーンの際、一定期間にスポット CM

がほしい場合、広告代理店はクライアント企業がそのキャンペーンで獲得したいターゲットを多く含む番組（たとえば、F1層が多く見ている番組）や番組タイプ、ジャンルなどを勘案して、CM出稿をするテレビ局を決定する。スポットの発注がすべてひとつの局（1局使用）の場合と複数局を使用する場合がある。代理店からCM出稿の依頼を受けた局は、要望（GRPやF1含有率）に基づいて、自局番組表に、CMの入るポジションを記入（作案）していく。作案したCM表を広告代理店にもどし、クライアント企業との協議の結果OKであれば、初めてそのポジションでCMがオンエアされる運びとなる。

　テレビ局側から見た場合、1,000GRP（GRP＝視聴率×本数）のスポットCMを受注した場合、視聴率20%の番組であれば指定期間に50本分の枠を用意すればよいが、視聴率10%の番組だと100本のCM枠を出す必要がある。日本民間放送連盟の定めた放送基準により、1週間あたりのコマーシャルの総量は総放送時間の18%以内とする取り決めがある。したがって、売れる広告の絶対量に限度があるため、放送収入の増加を図るためには、番組視聴率アップによって広告の1本単価を上げる必要がある。また、多くの企業がT層（13〜19歳の男・女）やF1層を含む番組を求めるため、若者層が見ている枠は人気の高いスポット枠となる。そこで、民放テレビ局は世帯視聴率を上げるとともに、若者を視聴ターゲットとする番組を制作し編成することになる。

　「スポットCM」の基本セールスパターンには、ターゲットの訴求効果によって次のようなものがある。①「逆L型」：土・日の終日＋平日18時台＋プライムタイム（19時〜23時）にCMを配置（図表3-12）。在宅率が高く、若者を中心とする層に訴求できる。②「コの字型」：逆L型＋朝のゾーンにCMを配置するもの。朝の時間帯にもCMが流れるので出勤、通学前の会社員や学生にも訴求できる。③「ヨの字型」：逆L型＋朝のゾーン＋昼のゾーンにCMを配置するもの。お昼時にもCMが流れるので、主婦層にも訴求できる。④「全日型」：月〜日の朝から夜まで全体的にCMを配置するもの。全世代のターゲットに幅広く訴求できる。

第3章　メディアとコミュニケーション戦略　●81

図表 3-10 「タイム CM」と「スポット CM」

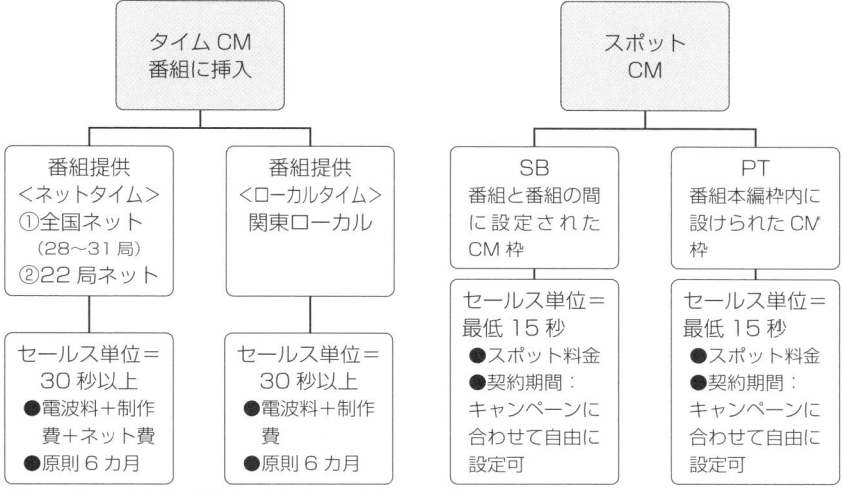

タイム CM 番組に挿入
- 番組提供＜ネットタイム＞
  ① 全国ネット（28〜31局）
  ② 22局ネット
  - セールス単位＝30秒以上
    - ●電波料＋制作費＋ネット費
    - ●原則6カ月
- 番組提供＜ローカルタイム＞
  関東ローカル
  - セールス単位＝30秒以上
    - ●電波料＋制作費
    - ●原則6カ月

スポット CM
- SB　番組と番組の間に設定された CM 枠
  - セールス単位＝最低15秒
    - ●スポット料金
    - ●契約期間：キャンペーンに合わせて自由に設定可
- PT　番組本編枠内に設けられた CM 枠
  - セールス単位＝最低15秒
    - ●スポット料金
    - ●契約期間：キャンペーンに合わせて自由に設定可

出典：日本テレビ営業局営業推進部編『NTV 営業ハンドブック』、p.10 を筆者修正

図表 3-11 番組におけるタイム CM とスポット CM の配置

番組本編

| SB | CC | 提供クレジット | CM枠1 | 本編1 | CM枠2 | 本編2 | CM枠3 | 本編3 | CM枠4 | エンディング | PT | 提供クレジット | HH | SB |

・SB のポジションと番組本編内の PT のポジションがスポット CM
・CC、CM1〜CM4、HH の番組本編内がタイム CM

出典：波田浩之（2011）『広告の基本がわかる本』日本能率協会マネジメントセンター、p.125 と（社）日本広告業協会『広告ビジネス入門 2012-2013』（社）日本広告業協会、p.131 をもとに作成

図表3-12 「逆L型」のスポット配置図

月～金	土	日
	6時	
18時		

出典：日本テレビセールスHP

■インターネット広告

　インターネット広告とは、グーグルやヤフーなどのインターネットのウェブサイトやメール、携帯電話などのモバイル端末によって行う広告である。ブロードバンド化によって動画を中心としたリッチコンテンツをスムーズに送受信できるため、その需要はさらに伸びている。

　インターネット広告には他のメディアにはない、いくつかの特徴がある。まずは、ターゲティング性とインタラクティブ性である。ターゲティング性とは、年齢、性別、地域などの属性やユーザーの行動履歴によって、広告配信する対象を細かく設定できることである。ユーザーの行動データにより、その人の消費傾向や興味がありそうな製品・サービスの広告をパソコン上に表示することができる。また、インタラクティブ性によって、ユーザーと双方向の深いコミュニケーションが可能となる。

　また、インターネットの広告取引として「アドエクスチェンジ」というものがある。「アドエクスチェンジ」とは、広告会社やメディアレップ[*4]の担当者がインターネット広告の受発注や広告素材の入稿管理、そして広告の効

図表3-13　インターネット広告の歴史とその変遷

	ネット広告の方向性	広告手法	マスメディア、クライアントの対応
1997年〜	**インターネット黎明期** 1996年世界初のインターネット広告が配信される。クライアントはAT&T。	ポータルサイト トップページにトラフィックを集中させ、リーチ数を重要視する。	QRコード、バーコード表示 アナログメディアにQRコードやバーコードを表示しウェブページに誘導する。
2000年〜	**グーグルの登場** グーグルが検索広告を開始。検索キーワードをクライアントに入札させる新たな広告手法が登場。	SEO、SEM 検索結果で上位に来るような対策。Search Engine Optimization, Search Engine Marketing	検索ワードとの連携 検索ウィンドウを表示し、ウェブページに誘導する。
2007年〜	**SNSの登場** Facebookが成長し、広告メディアとして注目。広告主がアプリを制作し、それを配信することで、広告枠を買うよりも低コストでの宣伝が可能に。	ソーシャルアプリ アプリを制作し、SNSで配信。	トリプルメディア戦略 広告クライアントは、オウンドメディア、ペイドメディア、ソーシャルメディアの3つで宣伝活動を行うようになった。
2009年〜	**アドテクノロジーの登場** オーディエンスデータを分析、広告ターゲットに広告配信。リアルタイムでバナー広告の内容を変えたり、成果の良いメディアだけに出稿できる技術の開発。	アドテクノロジー データの集積、分析、広告枠のリアルタイム入稿など、新しい手法が成長。	オーディエンスデータ 自社メディアのログデータ分析を行い、流入経路などを分析。

出典：志村（2011）『明日のメディア』ディスカヴァー・トゥエンティワン、p.153

果測定を行うためのシステムである。これによって、広告主と媒体側の双方にメリットを生む「リアルタイムビッディング」という取引方法が可能になった（志村，2011: 151）。そのことによって、広告主はターゲットに向けて適正なコストで広告を掲出することが容易になり、媒体社は在庫の広告枠をダンピングされることなく適正価格で売ることができる。この取引はツールを通じて自動的に、かつリアルタイムに行われる。広告主は広告会社やメデ

ィアレップを通じて、希望のターゲットの条件（属性や行動履歴など）と、広告単価（配信単価やクリック単価）を指定して広告枠を購入する。アドネットワーク上に広告主の条件に合った広告枠があれば広告が配信されることになる。

　また、インターネットの広告制作は大きな資金は必要とせず、広告クリエイティブの機械化も進んでいる。バナー広告のコピーの位置や色、種類、メインキャラクターなどを組み合わせることで何種類ものバナー広告を瞬時に制作できる。掲出されたクリエイティブの異なるいくつかの広告の中で、クリック率の悪いものはすぐに修正され、クリック率の高い広告のみにする。実際に配信された情報をもとに効果の高いクリエイティブを選別し、配信をコントロールすることを「クリエイティブ・オプティマイゼーション」といい、クリエイティブと配信の最適化がインターネット広告では、素早くかつ安価に行うことができる（志村，2011: 160）。

■インターネット広告の分類と種類
　インターネット広告を、表現形式、配信方法、取引形態の３つで分類すると次のようになる。広告の表現形式としては、ウェブ形式のものでは「バナー広告」、「テキスト広告」、「リッチメディア広告」がある。メール形式のものは「メールマガジン広告」と事前登録により希望したジャンルの情報が届けられる「オプトインメール広告」がある。リッチメディア広告には、「動画CM」、コンテンツを覆うように突然出現する「フローティング広告」、広告クリエイティブが拡張して表示される「エキスパンド広告」などがあり、ブロードバンド化により多様な表現が可能になっている。

　配信方法による分類は、以下のように分けることができる。性・年齢などの属性情報によって配信する「デモグラフィックターゲティング広告」、ユーザーの閲覧ページ履歴により関連の高い広告を表示する「行動ターゲティング広告」、検索キーワードに連動する「検索連動型広告」、そして携帯電話やスマートフォンの現在地に連動する「位置連動型広告」である。

図表 3-14　インターネット広告の分類と広告の種類

表現形式による分類
- バナー広告
- テキスト広告
- リッチメディア広告
  - フローティング広告
  - エキスパンド広告
  - 動画CM
- メールマガジン広告
- オプトインメール広告

配信方法による分類
- デモグラフィックターゲティング広告
- 行動ターゲティング広告
- 検索連動型広告
- 位置連動型広告

取引形態による分類
- 期間保証型
- インプレッション保証型
- リーチ保証型
- クリック課金
- 成功報酬課金

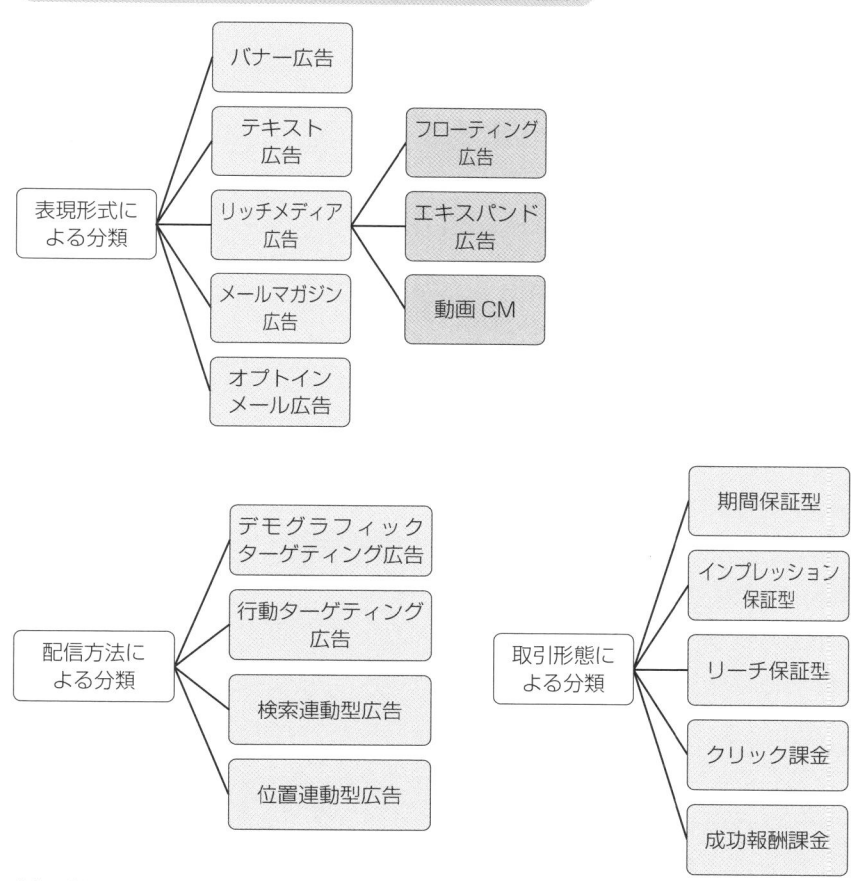

出典：嶋村（2008）と波田（2011）をもとに作成

　取引形態による分類では、特定ページへの掲載期間を保証する「期間保証型」、表示回数に応じて料金を決定する「インプレッション保証型」、リーチ（広告到達）できるユニークユーザー数によって料金を決定する「リーチ保証型」、広告がクリックされた数だけ課金が発生する「クリック課金」、資料請求などクライアントが求める成果に達した場合のみ課金される「成果報酬

図表3-15　インターネットと広告の効果階層

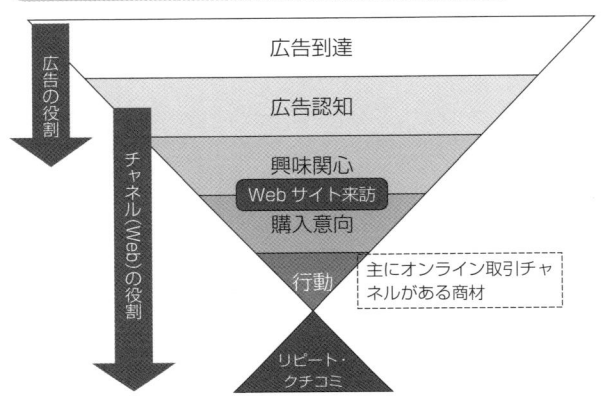

広告の役割：広告到達／広告認知

チャネル(Web)の役割：興味関心／Webサイト来訪／購入意向／行動／リピート・クチコミ

主にオンライン取引チャネルがある商材

出典：植村ほか（2009）『広告新時代　ネット×広告の素敵な関係』電通、p.148

課金」に分けることができる。

■「伝わる」広告表現への模索

　広告が生活者に届きにくくなり、また見てもらってもなかなか信じてもらえない時代の広告クリエイティブは、どうあらねばならないのだろう。クリエイティブディレクター須田氏は、"気になる"広告や"見たくなる"広告ではもはや訴求力は弱く、その先にある"人に伝えたくなる"広告クリエイティブでなければならないとする。かつては、メディアミックスをし、キービジュアルやキャッチフレーズなど統一した表現の広告を大量投下すれば、たとえ月並みなクリエイティブであっても、購買意欲を喚起する装置として広告は機能していた。しかし、自らも発信者となっている成熟した生活者は、そういったものには見向きもしない。これからの広告表現は、生活者と一歩踏み込んだ関わりをもつ施策にあふれるものでなければならない。シェアされない広告は失敗だ、とまでいい切る企業もある。ニュースをつくり、広く共感を生みだす広告が求められている。

図表3-16 メディアの広告媒体としての特性

媒体	長所	短所
新聞	タイムリー、地域市場をよくカバーする、幅広い世代層の需要、高い信頼度、宅配システムに支えられた確実性	短命、再生の質が悪い、回覧読者が少ない
テレビ	五感に訴える、高い注目度とリーチ、即時性、説得性、親近感、信頼度が高い、話題作りができるCPM（Cost Per Mille 1,000人あたりの単価）が安い	高コスト、多くの広告が氾濫、露出時間が短い、地上波放送ではターゲットの選択が困難
ダイレクトメール	対象を選べる、柔軟性、同一媒体で広告競争がない	1人あたりのコストが高い、「くずかご行き」のイメージ
ラジオ	地理的、デモグラフィック的に選択できる。特定の生活習慣を持ったターゲットに訴求できる。低コスト	聴取者が少ない。年代の偏り
雑誌	ターゲットを明確に絞り込める。コスト効率が高い。CD-ROMやDVD、付録など添付できる。回覧読者が多い、寿命が長い	広告が出るまでのリードタイムが長い、無駄がある
屋外広告、交通広告	柔軟性がある、比較的低コスト、自然に出会う意外性、繰り返し見る、地域での話題性	対象の選択ができない、限られた地域の人にのみ訴求
インターネット（パソコン、モバイル）	柔軟性、対象を選択できる、インタラクティブ性、比較的低コスト、接触人数を確定できる、接触した人の属性などがわかる、情報量に限りがない、広告への参加性（共同制作など）	出会いの偶然性が少ない。消費者が取りに行った情報以外の接触が少ない
パンフレット	柔軟性がある、完全に管理できる、メッセージを演出できる	作りすぎると無駄になる

出典：コトラー＆ケラー（2006＝2008）『マーケティング・マネジメント（第12版）』、p.716に筆者加筆

(1)「使える広告」「参加したくなる広告」「伝えたくなる広告」「生活の一部になる広告」

2008年カンヌ国際広告賞でグランプリを受賞した「UNIQLOCK」はウェブでの映像展開であるが、多くの人々に訴求し、ブログパーツとして使われ

図表3-17 「UNIQLOCK」第1弾「ドライ」篇画像

出典：株式会社ユニクロ

た広告であった。そこには、広告を上手に見せようという考え方ではなく、お客様に「喜んで使ってもらえるサービス」を提供しようという思想がある。

また、オバマ大統領の選挙キャンペーンもカンヌの最高賞をとったが、積極的にソーシャルメディアを活用して支持層を広げた。「MYOBAMA.COM」というSNSコミュニティによって600億円の選挙資金を集め、「Obama'08 for iPhone」アプリやツイッター、フェイスブック、マイスペースを活用し、有権者とのつながりを深め、またユーチューブによるスピーチ映像により"Change"というキーワードを訴求し、変革の空気を醸成した。

テレビCMにおける広告表現においては、東日本大震災直後のサントリーの企業CM「歌のリレー／見上げてごらん夜の星を」や2011年度ACC・CMフェスティバル最高賞のJR九州の「九州新幹線全線開業」などは、その時代の人々の気分や空気を反映しており、人に伝えたくなる広告となっている。

2012年の「カンヌライオンズ 国際クリエイティビティ・フェスティバル」では、3つの作品がダブル受賞した。アメリカのメキシコ料理チェーン「チポートレ」の「Back to the start」は、フィルム部門とブランデッドコンテンツ＆エンターテインメント部門、ナイキの「NIKE＋Fuelband」は、サイバー部門とチタニウム＆インテグレーテッド部門、アメリカンエキスプレスの「SMALL BUSINESS GETS AN OFFICIAL DAY」は、ダイレクト部門と

図表3-18 JR九州の「九州新幹線全線開業」

出典：九州旅客鉄道株式会社

プロモ＆アクティベーション部門でそれぞれ最高賞を獲得した。チポートレの作品は、行き過ぎた食品管理の効率化を反省し、自然に帰ることをメッセージした作品であり、アメリカンエキスプレスの作品は、土曜日には地元の商店で買い物をして地域のお店を守ろうという呼びかけである。どちらも社会性が高く、ソーシャルメディアと相まって生活者を大きく動かした。ナイキの作品は、「NIKE＋Fuelband」を使用すれば、つねに自分のエネルギー消費や運動量がわかるという新たなデジタルプラットフォームを生活者に提供する広告である。ニュース性のあるもの、社会を動かすリアリティのあるもの、そして、生活のベースを提供するものなど、広告はこれまでの枠を超え、人々を動かすコミュニケーション活動となっている。

(2) ブランデッド・エンタテインメント (Branded Entertainment)

ブランデッド・エンタテインメントとは、映画やテレビ番組、ゲーム、音楽、ショートフィルムなどのエンタテインメント・コンテンツと世界観やストーリーなどを連動させ、ブランドや製品を自然に訴求させる共感型のコミュニケーション手法である。企業が伝えたいメッセージをエンタテインメント性の高いコンテンツの形で発信するので、生活者に受け入れられやすく、印象も残しやすい。また、クチコミによる波及も期待できる。企業が自社コ

ンテンツとして制作するものと、タイアップ形式のものがある。「プロダクト・プレイスメント」や「ショートフィルム」がその代表的なものである。それぞれについては、以下で説明する。

◉「プロダクト・プレイスメント」と「プレイオン・アド」
　近年、HDDレコーダーなどの普及によるCMスキップや動画配信サービスにおける放映時間の枠を越えた視聴スタイルなどによって、CMの視聴頻度が低下している。そのため、プロダクト・プレイスメントは盛んになっており、ドラマでは、使用される飲料やクルマ、女優が着た衣装や小物、さらにはロケ地なども対象になっている。また、バラエティでは番組のMC（司会者）が、本編からそのままの番組セットで商品の広告を行うシームレスCMや、番組との共同開発で商品の企画から誕生までを追いかけ、番組で発表するなど、テレビ番組と一体となった展開も行われている[*5]。

　「プロダクト・プレイスメント」は、1950年代にハリウッド映画の中で、俳優の使っていた商品に関する問い合わせが映画会社に寄せられ、そこにビジネスチャンスを見出した映画会社が、企業とのタイアップを劇中で行ったことが起源だと言われている。代表的なものは、映画『E.T.』において、E.T.がリース社のチョコレート「リーセス・ピーセス」を食べる場面があり、そのことにより大幅な売上げアップにつながった[*6]。「007」シリーズのBMWや『マイノリティ・リポート』におけるトヨタ「レクサス」など、映画でのプロダクト・プレイスメントは盛んに行われているが、映画製作会社と企業の双方にメリットがある。映画製作会社にとっては高騰する制作費に企業からのお金が充填できるメリットや企業のCMに映画の場面が登場することで映画のPRが図れる。また企業側は、大物タレントが使用することでのブランドイメージ向上が図れ、映画が世界に配給される場合は、製品のPRをグローバルに展開できる。また、映画のタレントやイメージを利用した訴求力の高い広告表現ができ、さらに映画チケットやキャラクターを活用した販促活動など、立体的な広告展開が可能になる。

日本においても、映画『ROOKIES—卒業』の公開キャンペーンにおいて、東宝は伊藤園、トヨタ自動車、ライオン、ロッテ、セブン–イレブン・ジャパンの5社とコラボレーションし、映画と各社商品の宣伝を行った。映画CMと映画連動の企業コラボCM、OOHによるポスター展開、さらに、『ROOKIES』のビジュアルを使用したセブン–イレブン店頭でのオリジナル商品販売や、参加企業のプレゼントキャンペーンや試写会イベント、始球式、サンプリングなど立体的な広告PR展開を行った。

　また、『週刊モーニング』に連載されている小山宙哉作の『宇宙兄弟』が2012年5月に映画化され上映されたが、サントリー「ペプシNEX」、味の素「味の素」、旅行会社エイチ・アイ・エス「GO！GO！USAキャンペーン with 宇宙兄弟」とタイアップし、さまざまな広告展開やプレゼントキャンペーンなどを実施した。映画のPR映像と企業のCM、主演の俳優がテレビ出演するなど、立体的な展開で話題づくりに成功した。

　プロダクト・プレイスメントが効果を得るには、コンテンツの世界観や登場キャラクターとのフィット感が重要である。ストーリーや世界観に合わない不自然な露出の場合、映画や番組をしらけさせるだけでなく、製品やブランドのイメージがダウンしてしまう恐れもあるので、コンテンツとのマッチングを考慮した仕掛けが必要である。

　また、番組とCMをシームレスに見せる手法として博報堂DYメディアパートナーズが開発した「プレイオン・アド」がある。図表3-19のように、スポーツ中継の際、競技映像を残したままCM画面に移行するものである。こうしてテレビ各局や代理店は、CMをいかに見せ、その価値を落とさないかに知恵を絞っている。

●ショートフィルム

　2001年に、BMWが自社Webサイトで公開した計8編のショートフィルム「BMWフィルムズ　THE HIRE」が人気となり、その後世界的に広がった。日本では2008年、ネスレコンフェクショナリー（当時）の「キットカ

図表 3-19　プレイオン・アド

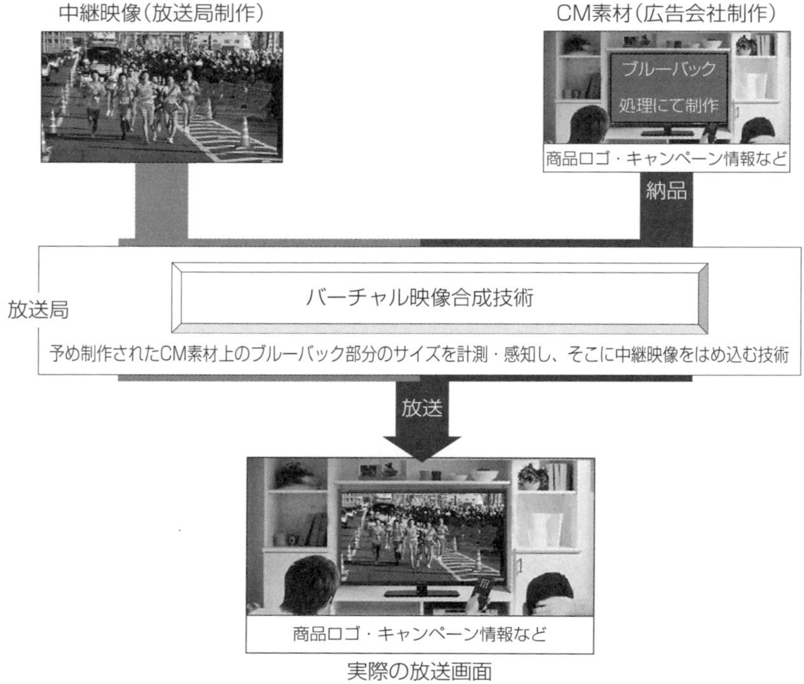

中継映像（放送局制作）
CM素材（広告会社制作）
ブルーバック
処理にて制作
商品ロゴ・キャンペーン情報など
納品
放送局
バーチャル映像合成技術
予め制作されたCM素材上のブルーバック部分のサイズを計測・感知し、そこに中継映像をはめ込む技術
放送
商品ロゴ・キャンペーン情報など
実際の放送画面

出典：博報堂 DY メディアパートナーズ（2009.12.24）プレスリリース

ット」日本発売30周年を記念して制作された、岩井俊二監督、鈴木杏主演のオリジナルショートフィルム『花とアリス』が有名である。キットカットの Web サイト「ブレイクタウン」で公開されたが、配信開始後 6 週間で 60 万人以上が視聴するなど大きな話題となった。当時マーケティング本部長だった高岡浩三氏（現在、ネスレ日本代表取締役社長）は、キットカットの「Have a Break, have a Kit Kat」というスローガンが人々にもっと伝わる新しい形を模索しており、15 秒、30 秒という限られた枠がないショートフィルムなら、そのスローガンの持つ世界観が表現できると考えたという*7。また、ユニクロがニューヨーク 5 番街に世界最大級の店舗を出店するまでを描いたシ

ョートフィルム「UNIQLO MEETS NYC」も話題になった。

　このように、ショートフィルムを活用する利点とは、CMのように枠や長さにとらわれない長尺の動画表現によって、企業や製品のメッセージや世界観を伝えられる点が最も大きい。さらに、ストーリーの中で表現するため、従来の宣伝のように押し付けがましさがなく、すんなり生活者の心の中に入り込むことができる。生活者が能動的に見に行くため、気に入れば多くのクチコミ効果が期待できる。また、『花とアリス』のように後の劇場公開やDVD発売、また他の広告手段との連動による展開も可能である。ただし、他者に伝えたくなるエンタテインメント性の高さや、広告やイベントとの連動による話題づくりが必要である。

■広告接触の尺度
(1) リーチとフリークエンシー

　企業がある製品のキャンペーンを打つ際、広告戦略上まず考慮するのが、出稿に対して、ターゲットとする生活者にその広告がどれほど届くかということである。広告に対するターゲットへの接触尺度を表す概念として、「リーチ」と「フリークエンシー」というものがある。これは、メディア全体の尺度として使われる概念である。

　「リーチ」とは、広告出稿期間に、少なくとも1回は広告に接した人の数または割合をいう。広告の到達数および到達率である。「フリークエンシー」とは、広告出稿期間内に、生活者がその広告に接触した平均の回数のことをいう。「リーチ」が、ターゲットに対する広告の露出の幅を表すのに対して、「フリークエンシー」は接触の深さを示すものである。

　広告の延べ到達率を表す単位をGRP（Gross Rating Points）といい、「リーチ」と「フリークエンシー」を掛けることで算出される。テレビCMの場合、テレビで露出されるCMの視聴率の総合計（延べ視聴率）がGRPであり、番組視聴率×CM本数で求められる。たとえば、視聴率20%の番組に10本のCMを流した場合200GRPとなる。

企業が新商品キャンペーンなどに投入する広告予算には限りがある。広告の出稿額と出稿量が一定の場合、リーチとフリークエンシーは前述のように反比例の関係になる。
　企業は、目的とする広告効果を実現するために、ターゲットへの到達率か接触回数か、どちらを優先させるか決めなければならない。広告する商品の市場での状況を分析し、ターゲットに対しもっとも効率的かつ効果的な媒体戦略を立て、広告効果の最大化を図ることが重要である。
　生活者に商品やブランドを記憶させるために最低限必要なフリークエンシーを「最低有効フリークエンシー」という。広告が効果を発揮するフリークエンシーは、3回とされるが、これは、E・クラグマンが提唱した「3回露出の有効性」（"Why Three Exposures May Be Enough"）による。また、広告への過剰接触はかえってネガティブな感情を生じさせる可能性があるという考え方から、そのマックスのフリークエンシーを「最高有効フリークエンシー」という。
　また、「リーセンシー」という概念がある。これは、直前に接触した広告が購買行動に影響を与える効果のことをいう。ある商品カテゴリーへの関心がもっとも高まっているタイミングで、当該商品に関する広告を露出させると、同カテゴリーの他の商品よりも広告商品への購入に結びつきやすい。たとえば、スーパーマーケットに買い物に行く前に見たCMの商品を店頭で買ってしまったなどの例である。たとえ1回の広告接触でも、購買時に近ければ、強い影響を与えることができるということである。出稿タイミングも広告効果を考える上で大切な要素となる。
　近年、リーチ、フリークエンシーといった量的な効果指標だけでは、広告効果は捉えられないのではないかという考えから、「エンゲイジメント」という概念が提唱された。アメリカ広告業協会と全米広告調査財団によるプロジェクトチームMI4（Measurement Initiative for Advertisers, Agencies, Media and Researchers）は、「顧客や潜在顧客を、周辺のコンテクスト（文脈）で強化されたブランドアイディアに引き込むこと」と定義している。「エンゲイジ

メント」は、生活者との「絆」、すなわちメディアとの関与の深さを意味するが、ただ広告に接触したというのではなく、どのように、どのくらい深く関与したかというのが広告効果として重要だというのである。広告が、どれほど生活者に届き、行動に導くかということは、情報が、ともすれば溢れすぎる時代の中で、広告にとって非常に重要な考え方である。

(2) 広告効果の最適化——オプティマイザー

　オプティマイザーとは、ターゲットへの広告の到達効率が、設定条件において最大になる媒体の最適な組み合わせを自動生成するコンピューターシステムのことである。メディアの多様化や媒体ビークルの増加など、メディア環境の変化によって、効果的にターゲットに広告を送り届ける広告戦略立案が複雑になった。かつてのように、4マス媒体を中心に広告立案をしていた時代は、その到達率は容易に予測できたが、インターネットやBS放送、CS放送、ケーブルテレビなど多チャンネル時代においては、ターゲットへの到達率の予測は難しく、また広告代理店が提案したものを、広告主が判断することも容易ではない。業界としては、広告効果・効率を「見える化」する必要があった。

　そこで、大手広告代理店では、「DiaLog」や「Cross Media HAAP」といったテレビ、ラジオ、新聞、雑誌、交通、インターネット、衛星メディアに対応した広告メディアオプティマイザーを開発した。認知、理解、購入意向などを目的指標にし、想定ターゲットや地域、期間、予算などを入力することで、広告目的に対して最適なメディアプランを策定することができるようにしている。

■広告のメディアプラン策定の流れ

　製品やブランドの置かれている市場の状況や競合などによって、企業のマーケティング戦略は決定されるが、それに則ってコミュニケーション戦略は策定される。市場における自社製品の現状分析結果を十分踏まえて、想定

図表 3-20 メディアプラン策定の流れ

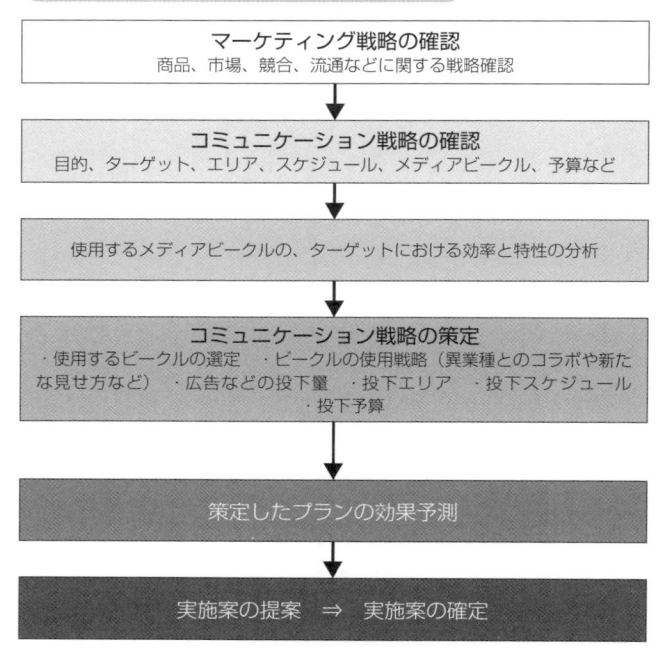

```
┌─────────────────────────────────────────┐
│         マーケティング戦略の確認              │
│   商品、市場、競合、流通などに関する戦略確認    │
└─────────────────────────────────────────┘
                    ↓
┌─────────────────────────────────────────┐
│        コミュニケーション戦略の確認           │
│ 目的、ターゲット、エリア、スケジュール、      │
│ メディアビークル、予算など                   │
└─────────────────────────────────────────┘
                    ↓
┌─────────────────────────────────────────┐
│ 使用するメディアビークルの、ターゲットに      │
│ おける効率と特性の分析                       │
└─────────────────────────────────────────┘
                    ↓
┌─────────────────────────────────────────┐
│        コミュニケーション戦略の策定          │
│ ・使用するビークルの選定 ・ビークルの使用戦略 │
│ (異業種とのコラボや新たな見せ方など)         │
│ ・広告などの投下量 ・投下エリア ・投下       │
│ スケジュール ・投下予算                     │
└─────────────────────────────────────────┘
                    ↓
┌─────────────────────────────────────────┐
│         策定したプランの効果予測             │
└─────────────────────────────────────────┘
                    ↓
┌─────────────────────────────────────────┐
│      実施案の提案  ⇒  実施案の確定          │
└─────────────────────────────────────────┘
```

出典：波田浩之（2011）『広告の基本がわかる本』、p.203 に筆者加筆

されるターゲットの行動特性、ライフスタイル、価値観などを十分理解し、メディアを選択し、メディアの組み合わせやメディアの使い方（タイアップやコラボレーションなど）を確定する。もちろん、選択したメディアとクリエイティブは、その特性によって内容を変えるなど、そのマッチングも重要である。

　テレビや新聞、インターネットといったメディアが決定したら、次にどのテレビ局や系列、もしくはどの新聞や雑誌で行うか、といったメディアビークルが設定される。そして、ビークルごとの出稿量、出稿エリア、出稿パターン、スケジュールと出稿予算を決定し、コミュニケーション目標に対して、策定したプランでどこまで達成できるかを予測したのち、実施案として提案

することになる。

■2012年の日本の広告費

電通（電通ニュースリリース 2013. 2. 21）によると、2012年の日本の総広告費は5兆8,913億円、前年比103.2%であり、2008年から2011年の間、4年連続して前年実績を下回ったが、5年ぶりに前年実績を上回った。マスコミ4媒体の広告費は2兆7,796億円で、媒体別では、「テレビ広告費」が前年比103.0%、「新聞広告費」が同104.2%、「雑誌広告費」が同100.4%とともに前年を超え、「ラジオ広告費」は同99.9%だった。

東日本大震災の復興需要など、2012年の前半は好調だったが、後半は、

図表3-21 媒体別広告費（2010〜2012年）

媒体	広告費(億円) 2010年	広告費(億円) 2011年	広告費(億円) 2012年	前年比(%) 2011年	前年比(%) 2012年	構成比(%) 2010年	構成比(%) 2011年	構成比(%) 2012年
総広告費	58,427	57,096	58,913	97.7	103.2	100.0	100.0	100.0
マスコミ四媒体広告費	27,749	27,016	27,796	97.4	102.9	47.5	47.3	47.2
新聞	6,396	5,990	6,242	93.7	104.2	11.0	10.5	10.6
雑誌	2,733	2,542	2,551	93.0	100.4	4.7	4.4	4.3
ラジオ	1,299	1,247	1,246	96.0	99.9	2.2	2.2	2.1
テレビ	17,321	17,237	17,757	99.5	103.0	29.6	30.2	30.2
衛星メディア関連広告費	784	891	1,013	113.6	113.7	1.3	1.6	1.7
インターネット広告費	7,747	8,062	8,680	104.1	107.7	13.3	14.1	14.7
媒体費	6,077	6,189	6,629	101.8	107.1	10.4	10.8	11.2
広告制作費	1,670	1,873	2,051	112.2	109.5	2.9	3.3	3.5
プロモーションメディア広告費	22,147	21,127	21,424	95.4	101.4	37.9	37.0	36.4
屋外	3,095	2,885	2,995	93.2	103.8	5.3	5.1	5.1
交通	1,922	1,900	1,975	98.9	103.9	3.3	3.3	3.4
折込	5,279	5,061	5,165	95.9	102.1	9.0	8.9	8.8
DM	4,075	3,910	3,960	96.0	101.3	7.0	6.8	6.7
フリーペーパー・フリーマガジン	2,640	2,550	2,367	96.6	92.8	4.5	4.5	4.0
POP	1,840	1,832	1,842	99.6	100.5	3.2	3.2	3.1
電話帳	662	583	514	88.1	88.2	1.1	1.0	0.9
展示・映像他	2,634	2,406	2,606	91.3	108.3	4.5	4.2	4.4

出典：「電通ニュースリリース」2013. 2. 21

エコカー減税・補助金終了などによる個人消費の低下や円高が原因の輸出減少による景気後退の影響で広告需要も停滞した。しかし、通期では震災前の2010年の水準を上回る広告出稿となった。

「衛星メディア関連広告費」（同113.7%）は3年連続で2ケタの伸びを示した。これは、ロンドン・オリンピックの中継などが、BS放送での視聴を中高年層に習慣づけ、広告出稿に結びついたことによる。また、「インターネット広告費」（107.7%）は、引き続き増加。インターネット広告の技術的進化やオリンピックや衆院選などにおけるインターネット広告の活用などが出稿を後押しした。屋外広告、交通広告などの「プロモーションメディア広告」も2兆1,424億円（前年比101.4%）と5年ぶりに前年を上回った。

3.2. SP（セールス・プロモーション）

景気の低迷による消費欲求の低下や価値観の多様化から、モノを売ることが容易でない時代になっている。そういった社会環境の中で、消費者、流通、インナーに働きかけ、消費者の購買行動をサポートし、実際の購買行動につなげるSPの役割は、ますます重要性を増している。

SPにはターゲット別に3つの形態がある。「消費者向けプロモーション」、「流通業者向けプロモーション」、「インナー向けプロモーション」である。（図表3-22参照）

■消費者向けプロモーション

消費者向けには「製造業者プロモーション」と「小売業者プロモーション」がある。「製造業者プロモーション」は、メーカーが、消費者に対して働きかける販促活動である。これには、「商品サンプリング」や消費者に一定期間商品を貸し出し、試用してもらう「モニタリング」、「クーポン（割引券）配布」、「懸賞・くじ」などがあり、購買意欲を促進する。

「小売業者プロモーション」は、スーパーなど商店が消費者に対して働きかける販促活動である。商品の「値引き」や、消費者の目に留まりやすく購

図表 3-22　SP の目的と施策

ターゲット	目的	SP の種類
消費者向け 1)「製造業者プロモーション」 2)「小売業者プロモーション」	商品価値の付与による購入意欲促進	値引き
		クーポン
		FSP(マイレージ、ポイント制など)
		プレミアム（景品）「ウィズ・パックプレミアム」「フリー・イン・ザ・メールプレミアム」*
		増量パック
	店頭刺激による購入意欲促進	店頭演出
		デモンストレーション
		POP
	試用促進	サンプリング
		モニター
	商品・企業イメージアップ	オープンプレミアムキャンペーン
流通業者向け	売り場支援	店頭演出ツール提供
		販売員派遣
	商品取り扱い意欲の刺激	アローワンス(販売インセンティブ)
		コンテスト
		流通タイアップキャンペーン
インナー向け	モチベーションアップ 商品知識向上	セールスコンテスト
		社内セミナー
		セールスマニュアル
		キャンペーンニュース

出典：コトラー＆ケラー（2006＝2008）、pp.733-735 と波田（2011）、p.165 をもとに筆者作成
＊シールやバーコードなど購入を証明するものを送ってきた消費者にプレミアムを郵送するもの

買意欲を掻き立てるような店頭の「特別陳列」、「実演販売」、割引クーポンのついた「チラシ配布」など、店頭での直接購買に結びつけるプロモーションである。

■流通業者向けプロモーション

　メーカー企業が、小売業・卸売業の流通業者に対して働きかける販促活動である。「インストア・プロモーション」と「トレード・プロモーション」がある。

　(1)「インストア・プロモーション」は、小売業を対象とするもので店舗内での自社商品の購入意欲や購買の促進を目的とする。メーカーが、店頭演出ツールを提供したり、販売員を派遣するなど、店舗の販売助成を行うことがこれにあたる。

　(2)「トレード・プロモーション」は、メーカー企業が、流通業者に対して自社のロイヤルティ向上を目的として行うものであり、そのことによって、自社商品の商品占有率アップや優先販売の獲得、また新たな流通の開拓を目指すものである。「トレード・プロモーション」の手法のひとつとして、「アローワンス」がある。流通業者の販売努力に対してメーカーから支払われる金銭的な対価をいう。「アローワンス」には、2種類あり、「広告アローワンス」は、流通業者が自社製品を広告したことに対して支払われる報酬であり、「ディスプレイ・アローワンス」は、店頭で自社製品の販促のために特別陳列を行ったことに対して流通業者に支払われるものである。

　そして2つ目の手法は、「コンテスト」である。これは、メーカー企業が、流通業者向けに特定のテーマを決めて競わせることで商品の販売促進を図るもので、売上高や陳列のコンテストなどがある。上位入賞者（店舗）には、景品や賞金が与えられる。

　また3つ目として、メーカー企業が流通業者の出荷に対してインセンティブを与える「流通タイアップキャンペーン」がある。ある製品を特別期間に流通業者が購入した場合、定価から割引するものや、一定以上の購入に対して製品を余分に提供するなど、流通業者に積極的な仕入れを促進させる目的で行うものである。

■インナー向けプロモーション

　自社内の関連部署が有機的に連動し、それぞれがモチベーション高く活動したり、販売促進に関わる知識の向上やモラルアップのためにも、インナーのプロモーションは欠かせない。販売実績を競う「セールスコンテスト」、製品の理解や売り方を学習する「社内セミナー」の開催、製品情報や使用法を周知徹底させるための「セールスマニュアル」や社内に販促の空気を醸成する「キャンペーンニュース」などが、インナー向けのプロモーションとして有効に機能する。

(1) サンプリング・プロモーションの例　「ドール・ラカタンバナナ」

　2009年、東京マラソンのランナーズステーションで6万本配布された。出場したランナーたちがバナナをおいしそうに食べてまた走り出す光景が、テレビで放送され、疲労回復効果があるイメージが形成された。近年のマラソンブームにも乗って、「東京マラソンで配布されたバナナ」、「クエン酸をふくむバナナ」として売上げアップにつながった。

(2) 店頭プロモーションの例「サントリー・角ハイボール」

　サントリーは、低迷するウイスキー市場の復権をハイボールに託し、2008年キャンペーンをスタートさせた。ハイボールを飲める店は2008年時点の1.5万店から、2009年に3万店に増やし、酒場ではおいしいハイボールが飲める仕掛けやPOPなどを充実させ、ハイボールを始める店のためにスターターキットを無料で進呈するなどした。店頭で3点セット「角瓶・ジョッキ・ソーダ」を販売したり、お店を盛り上げるための販促ツールを充実させた。CMと連動した売り場展開、店舗展開のクロスメディアによって、ハイボールは大ヒットし、2009年、日本マーケティング大賞を受賞した。

3.3. PR（パブリック・リレーションズ）

　PRとは、パブリック・リレーションズのことであるが、18世紀後半アメ

図表3-23　サントリー角ハイボールプロモーション例

出典：サントリー公式ホームページ

リカにおいて、政治の分野で生まれたものである。ラジオでの政治家の演説やJ・F・ケネディとニクソンのテレビ討論会は有名であり、やがて、企業広報や商品のマーケティングに応用される。

「パブリック」とは、コトラー&ケラーの『マーケティング・マネジメント第12版』において、「企業の目標達成能力に対して、実際にまたは潜在的に利害関係または影響力を持つ集団のこと」（コトラー&ケラー，2006＝2008：742）と定義する。すなわち、PRとは、生活者、投資家、取引先、従業員など自社に関係のあるすべての組織、人々との円滑な関係性を維持していく活動であるといえる。そして、企業はそういった重要なステークホルダーたちとの関係構築のために広報・PR部門をおいている。PR部門は、次の5つの機能を果たしている（コトラー&ケラー，2006＝2008：742）。①報道対策：企業をよく見せる形でニュースや情報を公表する、②製品パブリシティ：製品に関するよい情報をメディアに取り上げてもらうことで広告効果を高める、③コーポレート・コミュニケーション：社内外とのコミュニケーションを通じて、企業への理解とブランドイメージアップを促進する、④ロビー活動：法規制の推進あるいは廃止を狙って議員や官僚と交渉する、⑤コンサルティ

ング:平常時および逆境時の企業の評判やポジションに関し、経営陣に進言する。

　PRは、広告が企業からの一方的なメッセージという意味合いで生活者に敬遠され、届きにくくなった今の時代に、極めて有用なコミュニケーション手段として注目されている。

■パブリシティの手法
　パブリシティの手法としては、「フリーパブリシティ」、「ペイドパブリシティ」、「パブリシティイベント」がある。
　「フリーパブリシティ」は、企業や団体が新製品ニュースや経営方針、新規事業、人事、社会貢献などの情報を、プレスリリースや会見などの方法でメディアに発表して記事として取り上げてもらうものである。その情報を報道するか否かはメディアしだいであり、また企業の伝えたい内容がそのまま報道されるとは限らない。企業から発表された情報が、社会や人々の関心事として報道の価値があるのか、また他に優先すべきニュースはないかなどの判断の結果、報道するか否か、また記事や放送時間の扱いの大きさが決定される。
　ニュースとして取り上げられたスペースや時間枠が大きく、しかも好意的に露出された場合、その報道は客観的判断に基づいたものであるために社会のお墨付き効果があり、通常の広告よりも訴求効果は高い。ただし、ニュースや記事においては、ある特定の企業や団体のみが特別によい表現で掲載されることは少なく、情報量にも限りがある。企業側としては、記事やオンエア時間を大きく、また好意的なものにするために、メディアが好みそうなネタをリリース資料に仕込んだり、特定の1社に情報をリークするなど、PRマンの手腕がカギを握る。そこで、企業の広報は、記者との日常の関係づくりが重要であり、いざという時そういったつながりが大きな力になる。
　「ペイドパブリシティ」は、媒体社に広告料金を支払って企業が伝えたい内容を記事の体裁で作成し掲載する「記事広告」と、料金を支払って編集者

とともに新商品情報を盛り込んだ興味あるページとしてつくりあげる「タイアップパブリシティ」がある。これは、いわばパブリシティの形態をとった広告である。パブリシティの不確実性を補うために、またリリースでは伝えられなかった詳細な情報を、読み物としてスムーズに生活者に伝えたい時に使う手法である。

「パブリシティイベント」は、社会的話題としてマスコミに取り上げられることを目的として実施される。新商品発表会、スポーツ大会、シンポジウム、街頭イベント、町おこしイベントといったものがあり、B-1グランプリなど大きなPR効果を上げているものもある。

■マーケティング・パブリック・リレーションズ（MPR）

日本よりPR戦略において先行している欧米では、かねてから企業や商品プロモーションのためのPRは盛んであったが、現在はより盛んに戦略的なPR活動を行っている。P&G社の調査では、ある商品のPRに投下した費用は、広告の50分の1以下であったが、費用対効果は広告の2倍あったという報告もある。コトラー&ケラーは、マーケティング・パブリック・リレーションズ（MPR）の役割として次の6つを挙げる（コトラー&ケラー，2006＝2008: 742）。①製品発売の支援、②成熟製品のリポジショニングの支援、③製品カテゴリーに対する関心の構築、④特定の標的集団への影響、⑤社会問題に直面した製品の弁護 ⑥自社製品に好意的に反映するような企業イメージの構築、である。

欧米においてもマス広告の効果は弱まっているといわれ、マーケティング・マネージャーは新製品の認知、知識を高めるために積極的にMPRを活用する。PRは、広告より費用対効果が高いというケースも少なくない。

■戦略PR

情報が氾濫する社会状況の中で、生活者も受けた情報をそのまま鵜呑みにせず、インターネットなどでサーチし、友人とシェアする消費行動をとる。

図表3-24 カジュアル世論の3要素

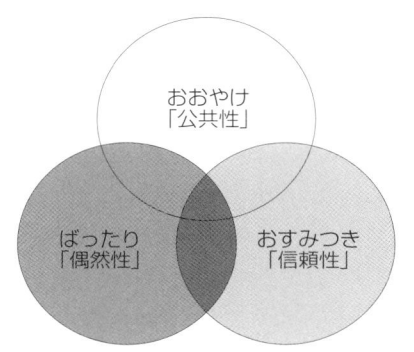

（ベン図：「おおやけ『公共性』」「ばったり『偶然性』」「おすみつき『信頼性』」）

出典：本田哲也（2009）『戦略PR』アスキー出版、p.65

そのため、広告を見てその商品が気になっても、それがすぐに購買行動に結びつく状況ではなくなった。そういった、情報過多な日本の社会においても、MPRは生活者を消費行動に導く有効な手段になる。

PRプランナーの本田氏は、その著書『戦略PR』において、「どうもそれはいいらしい」という世の中の空気、「人々が暗黙のうちに共有する情報の集合体」を「カジュアル世論」と呼び、それを形成することができるかどうかがプロモーション活動の成否のカギになるという（本田, 2009: 29）。

本田氏の著書に沿って説明すると「カジュアル世論」の果たす役割は、消費者に「気づき」を与えて、「買う理由」を生み出すことだという。「ニーズへの気づき」と「買うべき理由」を与えなければ、成熟した消費者はなかなか購買行動に至らない。「ピロリ菌」を例にとると、ピロリ菌の存在とそれが胃にどんな悪影響をもたらすかを、新聞やテレビ、識者のコメントなどのパブリシティ活動で、それをあらかじめ社会の共通認識にしておく。そういった世の中の空気をつくっておいて、ピロリ菌に効く「LG21乳酸菌入りヨーグルト」を宣伝すれば、価格に関係なく商品は瞬く間に売れるというわけである。

そして、「カジュアル世論」をつくる要素として、以下の3つが必要であ

る（本田, 2009: 62-65）。①「おおやけ」：エコ、社会貢献、健康など、商品そのものの便益よりもその背後にある「公共性」への関心、②「ばったり」：身近で複数の経路からのクチコミ、「貴重な出会いの演出」、③「おすみつき」：その道の専門家、学識経験者、アーティスト、皇室御用達など。「公共性」、「偶然性」、「信頼性」の3つが合わされて「カジュアル世論」が形成されるという。

■戦略PRのためのチャネル設計と施策

　まず、商品に公共性や社会性のあるテーマを付加し、それを報道などの公共的なチャネルを巻き込んで消費者に伝えていく必要がある。そのためには、メディア特性を熟知した上で、自分たちが発信してほしいメディアにとって「価値ある情報」でなければならない。手順としては、「メディアを探す」→「提供する情報をまとめる」→「メディアに声をかけて（会見やプレスリリースなど）情報を提供する」というものである。そして、参加してくれたメディアのリストを作成する。

　メディアを巻き込み記事にしてもらうためには次のような施策がある（本田, 2009: 114-117）。①「プレスリリース」：商品情報や各種資料など、企業が発信したいことをまとめ、メディアに配信するもの、②「ファクトシート」：プレスリリースを進化させたもの。世の中のトレンドや話題の事象などを切り口としてまとめたもの、③「メディアセミナー」：マスコミ関係者を集めて行われるセミナー。最新情報や研究結果などの発表、④「パブリシティ調査・研究」：消費者アンケート調査や専門家と組んだ実験など、ゼロから情報を生み出す、⑤「メディアツアー」：メディア関係者を現場に連れて行き取材してもらう。これらのPR施策を訴求する商品特性やターゲット特性によって組み合わせたり使い分けたりするのである。

(1) インフルエンサーの活用

　アメリカでは、人々の信頼という点では、クチコミがテレビCMに勝る

図表 3-25 インフルエンサーの種類

カテゴリー	インフルエンサー	影響力のチャネル	一般的な呼び名
公的権威のある地位にある人	・政治・政府指導者や関係者 ・ビジネスリーダー	・法や規制 ・意思決定権限、決裁権限、トップダウンの指示	・オピニオンリーダー ・意思決定者 ・経営幹部
対象分野に関する専門機関認知されている専門家または支持者	・学術研究者／科学者 ・業界アナリスト ・NGOリーダー ・消費者運動家	・学術誌 ・従来のメディア ・新しいメディア ・ソーシャルメディア	・専門家 ・メイブン* ・アナリスト ・評論家
メディアエリート	・ジャーナリスト ・コメンテーター ・トークショー司会者	・従来のメディア ・新しいメディア ・ソーシャルメディア	・テレビ出演者 ・コラムニスト
文化的エリート	・セレブリティ ・デザイナー ・アーティスト ・ミュージシャン	・従来のメディア ・新しいメディア ・新しいスタイルや商品提案 ・ソーシャルメディア	・トレンドセッター ・ファッショニスタ ・テイストメーカー ・クリエイター ・スターター
社会的に広いネットワークを持つ人	・地域社会のリーダー ・コミュニティ団体のメンバー ・オンラインネットワーカー ・ビジネスネットワーカー	・個人的な人間関係 ・Eメールリスト ・社会的なパーティ ・SNS ・ソーシャルメディア	・メイブン ・スターター ・コネクター ・スプレッダー ・ハブ・アルファ

出典：本田哲也（2009）『戦略PR』アスキー出版、pp.132-133
＊識者、その道の権威のこと

という調査結果がある。そこで、信頼性を獲得するためには「クチコミ」を活用する必要があり、そのためには、「インフルエンサー」の活用が不可欠である。インフルエンサーとは、ブログ、SNS、コミュニティ・サイトなどの中で、他の生活者に対して大きな影響力を持つ人を指す。それをまとめたものが図表3-25である（本田，2009：132-133）。

　マスメディアによる情報の拡散、インフルエンサーをうまく活用したクチコミなどによる信頼性の獲得など、製品の発売やブランドの発表の前に、生

図表 3-26　パナソニック電池「エボルタ」の挑戦

出典：パナソニック「エボルタ」オフィシャルホームページ

活者がそれを「受け入れる空気」をつくっておく必要がある。広告が効き、そのまま購買行動につながる時代には、PRは商品やブランドの告知手法のひとつにすぎなかったが、いまや購買行動を起こさせる意味づけのために欠かせないものになっている。PRは生活者発想に立ったコミュニケーション戦略を考える上で重要性を増している。

(2) パブリシティ展開例：パナソニック電池「エボルタ」

　パナソニックは、乾電池＆充電式電池の長もち性能の高さを印象づけるため、ロボットの「エボルタ」をグランドキャニオン登頂、ルマン24時間耐久走行、東海道五十三次走破、ハワイ島230キロトライアスロンなどに実際にチャレンジさせ、そのニュースをコミュニケーション戦略の核としてキャンペーンを展開している。小さなロボットの挑戦がマスメディアを感動させ、高い関心事としてその事実が発信される。時系列の展開としては、①「エボルタ」電池の新製品発表会およびキャンペーンの発表会、②Webサイトで告知、③ロボットによる挑戦→成功、④記事、ニュースとしてメディアに露出、⑤販売店にて商品展示とロボットのお披露目、⑥店頭ツールとしてロボ

ットを使用、⑦テレビCM放映、⑧エボルタ・オフィシャルサイトでのチャレンジ映像の公開。このように、PRを核とした立体的な展開で、話題を喚起し商品のブランド形成に成功している。

3.4. コミュニケーション戦略の変遷
──「メディアミックス」から「クロスメディア」へ

　広告計画を立てる際に、ターゲットに広告メッセージがもっとも効率よく訴求するように媒体を組み合せることを「メディアミックス」という。それぞれのメディア特性やターゲットのメディア接触の特徴を考慮し、メディアをさまざまに組み合わせ、他のマーケティング活動との関連において立案される。新聞、テレビ、雑誌、ラジオ、OOHなどのマスメディアを中心に利用し、広く多くの人に効率よく訴求する戦略を立案する。これは、生活者がひとつのかたまり（マス）である時代は、非常に高い訴求効果があった。

　「メディアミックス」の一般的な手法としては、ビジュアルとキャッチフレーズなど、広告表現を統一し、①テレビCMを広告展開の中心においてオールターゲットに広く告知、②新聞広告によって内容を理解させ、③メインターゲットには雑誌広告によって興味を喚起し、④交通広告、屋外看板でさらにリーチを稼ぐ、という方法をとる。そして、それぞれの媒体をほぼ同時期に大量に露出させ、話題づくりをする。

　インターネット登場以来、メディアの構造が大きく変わった。そして、世の中に情報が氾濫し、また生活者のメディア接触も多様化していった。もはや従来のメディアミックスの手法では、広告もその他多くの情報と同じように届きにくくなり、届いても感知されない状況になった。そこで出てきた考え方が「クロスメディア」の考え方である。従来のマスメディアとインターネット（パソコンやモバイルなど）、さらに他の表現手法を立体的に組み合わせて、メディア相互の関係や情報の流れ方を計算してコミュニケーションを組み立てる戦略である。「クロスメディア」では、メディアミックスのようにマスメディアを広告展開の中心に据えるという発想をせず、想定ターゲッ

トの生活サイクルの中でもっとも接触機会の多いメディアをメインの媒体とする。そういった考え方を「メディアニュートラル」という。表現もメディアごとに最適なものをつくり、それぞれを組み合わせる。それが掛け算的に機能し、効果の最大化を図るというものである。

「クロスメディア」の展開としては、たとえば次のようなものになる。①テレビCMをオンエアし、オールターゲットに広く告知する、②その中で、CMの続きが自社サイトで見られることも同時に告知し、自社サイトにターゲット顧客を誘引する。キャンペーンにまつわるさまざまな情報やプレゼント情報を盛り込む。③サイト内に用意されたツールで自分専用の映像などを作成させ、友人へのシェアを狙う。知り合いからの情報ということでの信用度アップを図る。④新聞広告や交通媒体は、その特性によって内容を変え、使用したメディアが相互に機能するように設計し、リーチと好意度アップ、商品理解など広告効果の最大化を図る。

■コンタクト・ポイント

スコット・M・デイビスとマイケル・ダンは、『ブランド価値を高めるコンタクト・ポイント戦略』の中で、生活者と企業・商品などのブランドが接触するすべての接点をコンタクト・ポイントと定義した。それは、「購買前体験」、「購買体験」、「購買後体験」の各段階における顧客との接触体験からなる。

そして彼らは、コンタクト・ポイントを「購買前コンタクト・ポイント」、「購買時コンタクト・ポイント」、「購買後コンタクト・ポイント」、購買を体験した人のクチコミなどの「影響コンタクト・ポイント」の4つに分類した（デイビス＆ダン, 2002＝2004: 53-54）。各接点の特徴を把握し、一貫性のあるブランド訴求をすることで効率的かつ効果的なコミュニケーションが実現でき、また企業や商品のロイヤルティを高めることができる。

購買前体験としてのテレビや新聞、Web、チラシなどの広告はもちろん、購買時の販売員の接客態度、店頭の陳列、購買後のアフターケアや請求、も

第3章　メディアとコミュニケーション戦略──●121

図表3-27　コンタクト・ポイントの輪

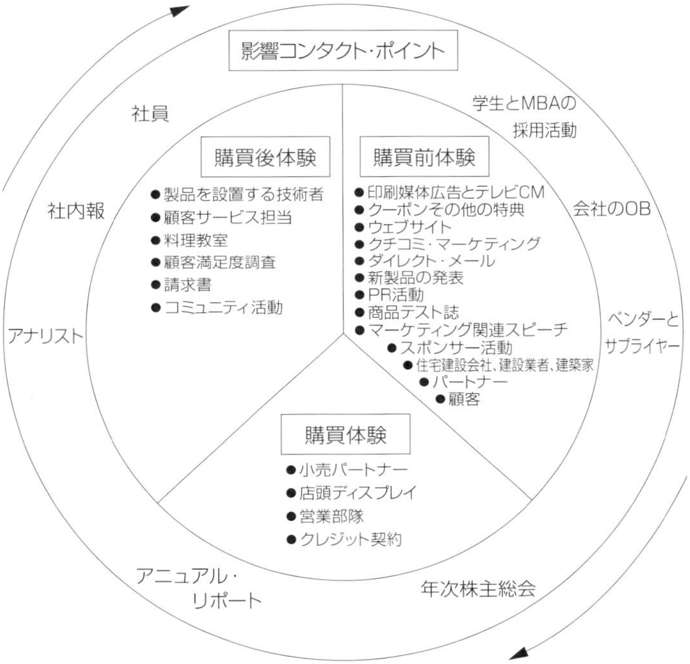

```
                    影響コンタクト・ポイント
        社員                    学生とMBAの
                                採用活動
    社内報    ┌購買後体験┐┌購買前体験┐
              ●製品を設置する技術者  ●印刷媒体広告とテレビCM
              ●顧客サービス担当      ●クーポンその他の特典      会社のOB
              ●料理教室              ●ウェブサイト
              ●顧客満足度調査        ●クチコミ・マーケティング
    アナリスト ●請求書                ●ダイレクト・メール
              ●コミュニティ活動      ●新製品の発表
                                    ●PR活動
                                    ●商品テスト誌            ベンダーと
                                    ●マーケティング関連スピーチ サプライヤー
                                      ●スポンサー活動
                                        ●住宅建設会社、建設業者、建築家
                                          ●パートナー
                                            ●顧客
                      ┌購買体験┐
                      ●小売パートナー
                      ●店頭ディスプレイ
                      ●営業部隊
                      ●クレジット契約

    アニュアル・              年次株主総会
    レポート
```

出典：デイビス＆ダン（2004）『ブランド価値を高めるコンタクト・ポイント戦略』ダイヤモンド社、p.54
　　　を筆者修正

ちろん製品の品質、コールセンター、さらには顧客や関係者のクチコミなど、ブランドコミュニケーションに関わるすべての領域の経験が含まれる（図表3-27）。

■クロスメディアによるコミュニケーション展開例

「グリコ　アイスの実」

　AKB48の新たに加入した新人「江口愛実」をCMの主役として登場させ、ファンをアッといわせた。後に、それは、メンバー6人の顔のパーツをCG合成して作ったキャラクターであることを発表し、もう一度人々を驚かせ、

図表3-28 クロスメディア展開の例「江口愛実」

出典：江崎グリコ(株)「アイスの実」ホームページ

話題を喚起した。そして「江口愛実」は誰のパーツであるか、Web上でクイズを実施。同時に「AKB48推し面メーカー〜あなたがつくるデジタルAKB48〜」という遊びのソフトを展開し、みんなが作ったAKB48の顔のパーツで合成した顔を応募させ、AKBのオリジナル壁紙やスクリーンセーバープレゼントを行った。応募作品の中から選ばれた優秀作は殿堂入りという栄誉が与えられた。広告とWeb上での遊び、そしてプレゼントを立体的に組み合わせたクロスメディア展開で話題を呼んだ。

■コミュニケーションデザインの考え方

　広告が生活者になかなか届かない広告受難時代には、友人や信頼できる人が、情報を媒介する強力なメディアとなっている。生活者が情報に触れた時に次にどのような行動をとるかを分析し、その波及効果や相互作用を考え、前述した3つのメディア（ペイドメディア、オウンドメディア、アーンドメディア）を有機的に結びつけるコミュニケーション戦略が必要である。そして、同時に生活者は、「ターゲット」ではなく「パートナー」であるという考え方に立ち、情報をともに広げる施策の立案・実施が求められる。

　また、生活者が商品やサービスと出会う状況に合わせてストーリーを組み立て、それに適した施策を配置することが重要である。その場合のコミュニ

図表3-29 コミュニケーションデザイン

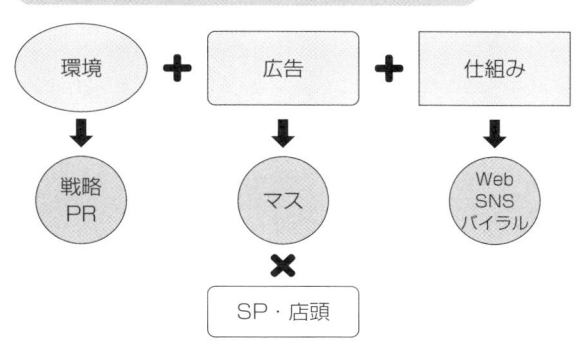

```
環境     ＋   広告    ＋   仕組み
 ↓            ↓            ↓
戦略          マス         Web
PR                        SNS
              ×           バイラル
           SP・店頭
```

出典：岸勇希（2008）『コミュニケーションをデザインするための本』電通、p.117

ケーション施策は、マス広告、SPやPR、WebやSNSによるバイラル効果など、あらゆるコミュニケーション手法がその展開の対象となる。それぞれの施策が、生活者に届けたいメッセージ、つまりコミュニケーションの到達点に向かって有機的に機能するように配置されなければならない。そういった考え方を「コミュニケーションデザイン」という。生活者の行動を予測し、メディアと「接触させ」、生活者を「惹きつけ」、「共感させ」、「関与させ」るようにデザインされていなければならない。広く露出するだけでなく「エンゲイジメント（Engagement）」[*8]へ、すなわち生活者との間に関係性を構築することもその役割として設計される必要がある。

そして、溢れる情報の中で、人を惹きつけるためには広告クリエイティブやWebでの表現や仕掛けなどが重要な要素となってくる。コミュニケーションデザインにおいては、メディア戦略と連動したコンテンツ自体のおもしろさがキーポイントであり、それによってみんなに伝えたいという増幅効果が生まれる。コミュニケーションデザインとは、メディアやあらゆる手法、表現するコンテンツとの相乗効果によって、コミュニケーションを最大化させる戦略でもある。

図表 3-30　メディアスパイラル：
「生活者のメディア接触行動における 4 つの分類」

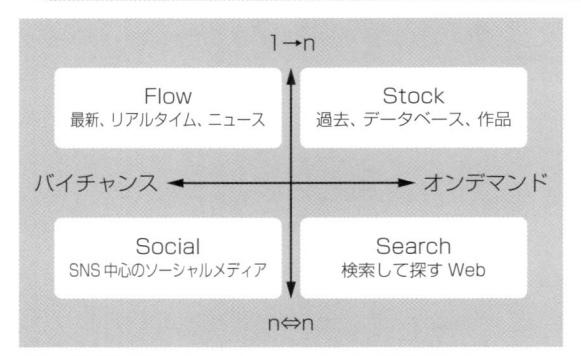

```
                    1→n
    ┌─────────────────┬─────────────────┐
    │      Flow       │     Stock       │
    │ 最新、リアルタイム、ニュース │ 過去、データベース、作品 │
    ├─────────────────┼─────────────────┤
 バイチャンス ←──────────────┼──────────────→ オンデマンド
    │                 │                 │
    │     Social      │    Search       │
    │ SNS中心のソーシャルメディア │ 検索して探すWeb │
    └─────────────────┴─────────────────┘
                    n⇔n
```

出典：博報堂 DY メディアパートナーズメディア環境研究所
http://www.media-kankyo.jp/wordpress/wp-content/uploads/HDYnews111124.pdf

■メディアスパイラルという考え方

　博報堂 DY メディアパートナーズのメディア環境研究所は、「コンテンツの送り手と受け手の関係」と「コンテンツの取得機会」の 2 つの視点から「フロー」、「ストック」、「サーチ」、「ソーシャル」の 4 つに分類し、「メディアスパイラル」という概念モデルを提唱した。

　ひとつは、コンテンツの送り手が 1 対多のメディアか、多対多かという軸、もうひとつは、偶然リアルタイムに出会うコンテンツか、要求に応じて取りに行くオンデマンド型かという軸での 4 分類である（図表 3-30）。

　生活者は、「フロー×ストック」、「フロー×サーチ」、「フロー×ソーシャル」、「ストック×サーチ」、「ストック×ソーシャル」、「ソーシャル×サーチ」という 6 通りのメディアの組み合せで情報を得たり、発信したりしていることになる。たとえば、「フロー」と「ストック」のメディアを行き来しながら、フェイスブックなどの「ソーシャル」で評判を聞き、Web で「サーチ」するというようなメディア接触行動である。

　こういった生活者のメディアあるいはコンテンツの接触行動をふまえ、立体的なコミュニケーションデザインをすることがますます重要になってき

いる。

<注>
*1 P. Kotler & K. Keller (2006), *Marketing Management,* 12ed., Peason Education International（コトラー＆ケラー（2008）の原著）において、"Advertising is any paid form of nonpersonal presentation and promotion of ideas, goods, or services by an identified sponsor." の定義がなされている（p.526）。
*2 Edmund Jerome McCarthy（1928年－）は、アメリカのマーケティング学者。ミシガン州立大学、ノートルダム大学教授を務めた。
*3 DAGMARモデルに関しては、石崎ほか（2012）『わかりやすい広告論［第2版］』（p.156）、嶋村（2008）『新しい広告』（p.185）に詳しい。
*4 インターネット広告の代理店。媒体社と広告会社の間で広告枠の販売をするインターネット広告の卸売り問屋的な存在。
*5 テレビ朝日系で放送されている『お願いランキング』などは、番組すべてが企業の製品を紹介するものであり、開発者や広報まで登場する。
*6 iTVX社の社長Frank Zazza氏は、プロダクト・プレイスメントの元祖といわれる映画『E.T.』の中で女の子が、E.T.にリース社のチョコレート「リーセス・ピーセス」をあげるシーンをプロデュースした。
*7 ネスレコンフェクショナリー（当時）代表取締役社長の高岡浩三氏の基調講演より（2008年）。
*8 マスメディアによる広告の信頼性が低下し、消費者にとっては商品を購買するための決定要因が減少している。企業スポンサーにとっても広告投資効果が低減する中、リーチだけでは得られない"きずな"とも呼ぶべき良質で深い関係を顧客と構築するアプローチがプロモーション戦略では重要になっている。

第 4 章　テレビ視聴と番組価値

4.1.　テレビの環境変化と意識

　地上波放送は、2011 年 7 月 24 日にデジタル放送に移行し、BS、CS 放送も地上波と共用で視聴可能になった。「nottv（ノッティービー）」などスマートフォン向け放送も開始された。さらにスマートテレビの登場で、テレビ画面上でテレビ放送とインターネットによる情報やアプリなど複数のコンテンツが手軽に視聴できるようになった。現代の生活者の周りには、既存メディアだけでなくスマートフォンなど新規メディアも存在し、それらから発信さ

図表 4-1　性・年代層別・個人 1 日あたりの平均視聴時間（2010 年/関東地区/6〜24 時）

層	年齢・性別	視聴時間
	個人全体	4 時間 8 分
C	4〜12 歳　男・女	2 時間 36 分
T	13〜19 歳　男・女	2 時間 37 分
M1	20〜34 歳　男	2 時間 1 分
F1	20〜34 歳　女	2 時間 51 分
M2	35〜49 歳　男	2 時間 54 分
F2	35〜49 歳　女	4 時間 26 分
M3	50 歳以上　男	5 時間 23 分
F3	50 歳以上　女	6 時間 5 分

出典：電通総研編『情報メディア白書 2012』ダイヤモンド社、p.130 に筆者加筆

れるコンテンツによる可処分時間の奪い合いが起こっている。

「情報メディア白書 2012」によると、全世代・男女の 1 日あたりの平均視聴時間は、4 時間 8 分と前年より 1 分の低下にとどまるが、T 層（13～19 歳男・女）は 2 時間 37 分、M1 層（20～34 歳・男）は 2 時間 1 分、F1 層（20～34 歳・女）は 2 時間 51 分と若年層は短い（図表 4-1）。しかし、M3 層（50 歳以上・男）は 5 時間 23 分、F3 層（50 歳以上・女）は 6 時間 5 分と、年齢が上がるにつれて、テレビ視聴時間が増える傾向にある[*1]。

スマートフォンの急速な普及、若年層のテレビへのマインドシェアの低下やマルチウインドウでの同時視聴など、テレビ視聴の大きな変容がいわれる。テレビ番組は、番組内容がどれほど見られているのであろうか。実際はどのような態度で見られているのであろうか。視聴率という数の論理での指標がテレビのビジネスのほとんどすべてを支配している中、番組の質やターゲットなど番組の中身への評価に対する価値指標が必要な時代になってきている。

4.2. テレビを見るとはどういうことか

「メディアの受け手」研究の中から「テレビを見るとはどういうことか」についての研究者たちの言説をピックアップし、それに基づきまとめてみたい。

D・マクエールは、「テレビは家族集団状況の中で見られることが多く、家族の相互作用のパターンに密接に統合されている」とし、社会的効用として「メディアは、会話、トピック、例示のための共通の土俵を与えてくれる。すなわち意見を引っ掛けるための釘を提供してくれる」と記述する（マクエール，1979＝1985: 187）。テレビは家庭という場でのコミュニケーションを提示するものであるという。

D・モーレイの「ネーションワイド・オーディエンス（"Nationwide Audience"）」（1980）は、当時人気の時事番組『ネーションワイド』をめぐるオーディエンスの多様な解釈を実証的に検証し[*2]、I・アング（1985）は、アメリカのソープオペラ『ダラス』の受け手分析において、オーディエンスはそれぞれ能動的に自分の個性に合った意味解釈をしていることを見出した[*3]。こ

れらの研究によりテレビ視聴体験は、オーディエンスの能動的関与によって成立することが確認された。

J・フィスクは、著書『テレビジョン・カルチャー』(1987＝1996) の中で「視聴者一人ひとりと番組との相互作用が、番組が秘めたさまざまな意味作用と喜びを生み出すとき、番組は読解という要素を通してテクストになる。つまり、ひとつの番組は、その受容の際の社会的諸条件に従いながら、多くの異なるテクストの産出を可能にする」(フィスク，1987＝1996：98-99) という。すなわち、番組を作品として完成させ、意味を確定するのは、最終的には視聴者によってであると主張する。

小林は、テレビ視聴を「テレビを見るという体験は、個々ばらばらの出来事の断続ではなく、テレビ視聴が展開される状況やコンテクストのもとでの連続した流れ」(小林・毛利，2003：40) と捉え、テレビを見る行為を生活環境の中での一連の流れ（フロー）とした。

田中・小川は、『テレビと日本人』(2005) において、NHK が 2002 年に実施した「テレビ 50 年調査」をもとに、「現代的なテレビの見方」として「感情と直結した見方」、「生活環境に溶け込んでいくような見方」、「番組を深読みするような見方」、「断片化した非連続的な見方」、「番組の出演者などと一体化したような見方」という 5 つの特徴を調査・分析により見出している (田中・小川，2005：142)。

研究者たちによる"テレビを見る"という行為に関する諸説を総括すると、次のようにいえるだろう。①テレビ視聴は、家族とのコミュニケーションなど、生活の中で展開される家庭内生活行動の一部である。②テレビ視聴に、生活環境を構成する他のさまざまなイメージや音と、交互にミックスして成立するものである。③テレビ視聴は、視聴行動が展開される状況やコンテクストのもとでの、連続した流れ (flow) である。④テレビとオーディエンスとの間には、視聴の熟練によるインタラクティブ性が生まれる。⑤オーディエンスは、テレビからの情報を能動的に意味生成している。

現在のテレビ視聴は、テクノロジーの進化や情報を受けるデバイスの多様

化、それを受けるオーディエンスを取り巻く環境変化などが重層的に絡み合って成立している。そういった生活者のメディアスケイプを理解して読み解くことが重要になっている。

4.3. テレビ番組の新しい価値基準の提案 ——視聴率とQレイトを利用したマネジメント[*4]

　テレビの見られ方は、パソコン、携帯電話、スマートフォンなどを操作しながらのメディアどうしの「チラ見視聴」や「確認視聴」、もしくはただつけておく「環境ビデオ型視聴」など、大きく変化している。そういった、メディアの変化やデバイスの多様化に伴うテレビ視聴環境の変化の中で、テレビ業界は依然として「視聴率」という視聴世帯数で番組の価値を決め、番組セールスやスポットCMの価格の基準としている。しかし、テレビを見ていた（テレビをつけていた）世帯や個人を量的に示す「視聴率」だけでテレビ番組の評価判断をすることは、もはや十分ではないだろう。

　そこで、筆者は「視聴率」と合わせて番組の質的評価である「Qレイト」という好意度を示す尺度を用いることで、テレビ番組の新たな価値基準の提案を行った。また、「視聴率」と「Qレイト」の2つの指標の関係を追うことで番組がヒットし、終焉を迎えるまでの動きに法則性が認められたのでそれを提示した。まずは、ここで書かれることの基本知識として番組の視聴世帯（視聴者）数の尺度である「視聴率」と、番組の好意度指標である「Qレイト」について説明し、その後「プログラム価値マップ」の提示と「番組における3つの法則」について記述する。

■テレビ視聴率

　よく耳にする言葉であるが、意外とその実態が知られていないのが視聴率である。視聴率とは、「テレビ番組やCMがどれくらいの世帯や人々に見られているのか」という視聴量を示す尺度である。これには、「世帯視聴率」と「個人視聴率」がある。東京キー局の場合、関東地区1,772万5,000世帯が視

図表4-2 関東エリア（1都6県）内 世帯数・区分別人口
（ビデオリサーチ「2010年度調査エリア内推定世帯数および人口」）

		サンプル	関東地区（人）	構成割合（%）	1%あたり（人）
	世帯	600世帯	1,772.5万		17.7万
男女4歳〜	個人全体	1,591人	4,066.1万		40.7万
男女4〜12歳	C	158人	323.7万	8.0	3.2万
男女13〜19歳	T	107人	267.2万	6.6	2.7万
男20〜34歳	M1	144人	407万	10.0	4.1万
男35〜49歳	M2	193人	493万	12.1	4.9万
男50歳〜	M3	308人	819.9万	20.2	8.2万
女20〜34歳	F1	140人	376.5万	9.3	3.8万
女35〜49歳	F2	194人	463.8万	11.4	4.6万
女50歳〜	F3	347人	915万	22.5	9.2万

出典：日本テレビ編成局マーケティング部編『NTVレイティングファイル2011』、p.21
＊割合は小数点以下四捨五入

聴可能世帯として対象になる[*5]。関東圏の視聴可能世帯を表したのが図表4-2である。若年層に比べM3（男50歳〜）、F3（女50歳〜）という高齢者数が圧倒的に多いことがわかる。

　関東地区の視聴可能世帯数は約1,772万5,000世帯なので、世帯視聴率1％は、関東地区の約17万7,000世帯が見ていたことになる。個人視聴率でT層（男女13〜19歳）を見てみると、約267万人が視聴可能人数なので、T層の個人視聴率1％は、約2万7,000人ということになる。

　放送業界では、①6〜24時＝全日、②19〜23時＝プライム、③19〜22時＝ゴールデンと区分し、①〜③ですべての視聴率がトップであれば、三冠王という。週間、月間、年間、年度での三冠王やそれぞれの時間帯でのトップを競う。三冠王の局は、朝から晩まで全体の視聴率が高いことにより、テレビCMの取引の指標であるGRP（延べ視聴率・Gross Rating Points）が高くな

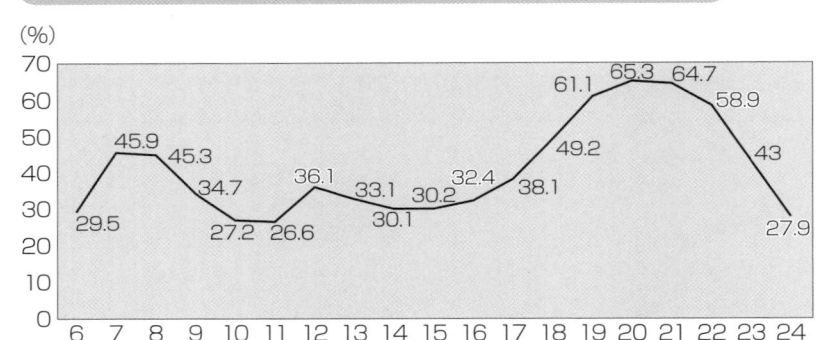

図表 4-3　時間帯別総世帯視聴率（2010／関東地区／年間平均）

(%)
- 6時: 29.5
- 7時: 45.9
- 8時: 45.3
- 9時: 34.7
- 10時: 27.2
- 11時: 26.6
- 12時: 36.1
- 13時: 33.1
- 14時: 30.2
- 15時: 30.1
- 16時: 32.4
- 17時: 38.1
- 18時: 49.2
- 19時: 61.1
- 20時: 65.3
- 21時: 64.7
- 22時: 58.9
- 23時: 43
- 24時: 27.9

出典：電通総研編『情報メディア白書2012』ダイヤモンド社、p.131

り、それにより営業収入も多くなる。視聴率の高い局は、リーチ（広告の到達率）を多く稼げるテレビ局として、広告代理店による提供やスポットCMの引き合いも多くなる。したがって、民放各局は必然的に視聴率至上主義になり、1％でも視聴率を稼げる番組を日々生み出すことに邁進する。それは、民放局が広告収入による放送であるがゆえの宿命でもあるが、一方では番組の質に関する論議が常に起こる原因になっていることも事実である。

　図表4-3は、2010年の時間帯別の総世帯視聴率（Households Using Television・テレビをつけていた世帯の合計）の推移である。朝7時〜8時に1つの山がある。ゴールデンタイムの総世帯視聴率はおよそ65％あり、一日のうちで最も高いことがわかる。

■Qレイト（Quality Rate）

　視聴率という量的な指標に対して、視聴質という概念がある[6]。「Qレイト」[7]は、番組好意度の指標であり、視聴質の中の「視聴態度の質」を表すものである。非常に好きで「積極視聴」している1％と「ながら視聴」や「つけているだけ」の1％は「視聴率」という点では同じであるが、その視聴の質は当然異なる。

Qレイトは、番組の視聴経験者の中で「まあ好き」および「非常に好き」と答えた人の割合を数値化したものである。地上波テレビの番組の場合、番組選択には金銭的リスクがないことから、有料放送と異なりQレイトの値が甘めに出る可能性がある。したがって、好意度評価がより明確な「トップボックス（非常に好き）」の数値を採用する場合が多く、以下の式で表わされる。また、Qレイトにも視聴率と同様の年代層による区分がある。

$$Q レイト = \frac{\text{"非常に好き"と答えた人}}{\text{視聴経験者数}} \times 100$$

■テレビ番組のポジションを決める「プログラム価値マップ」

　量の尺度である「視聴率」と質の尺度である「Qレイト」の2つの指標から、テレビ番組の価値を評価するための2次元マップを作成し、それを「プログラム価値マップ」と命名した（図表4-4）。テレビ業界で使用されている2つの指標を組み合わせて、質と量の価値を同時に評価しようとしたものである。テレビに携わるものの操作性と汎用性を考えて、その2つの指標を採用した。「プログラム価値マップ」の4つの象限には、その時点での番組価値がプロットされている。検証のために用いた視聴データは、2007年5月の各局のプライムタイム（19～23時）の全バラエティ番組、91番組の世帯視聴率とQレイトのデータである。全体の平均値は、全番組について、2007年時点の視聴率とQレイトの平均値（各11.5%と16.4%）を採用している。

　第1象限にある番組は、Qレイトも世帯視聴率も平均以上の番組である。第2象限は、Qレイトが平均以上だが、世帯視聴率は平均以下の番組である。第3象限は、どちらも平均以下のもので、第4象限はQレイトが平均以下だが、世帯視聴率は平均値を上回っている番組を表している。2007年5月調査時点で、第1象限のものは、全91番組中で31番組、第2象限が11番組、第3象限が32番組、第4象限が17番組であった。4つの象限のそれぞれに、内容を想起させる名前をつけた。「高視聴率・高Qレイト」の番組（第1象限）は人気も実力もあることから「花形スター」と命名した。第2象限

図表4-4 「プログラム価値マップ」（2007年の全バラエティ番組）

Qレイト16.4%　視聴率11.5%（ともに平均値）

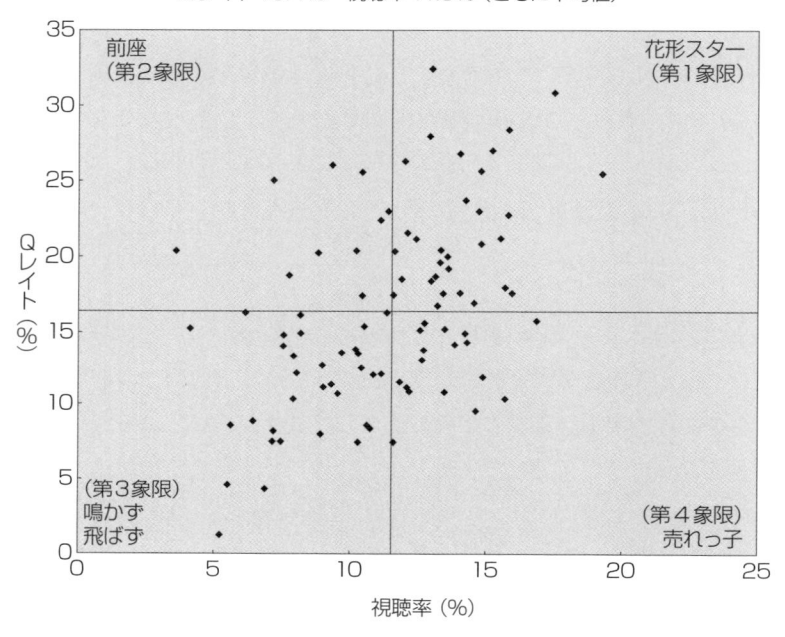

（散布図：横軸 視聴率(%)、縦軸 Qレイト(%)。第1象限「花形スター」、第2象限「前座」、第3象限「鳴かず飛ばず」、第4象限「売れっ子」）

に布置している「低視聴率・高Qレイト」の番組は「前座」、人気が出る前の落語家に対してふつう用いられる言葉である。第3象限の「低視聴率・低Qレイト」の番組には「鳴かず飛ばず」という名称にし、ヒット曲がでない売れない歌手を想起させるネーミングとした。第4象限は、「高視聴率・低Qレイト」の番組であるが、演技や歌の内容にかかわらずとにかくお呼びが掛かるという意味で「売れっ子」と命名した。図表4-5は、調査時にそれぞれの象限にあった番組一覧である。

■「プログラム価値マップ」で見る、いい番組とは

　従来の番組評価の考え方に従えば、Qレイトが高かろうが低かろうが、世帯視聴率が同じであれば番組は同等の価値として評価されてきた。しかし、

図表 4-5　各象限の番組一覧（2007年時点のプライムタイム全バラエティ番組）

第1象限（Q高／R高）	第2象限（Q高／R低）	第3象限（Q低／R低）	第4象限（Q低／R高）
世界まる見え！テレビ特捜部 踊る！さんま御殿！ ザ！世界仰天ニュース 天才！志村どうぶつ園 ダウンタウンDX ぐるぐるナインティナイン 世界一受けたい授業 エンタの神様 ザ・鉄腕！DASH！ 行列のできる法律相談所 中居正広の 　ブラックバラエティ リンカーン うたばん 世界・ふしぎ発見！ さんまのスーパーからくりTV どうぶつ奇想天外！ ネプリーグ ヘイ！ヘイ！ヘイ！ SMAP×SMAP クイズ！ヘキサゴン2 はねるのトびら 脳内エステIQサプリ めちゃ×2イケてるッ！ 熱血！平成教育学院 ジャンクSPORTS メントレG クイズプレゼンバラエティ 　Qさま！ ミュージックステーション 国分太一・美輪明宏・江原啓之 　のオーラの泉 鶴瓶の家族に乾杯 NHK歌謡コンサート	今田ハウジング！ 世界ウルルン滞在記 　ルネサンス ガイアの夜明け ペット大集合！ポチたま プロフェッショナル 　仕事の流儀 探検ロマン世界遺産 カンブリア宮殿 ダーウィンが来た！ 　生きもの新伝説 まるまるちびまる子ちゃん 水10 ロンドンハーツ	太田光の私が総理大臣になったら…秘書田中 世界バリバリ・バリュー 徳光和夫の感動再会逢いたい Dのゲキジョー・ 　運命のジャッジ 最終警告！たけしの 　本当は怖い家庭の医学 銭形金太郎 旅の香り 笑いの金メダル 主治医が見つかる診療所 元祖！でぶや いい旅・夢気分 TVチャンピオン2 所さんの学校では教えて 　くれないそこんトコロ！ たけしの誰でもピカソ 出没！アド街ック天国 田舎に泊まろう！ ソロモン流 その時歴史が動いた きよしとこの夜 NHKスペシャル クローズアップ現代 奥さまは外国人 美の巨人たち 芸恋リアル 未知の世界を撮りたい映像 　ハンタードリームビジョン ニッポン旅×旅ショー 明石家さんちゃんねる 美味紳助 ドリーム・プレス社 アートエンターテインメント 　迷宮美術館 週刊オリラジ経済白書 ド短期ツメコミ教育豪腕！ 　コーチング！	1億人の大質問!? 　笑ってコラえて！ 世界の果てまでイッテQ！ おしゃれイズム 関口宏の 　東京フレンドパーク2 ぴったんこカン・カン 学校へ行こう！MAX ズバリ言うわよ！ 中居正広の金曜日のスマたちへ ザ・ベストハウス123 奇跡体験！アンビリバボー とんねるずのみなさんの 　おかげでした 幸せって何だっけ・ 　カズカズの宝話 たけしのTVタックル 愛のエプロン いきなり！黄金伝説。 開運！なんでも鑑定団 ためしてガッテン

＊R＝世帯視聴率

番組の評価にあたって、番組好意度（Qレイト）という質的尺度を同時に採用することで、同じ15％でも「好意度の高い」15％と「ながら視聴」の15％では番組の価値の違いが明確になる。たとえば、スポンサー企業がどの番

組に提供しようかと考えた時に、「高視聴率・高Qレイト」(第1象限)の「花形スター」にある番組は、多くの人に見られ、また好意度も高い。したがって、番組としての市場価値は高く、提供番組として多少高くても買っていいといえるだろう。「低視聴率・高Qレイト」(第2象限)の「前座」の番組は、広く人気があるわけではないが、一部の熱狂的なファンがいる番組で「花形スター」になる番組の初期段階でこの位置にある場合も多い。したがって、好意度はあるが視聴率がそれほどではないので、値段も手ごろでスポンサーにとってはお買得な番組であるといえる。また、この位置にある番組は、世代的に若い人たちの支持が多く、一部のファンが支えていることからDVDなどのパッケージにした場合、売れる番組が多いことも示されている[8]。番組のターゲット構成が商品と合致すれば、まさにお買得な番組となる。「低視聴率・低Qレイト」(第3象限)の「鳴かず飛ばず」の番組は、商品とターゲットが合致していれば低料金のため買ってもいいだろう。「高視聴率・低Qレイト」(第4象限)である「売れっ子」の番組は、むやみに買ってはいけない。長寿のヒット番組が、「花形スター」から、Qレイトが低下しこの位置にきていることが多く、番組自体も経年劣化を起こしている場合が多い。番組の視聴構成も年配層が主体のものが多く、視聴率が高い分、提供の値段も割高である。ただし、番組自体のブランドイメージが高いものも多く、古くからの提供スポンサーにとっては、価値のある番組である。

■Qレイトと世帯視聴率の相関

バラエティ番組91番組のそれぞれのQレイトと世帯視聴率は相関している(相関係数が0.474、1%水準で有意)。図表4-4の番組分布を見ても明らかなように、Qレイトが高い番組は、総じて視聴率も高いことがわかる。

次に、バラエティ番組91番組の中から民放4局(NTV、TBS、CX、EX)のロングセラーの13番組[9]を選択し、それぞれの番組の時系列でのQレイトと世帯視聴率が相関するかを検証した[10]。その結果、『世界まる見え!テレビ特捜部』、『伊東家の食卓』、『ヘイ!ヘイ!ヘイ!』、『SMAP×SMAP』な

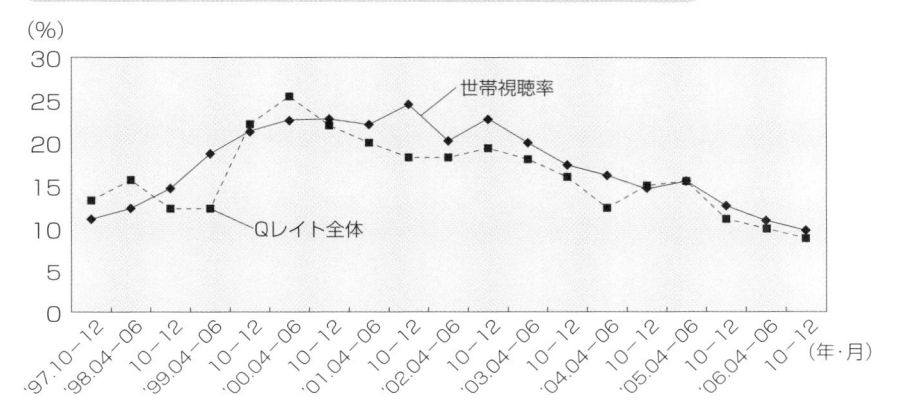

図表 4-6　「伊東家の食卓」Qレイトと世帯視聴率の時系列推移

ど 8 番組に関して、時系列の相関が確認された。すなわち、多くの番組において、Q レイトが高い時期には、視聴率も高いということができる。1997年から 2006 年の『伊東家の食卓』の Q レイトと世帯視聴率の推移を見ても、一目瞭然である（図表 4-6）。

　また、時系列に Q レイトと視聴率の相関を見た場合、同時の相関だけでなく、Q レイトが上がると視聴率が上がる Q レイト先行型の相関と、視聴率が先に上がり Q レイトがそれを追って上がるという視聴率先行型の相関も見られた。詳しくは後述する。

■番組の誕生から衰退・終了まで──番組ライフサイクルの検証

　図表 4-4 で提示した「プログラム価値マップ」には、91 番組の 2007 年 5 月時点のポジションが布置されているが、最初からそのポジションにあったものではない。誕生した時は認知率が低く、「鳴かず飛ばず」であったが、やがて認知率も上がり、番組の改良もうまくいき「花形スター」になったものや、いきなり「売れっ子」で登場し、その後好意度（Q レイト）も上がって花形スターになったもの、またその反対に「鳴かず飛ばず」に落ちて、打ち切りになった番組などさまざまである。そこで、2007 年調査時点での Q

図表 4-7 番組ポジションの推移表（一部）

Qレイト 16.4%　視聴率 11.5%（ともに平均値）

番組名	Qレイト調査期間／世帯視聴率	'97.11月／1997年10月期	'98.05月／1998年04月期	'98.11月／1998年10月期	〜	'06.05月／2006年04月期	'06.11月／2006年10月期	'07.05月／2007年04月期
世界まる見え！テレビ特捜部	Qレイト	25.2	22.5	19.6	〜	17.1	17.7	17.6
	世帯視聴率	21.1	19.6	18.9	〜	13.5	14.5	13.5
	象限	1	1	1	〜	1	1	1
踊る！さんま御殿！	Qレイト	24.3	24.2	21.8	〜	16.1	20.3	19.2
	世帯視聴率	16.5	16.2	18.9	〜	15.6	14.8	13.4
	象限	1	1	1	〜	4	1	1
関口宏の東京フレンドパークⅡ	Qレイト	17.7	22.0	16.4	〜	10.4	11.3	14.3
	世帯視聴率	20.4	17.7	16.1	〜	15.4	16.2	14.8
	象限	1	1	1	〜	4	4	4
学校へ行こう！MAX	Qレイト	23.6	32.2	28.4	〜	12.1	14.9	11.1
	世帯視聴率	9.1	11.5	12.5	〜	13.5	11.2	12.1
	象限	2	1	1	〜	4	3	4
世界・ふしぎ発見！	Qレイト	20.2	13.6	20.6	〜	15.9	20.8	17.6
	世帯視聴率	16.2	13.9	14.4	〜	14.1	13.4	14.0
	象限	1	4	1	〜	4	1	1

　レイトと視聴率の平均値（16.4%、11.5%）を基準として、対象とした91番組の誕生から2007年5月時点までのポジションを4つの象限（セル）にすべて分類してまとめる作業を行った。その結果、番組初回からそのポジションに至るまでの番組価値スコアの軌跡を見ることで番組の一生を把握でき、また番組の成長、衰退などいくつかの法則性が見出せた。番組のポジション推移表の一部が図表4-7である。ビデオリサーチ社のQレイト調査は、半年に1回なので、半年ごとのポジション表示となっている。

■番組推移のパターン分析と3つの法則

　プログラム価値マップ上での番組の推移パターンは、3つに分類された。①花形スターに昇りつめるときの上昇パターン、②花形スターから転落するときのパターン、③番組が終了するときのパターンである。その推移パター

ンから「時計回りの法則」、「ロングセラーの法則」、「番組終了の法則」の3つの法則を導き出した。

(1)「時計回りの法則」(「番組ヒットの法則」)

　第1象限「花形スター」へのルートは、2つである。ひとつは、まず好意度であるQレイトが上がり、後に視聴率が上がるケースである。91番組中21番組がそれにあたる。もうひとつは、視聴率が先に上がり、番組好意度であるQレイトが後に上昇していく場合である。91番組中6〜12番組がそれにあたる。この結果から、ヒット番組になる王道は、第2象限の「前座」経由のルートであることがわかるが、それを分析すると、Qレイトの高い番組は、視聴ロイヤルティが高く、番組に対する強力な支持者が存在している。そのため、やがては周囲にいる他の層を巻き込み、しだいに視聴層の広がりをもたらすことになるのである。

　さらに、第2象限「前座」から上った番組の視聴構成を個人視聴率で見てみると、ほとんどがT、F1、F2層(10代男女、20〜49歳・女)がメインの組み合わせで、若い年齢構成となっている。一方、第4象限「売れっ子」から上った番組は、6番組中T層がトップのものはまったくなく、F2、F3、M3(35歳以上・女、50歳以上・男)がメインの層で年齢構成が高い。クチコミなど他者への影響力を考えると、視聴層の幅を広げる推進力のあるT、F1、F2層の組み合わせが、第1象限「花形スター」に至る推進力になっているとも考えられる。**図表4-8**は、時計回りでヒットした『学校へ行こう！MAX』のポジション推移である。

(2)「ロングセラーの法則」(下りケースの分析)

　第1象限「花形スター」からの下りルートは3つである。Qレイトが下がって第4象限「売れっ子」に移行するケース(10番組)、世帯視聴率が下がって第2象限「前座」に移行するケース(3番組)、Qレイト、世帯視聴率ともに下がって第3象限「鳴かず飛ばず」へ移行するケース(4番組)である。

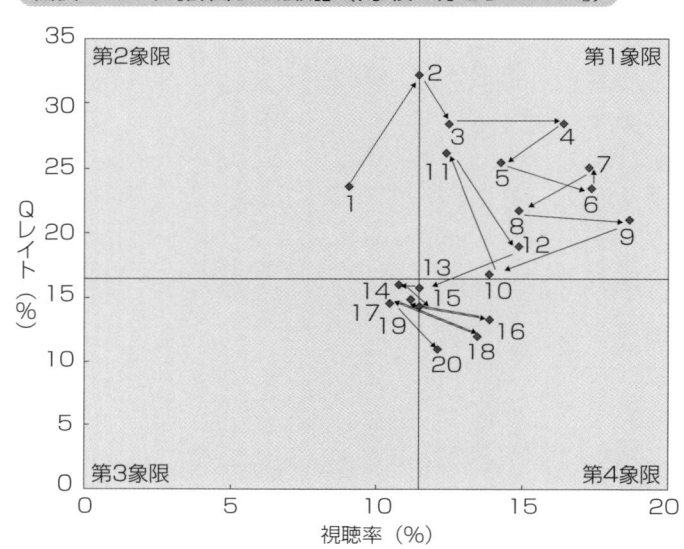

図表 4-8 「時計回りの法則」(『学校へ行こう！MAX』)

[グラフ: 横軸 視聴率(%)、縦軸 Qレイト(%)、第1象限～第4象限に番号1～20のポジション推移をプロット]

＊グラフ内の番号は、スタートから半年ごとのポジション推移を示す。

Qレイトが先に落ちて、その後視聴率が落ちるケースの第4象限ルートが10本と多いのは、「時計回りの法則」と符合する。

第1象限「花形スター」から第4象限「売れっ子」に下ったものは、従来の視聴率だけの観点からいえば、相変わらずヒット番組である。ただし、好意度が下がっているので、「習慣視聴」や「ながら視聴」になっている可能性が高い。視聴者の番組へのロイヤルティは下がったが、平均以上の世帯視聴率を維持しているために見かけ上は依然として人気番組として継続する。

さらに、ロングセラー番組には、第1象限と第4象限を行ったり来たりを繰り返す（「1-4-1」の経路）番組が多い。図表4-9の『東京フレンドパーク』や『踊る！さんま御殿！』、『うたばん』など、91番組中19番組でこの繰り返しが見られる。第1象限から第4象限に落ちたら、番組の出演者やコーナーなど番組のテコ入れを行い、番組の好意度を回復して、もう一度第1象限に上げることがロングセラー番組の鉄則であることがわかる。

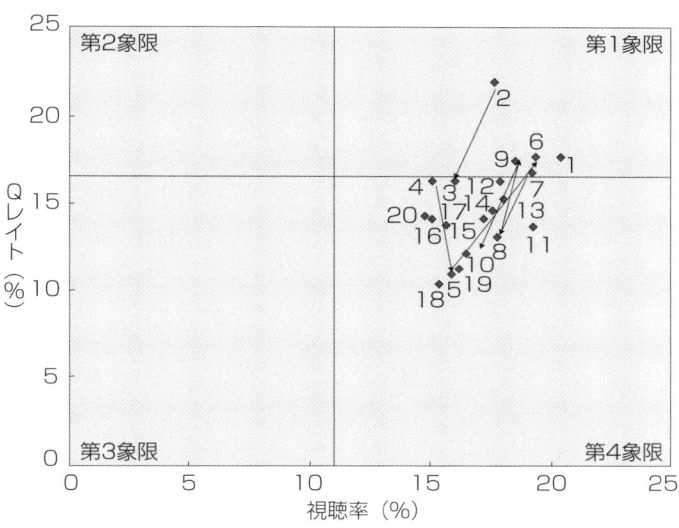

第4章 テレビ視聴と番組価値 ●131

図表4-9 ロングセラーの法則（『東京フレンドパーク』）

*グラフ内の番号は、スタートから半年ごとのポジション推移を示す。

(3)「番組終了の法則」

　ビッグヒット番組で、すでに終了した6番組をピックアップし、番組終了までの4回分を調査（約1年半～2年）したが、6本中5本が第3象限「鳴かず飛ばず」で終了している（例外の1本は、制作時の事故のため打切り）。さらにその後、終了した4番組についても調査したが、いずれも第3象限で終了している。ポジション推移を見て解ることは、まず番組の好意度（Qレイト）が下がり、その後視聴率が減少し、番組は終了することである。Qレイトが落ち始めたら、番組は経年劣化を起こしている。リニューアルによる延命措置が必要である。

■プログラム価値マップの有用性と番組価値への提言

　「プログラム価値マップ」によって、番組の盛衰が見えるようになる。今ある番組のポジションがその先どうなるのかが予測できるため、番組の手直

し、打切りなどの早期警報装置として有効に活用できる。また、クライアント企業にしてみれば、現在あるポジションの番組がお買得なのか、見かけだけなのか判別でき、効率的な宣伝予算の運用ができるだろう。

　この「プログラム価値マップ」の研究は、視聴率という数の論理だけでは見えてこない側面を明らかにし、同時に、いまそこにある番組を所与のものとはせず、その軌跡を見ることで次のマネジメントに活かすために有用であるといえる。しかし、この試みも地上波番組の質に関する議論の一側面であり、番組というコンテンツをさらに多面的に考察していくことが課題として残っている。

　地上波放送は、テレビ業界唯一の共通指標である世帯や個人の視聴率によって語られてきた。編成現場においては、視聴率至上主義的傾向は依然強く、番組の推進や手直し、打ち切りをそれで決定してきた。営業現場においても視聴率をベースとするGRPによって料金が決まるのであるからそれも当然である。マスメディアであるがゆえに、どれだけ多くの人が見ていたかという量的な尺度（＝視聴率）が最も重要な番組評価の尺度であることもうなずける。しかし、メディア環境の変化の中で、リーチを求める量の論理だけで番組の評価を定めることに違和感のあるクライアント企業も多い。

　また、番組をはじめとする映像コンテンツのマルチユースが活発に行われるようになっているが、それに伴いコンテンツの質がますます重要視されている。Qレイトは、番組好意度の評価尺度であるが、Qレイトの高い番組は、2次利用、3次利用でもユーザーに受け入れられるだろう。これまでのように1回かぎりの放送を多くの人が見るという発想ではなく、番組というコンテンツが他のメディアやデバイスによって形を変え、もしくは国境を越えても価値のあるコンテンツとして存在し、利益を生む構図を作ることも必要であろう。効率が悪いと後回しにされてきた番組の質の議論が、今求められている。

<注>
*1　2010年関東地区1日あたりのテレビ視聴時間個人全体・週平均（6～24時）、ビデオリサーチ社『テレビ視聴率年報2010』。
*2　David Morley（1980），"The Nationwide Audience – Structure and Decoding", David Morley and Charlotte Brunsdon(ed.), *The Nationwide Television Studies*, Routledge.
*3　Ien Ang（1982），*Watching Dallas: Soap Opera and the Melodramatic Imagination*, Methner & Co. Ltd..
*4　岩崎達也・小川孔輔（2008）「テレビ番組のプログラム価値マップ：質的評価尺度の活用と番組のライフサイクルマネジメント（上）（下）」『日経広告研究所報』240号、241号に全文掲載。
*5　視聴率の調査概要（地域によって異なる）：ビデオリサーチ社が調査を実施。PM（ピープルメーター・視聴率測定器）により、世帯視聴率と個人視聴率を同時に測定。最小単位は1分。調査対象エリアは、関東地区1都6県＋熱海・伊東市。無作為抽出による600世帯調査、ローテーション期間は2年。調査対象テレビ台数は、1軒最大8台まで。集計対象局は、民放5局、NHK総合・教育、その他（衛星・ケーブル）。
*6　視聴質には、①視聴構成の質（誰が見ているか）、②視聴態度の質（専念視聴か、ながら視聴か）③番組内容の質（構成・演出など）、④広告媒体としての質（提供して効果のある番組か）、の4つの側面がある（「番組の質的評価の取り組み」2005ビデオリサーチ社）。
*7　ビデオリサーチ社のQレイト調査概要。調査対象者／13～69歳男女。調査地域／東京を中心とする30km圏、1都3県（東京・神奈川・千葉・埼玉）。標本抽出／エリア・ランダム・サンプリング。調査方法／質問紙留め置き法。調査時期は5月・11月の年2回。調査対象番組は、関東地区民放5局とNHK総合、放送分数25分以上のもの（単発番組とマンガ、幼児番組は除く）。視聴率は、地域ごとに計測される。
*8　ドラマなどでは、視聴率が低い番組でも、DVDにした時に売れる番組は、総じてQレイトが高いという結果が出ている（『私立探偵 濱マイク』（平均6.5％、主演 永瀬正敏）、『木更津キャッツアイ』（平均10.1％、主演 岡田准一）、など）。
*9　選択した13番組は、『世界まる見え！テレビ特捜部』『伊東家の食卓』『1億人の大質問！？笑ってコラえて！』『エンタの神様』『ザ！鉄腕！DASH！』『関口宏の東京フレンドパーク2』『学校へ行こう！MAX』『どうぶつ奇想天外！』『ヘイ！ヘイ！ヘイ！』『SMAP×SMAP』『トリビアの泉・素晴らしきムダ知識』『たけしのTVタックル』『ミュージックステーション』。
*10　選択した13番組の時系列の「Qレイト」と「視聴率」データ：「Qレイト」は、『番組カルテ』のQレイト調査開始時の1997年11月から2007年5月までを使用（97年以降に始まった番組は番組開始時点から）。「視聴率」は、1997年10～12月調査から2007年4～6月までのもので、Qレイトと相対する同時期の世帯視聴率を使用。

〈インタビュー〉

土屋敏男氏
(日本テレビ編成局専門局長、LIFE VIDEO 株式会社代表取締役社長)

■土屋流演出の源泉と笑いのツボ

　最初のディレクターの仕事は、『元気が出るテレビ』で、総合演出は、伊藤輝夫（テリー伊藤）さんだったんですね。何人もいるディレクターのうちの一人で、出した企画の半分くらいは、手直しされました。スタジオには観客が 200 人くらい入ったけれど、おもしろいだろうと思ってつくった番組の VTR も、観客の心に刺さらなければウンともスンとも反応がなかった。そんな中で学んだことは、「おもしろそうなことと、笑えることは違う」ということ。バラエティには、２つあって「おもしろそうなことをやっている番組」と「ちゃんと笑える番組」。「ちゃんと笑える番組」をつくろうと決めたんです。それを感覚的に教えてくれたのがテリー伊藤さん、そして、理論的に教えてくれたのが、後に知り合う萩本欽一さんでした。２人の師匠がいるけれど、その順番で知り合えたのがよかった。

　ちゃんと笑ってもらうためには「間」が必要。「間」が入らないものは笑えない。トーク番組では、司会や出演者の「間」で進行すれば、それなりにうまくいくけれど、編集したり、ロケのものを VTR にした場合、うまく「間」を入れないとおもしろいものにならない。「電波少年」は、「間」がしっかり入っていて、VTR のあとに「しかし」とか「が、」とか、わかりやすく「間」を入れている。「振り」→「間」→「点」→「落とし」→「フォロー」といった流れで進行しているわけです。ストーリーの流れの中にテクニカルな「笑いの文法」が入っている。似たような番組が出たけれど、イマイチ笑えないのはそういった笑いの文法ができていないからだと思う。

■『電波少年』をつくったきっかけ

　会社から言われた番組を作ったけれど、続けて２本はずしてしまった。自分のやりたいこともできないし、番組制作が楽しくなかった。そんな時、日曜夜 10 時半の枠があいて、何かつくってくれということになった。「最後に、自分がおもしろいと思うものをつくって、会社を辞めたれ！」という気持ちだった（笑）。松本明子と松村邦洋の出演者２人はまだあまり有

名ではなく、番組の制作費も少ないので、どうしたらおもしろくなるかを考えました。幸い麹町（当時の日本テレビ所在地）の近くには、永田町がある。警視庁とか、○○省とか、もっとも権威的な場所が近くにある。変なヤツがそこに行くだけで、企画になると思った。そこで「アポなし」という企画をやったんです。

また、スタジオトークではセットを用いず、松本と松村の2人とゲストの顔だけを映し、CGアートをバックにクロマキーで出演者の顔だけを合成するという、それまでにない斬新な手法を用いました。

松本、松村がメジャーになると「アポなし」企画が成立しなくなってしまった。現場にアポなしで行っても「電波少年が来た」ということで歓迎されてしまう。そこで、『電波少年インターナショナル』を考え、海外でアポなしをやったんです。

自分が海外旅行をしたときの体験だけれど、イタリアで詐欺にあいそうになった。そういった予期せぬことが海外では起こる、それが旅のおもしろさだと実感した。ふつうの海外旅行でも予期せぬ出来事に出会うのに、金を持たせず海外にタレントを行かせたら、もっといろいろすごい出来事に出会うはず。これは企画になると思い、猿岩石のユーラシア大陸横断ヒッチハイクを始めたら、時代ともマッチした。

『なすびの懸賞生活』（1998年〜1999年）では、誰よりも早くインターネット中継を始めました。1秒8フレームというカクカクの画像だったけれど、常に今ないものをやりたいという衝動があったんです。

■テレビとソーシャルメディア

これまでは、テレビがすべての基準でした。テレビで紹介しているから安心、テレビでCMしてるからちゃんとした製品といったように。しかし、テレビが基準じゃない時代が始まっている。テレビがいっているから正しい、テレビでやっているからちゃんした情報、と生活者が思わない時代が始まっているんです。インターネットやソーシャルメディアによって、テレビが抱えている事情や放送できない理由が透けて見えてしまう。

今の時代は、情報をコントロールしづらい時代です。インターネットなどによる監視もある。企業も政治家も、誰もがとにかく正直にやるしかない。何か問題が起こればすぐに謝る。情報はすべて公開する。みんな同じ。でもほんとうにその方法しかないのか。そこには、みんなで決めたことに

従えば安心という考え方がある。自分は「みんながやることは怪しい」と考えるタチなんです。インターネットには、さまざまな意見や情報があるというが、ほんとうにそうだろうか。極端な意見や、枠からはみ出た考えは、みんなから攻撃される。そうなると黙ってしまう。村八分になるのが怖いのでみんなと同じにしようと考える。かえって、思考傾向や意見が画一的になってしまっていると感じる。首相がころころ変わるのも、トップに立った人間がすぐたたかれるからだろう。だから誰も上に立とうとしないんじゃないか。

■ソーシャルメディア時代の新しい可能性
　津田大介氏、佐々木俊尚氏、家入一真氏、猪子寿之氏ら、社会に新しい提案ができるいろいろな人たちが出てきているのはいいことだと思う。タレントの有吉は、200万人のツイッターのフォロワーがいる。カンニング竹山は、「放送禁止ライブ」というのをやったけれど、伝説のライブとして翌日からネット上で語られている。テレビを基本とした解釈ではない人たちが出てきている。そういった新たな可能性を感じさせる芽が出てきているんじゃないか。
　テレビ局にいて番組をつくるということは、はじめから多くの人が入る劇場を持っているようなものです。視聴率1％だって、日本全体ならおよそ60万人が見ていることになる。だから、やったことに対してレスポンスが早い。すぐに結果が出る。しかし、それ以外のものは、第2日本テレビもそうだけれど、結果が出るまで時間がかかる。ニコ動でも軌道に乗るまで5年かかっている。続けられるペースでやり続けないと結果が出ない。秋元康さんと鈴木おさむの対談で言っていたけれど、AKB48は、テレビなしでプロモーションしていたが、やはり売れるまで3〜4年かかっている。新しく立ち上げた個人史を映像作品にする僕の"LIFE VIDEO（株）"の事業も成立するまで、数年かかるだろう。やり続けることが大事だと思うんです。

（2012年9月5日）

土屋　敏男氏プロフィール：1956年（昭和31年）静岡県生まれ。1979年日本テレビ放送網（株）入社、番組ディレクター、プロデューサー、編成部長、編成局エグゼクティブディレクターを経て、2012年（平成24年）6月1日より現職。伝説のバラエティ番組『電波少年シリーズ』の「Tプロデューサー」「T部長」として知られる。

第 5 章　メディアとスポーツイベント

　イベントは、企業のコミュニケーション戦略のひとつとして大きな意味を持つものとなっている。K・L・ケラーは、イベントのスポンサーシップに関し「そのイベントがブランドに関連づけられ、ブランド認知を高めたり、新たな連想を追加したり、既存の連想の強さ、好ましさ、ユニークさを向上させたりして、ブランド・エクイティに貢献する」（ケラー，2002＝2010：385）と述べている。イベントには、その内容によってスポーツイベント、文化イベント、音楽イベント、発表会、展示会、博覧会などがあるが、その中でも、オリンピックやFIFAワールドカップなどの世界的なスポーツイベントは、スポンサーとなることでの企業メリットも大きく、また、メディアの存在なしには語れないものである。本章では、オリンピックとFIFAワールドカップという世界の2大スポーツイベントにおけるメディアとの関連性とスポンサーシップについて概観する。

5.1.　スポーツイベントとスポンサーシップ

　企業が、スポーツイベント運営に必要な資金や物資を提供することをスポンサーシップというが、そのイベントを通して、企業イメージの向上や新たなブランドイメージの構築、また商品ブランドの認知度アップなどを目的とする。

　また、イベントを1社でスポンサードした場合、企業名や商品名をイベント名につけることができるが、それを冠スポンサーという。会場やメディアにおいて、イベント名と企業名、商品名が多く露出されることになり、大き

な宣伝効果が期待できる。サッカー日本代表におけるKIRINや箱根駅伝におけるサッポロビールなどがそれにあたる。

　スポーツイベントのスポンサーメリットについてまとめると次のようになる（小林，2009：221-224；今，2009）。

①呼称使用権：当該スポーツイベントの公式スポンサーであることを表示できる権利。
②マーク・商標の使用権：競技名や大会マーク、マスコット等の広告利用、および出場選手、チームなどの一定条件下での肖像、名称等の広告利用。
③広告ボード掲出権：競技場およびその周辺の競技エリアに企業の広告看板設置、会場内大型スクリーンでのCM放映などができる権利。
④社名表示と広告：競技タイトル看板、主催者ウェブサイト、メディア資料、公式印刷物などへの社名表示や広告掲載。
⑤ホスピタリティ：スポンサー席やチケットなど観戦機会の提供、会場内特設ホスピタリティスペースの利用など。
⑥プロモーション：会場内での商品販売、サンプリングなどのプロモーションの権利。
⑦マーチャンダイジング＆ライセンス権：大会プレミアムグッズ製造の一時的許諾、および商品パッケージ作成の一時的許諾。

　スポーツイベントのスポンサーシップは、テレビ放送によって広告価値が大きく増幅される。したがって、競技エリア周辺に設置される広告看板のサイズ、設置位置、設置量などは、テレビ中継で効果的に映る大きさや角度などを計算して設置される。また、マラソンなど街路を使うスポーツの場合、提供スポンサーの競合社名などが映らないよう配慮したカメラワークを行う。スポーツイベントだけの協賛スポンサーもあるが、基本的には、テレビ番組での提供料金をベースにして、スポンサーシップ全体の価値が設定される。
　2011年企業スポンサーシップへの全投資額は486億ドル（約3兆8,880億

第5章　メディアとスポーツイベント──●139

図表 5-1　地域別・企業のスポンサーシップ投資（2011 年）

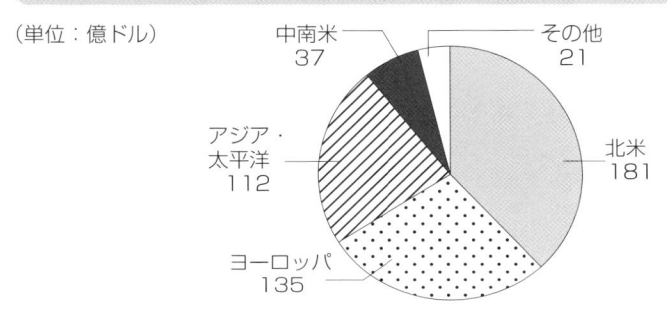

（単位：億ドル）

- 北米　181
- ヨーロッパ　135
- アジア・太平洋　112
- 中南米　37
- その他　21

出典：鈴木友也（2012）「スポンサーシップの目標設定と効果目標」『宣伝会議』2012.7.1（IEG 社調査）、p.29
＊数字は、小数点以下四捨五入。

図表 5-2　北米企業のスポンサーシップ支出（2011 年）

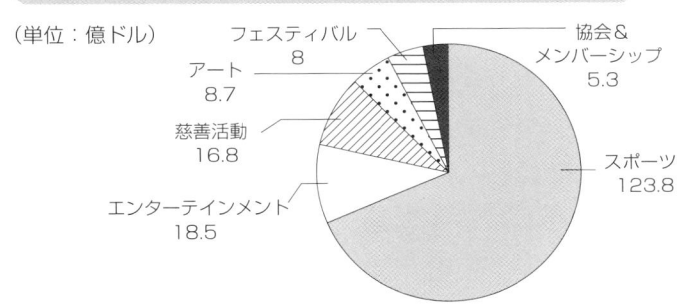

（単位：億ドル）

- スポーツ　123.8
- エンターテインメント　18.5
- 慈善活動　16.8
- アート　8.7
- フェスティバル　8
- 協会＆メンバーシップ　5.3

出典：鈴木友也（2012）「スポンサーシップの目標設定と効果目標」『宣伝会議』2012.7.1（IEG 社調査）、p.29
＊数字は、小数点以下四捨五入。

円）で、北米（アメリカ、カナダ）181 億ドル（約 1 兆 4,480 億円）、欧州 135 億ドル（約 1 兆 800 億円）であり、スポーツは、スポンサーシップの約 7 割を占める（鈴木，2012: 28）（図表 5-1, 5-2）。スポーツ競技におけるスポンサーシップ発展のきっかけは、アメリカにおける 1970 年の公衆健康喫煙法制定によって、タバコ会社のテレビ、ラジオ広告が全面禁止され、その代替メディアとして注目されてからといわれるが、それだけではなく、多民族国家の北米においてはスポーツが人々に共通の関心を生み出すことによる。感動と

ともにブランドを構築できるスポーツのスポンサーシップは、日本を含むアジア地域においてもその需要はさらに高まっていくことが予想される。

5.2. オリンピックのスポンサーシップ

スポーツ大会における最も大きなスポンサーシップのひとつにオリンピックがある。まず、商業主義ともいわれる現在のオリンピックの形をつくるきっかけとなったロサンゼルスオリンピックの運営資金調達の方策を紹介することで、そのスポンサーシップについて説明する。

オリンピックと企業との関係については、第 1 回のアテネオリンピックの公式プログラムにイーストマン・コダック社が広告を掲載していたことや、1956 年のメルボルン大会で、アディダスとプーマがトップアスリートにシューズを配布しプロモーションを行うなど、古くからのものである。初回からその萌芽はあったものの、オリンピックにビジネスの視点を導入し、システマティックな運用形態を整えて展開したのは、1984 年のロサンゼルス大会からである。それ以前のオリンピックは、開催のために膨大な国家予算がスタジアムの建設や道路、鉄道などのインフラ整備にかかり、開催国にとっては大きな負担となっていた。そのため、開催国の立候補は減り、第 23 回オリンピックの開催地はロサンゼルスのみという状況だった（小川, 2012: 123）。

ロサンゼルス大会は、都市ではなく市民有志が招致委員会を立ち上げ立候補した「民営化オリンピック」であった。開催を利用して利益を出し、スポーツ振興に役立てることを目的とした立候補であったが、住民投票により「大会の運営資金として市の税金投入を禁ずる」というロサンゼルス市の憲章修正条項が可決された。それによって、組織委員会は国家や市の予算はあてにできないため、新たな方法で運営資金を集めることが必要になったという背景がある（同: 125-126）。

そういった前代未聞の状況の中、民間企業の経営者からロサンゼルスオリンピック組織委員会委員長に就任したピーター・ユベロスは、収支のバラン

スを考えて運営予算を算出、4億2,500万ドルとした。収入は、「テレビ放映権料」、「スポンサー権販売」、「入場券販売」、「物品販売」を4本柱とし、支出に関しては、新たな施設の建設を極力せず補修ですませ、国際スポーツ連盟からの出費を伴うさまざまな要求を受けつけないなど、徹底的に抑える方針で臨んだ。

「テレビ放映権料」は、アメリカABCネットワークに2億2,500万ドル、日本には1,850万ドルで販売、放映権総額は2億8,676万ドル（772億6,000万円）を計上した。それだけで実行予算の2分の1以上になった（小林, 2009: 31）。

「スポンサー権販売」に関しては、「スポンサーは組織委員会のパートナー」という考え方のもと、1業種1社に限定し「オフィシャルスポンサー」を募集した。選ばれた企業は、大会マークを商業利用できる明確な特典・地位を与えられた。協賛したい企業が自ら金額を提示する「プロポーザル方式」で行ったが、1社400万ドル程度であったという。そして、大会運営に必要な物品や備品はサプライヤーを募集して調達、「オフィシャルサプライヤー」は69社に及んだ。スポンサーからの協賛金は、1億2,319万ドル（310億4,400万円）であった。

「入場券販売」は、開始時期を1年以上前に設定し、事前に振り込まれた入場券収入を金融機関に預けるなど有効に運用し、また席割の多くをA席などの高額席として販売することで当初目標の7,500万ドルのおよそ2倍となる1億3,983万ドル（352億4,000万円）の売上げを計上した。

「物品販売」においては、大会マスコットやコインなど大会ロゴを使ったマーチャンダイジング展開、そして初めて「聖火ランナー」を一般から有料で募集するなど、貪欲に資金調達を行ったという。

そういったマーケティング戦略を取り入れた新たな施策によって、ロサンゼルス大会収支は、組織委員会の総収入が7億4,656万ドル、運営支出が5億3,155万ドルで、およそ2億1,500万ドルの利益を計上した（小川, 2012: 128）。

図表 5-3　オリンピックビジネス IOC の収入推移

(単位：億ドル)

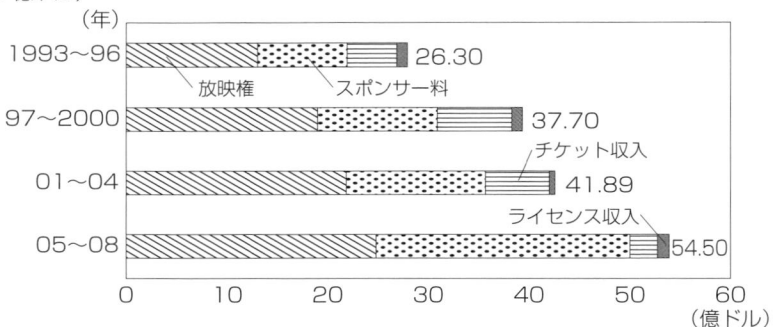

年	収入 (億ドル)
1993～96	26.30
97～2000	37.70
01～04	41.89
05～08	54.50

構成：放映権、スポンサー料、チケット収入、ライセンス収入

出典：『週刊東洋経済』（特集：スポーツビジネス徹底解明）（2010 年 5 月 15 日号）、p.35 と IOC「Olympic Marketing Fact File 2012」、p.35 をもとに作成

　そして、ABC 放送のスポット収入は、4 億 5,000 万ドル、利益は 1 億ドル超であった。日本においては、NHK と民放の「振り分け交渉」を行い、民放は、80 億円超の売上げを計上した。翌 1985 年、国際オリンピック委員会（IOC）は、「The Olympic Partners（TOP）」というスポンサーシッププログラムを設定し、オリンピックのビジネス化に一層拍車がかかることになった。

　IOC の発表によると、ロンドン大会の IOC の収入は、2009～12 年の 4 年間で、テレビ放映権料が全世界で約 39 億 1,400 万ドル（約 3,131 億円）、TOPプログラムのスポンサー 11 社からの収入が 9 億 5,700 万ドル（約 765 億円）であった。そこに、国内協賛企業の収入やチケット収入、ライセンス収入が加わると前回を大きく上回る推定 81 億ドルという過去最高の収入となった（毎日新聞，2012. 8. 13）。

■The Olympic Partners（TOP）

　ロサンゼルス大会までは、オリンピックマークの商業使用権は、各国のオリンピック委員会（NOC）が各々で管理をしていたが、第 7 代サマランチ会長が IOC の一括管理にした。そのことにより、オリンピックのマーケテ

ィング活動の主体は開催国の組織委員会からIOCに移行した。サマランチ氏は「新財源委員会」を設置し、オリンピックが持つ「神聖さ」を重要な価値にすえ、パートナーになれば一緒にオリンピックを成長・拡大させる活動に参加できるという新しい商品価値を提示した。それがTOPの考え方の基本になる。「クリーン・ベニュー（Clean Venue）」といって、競技会場、競技場周辺での広告物の掲出を禁止し、看板を目立つ所に出して商業活動につなげるという、従来のスポーツイベントにおける宣伝活動からの脱却を図った。また、以前は4年に一度夏季と冬季大会が同一年に行われていたが、2年おきにしてセット販売にした。

TOPは、1986年の冬季カルガリー大会と1988年の夏季ソウル大会から実施されることになり、オリンピックの中でも最高位のスポンサーに位置づけられるものである。4年単位の契約で1業種1社に限定されており、毎回計9〜11社ほどが契約を結んでいる。

冬季カルガリー大会と夏季ソウル大会のワールドワイドスポンサーシッププログラムを「TOPⅠ」といい、その後の4年ごとにTOPⅡ、Ⅲとなり、直近では2010年の冬季バンクーバー大会と2012年夏季ロンドン大会を対象とした「TOPⅦ」となっている。さらに、各国のオリンピック委員会とオリンピック組織委員会が国内限定を対象とした「ゴールドパートナー」、「オフィシャルパートナー」などがある。

TOPのメリットとしては、指定された製品カテゴリーの中で独占的な世界規模でのマーケティング権利と機会を受けることができ、IOC、NOC（各国オリンピック委員会）や各国組織委員会、さまざまなオリンピック活動のメンバーとマーケティングプログラムを展開することができる。

具体的には、①製品への適切なオリンピック称号の使用、およびすべてのオリンピックイメージの使用　②オリンピック大会における歓待（ホスピタリティ）の機会　③オリンピック放送での広告の優先権、直接広告とプロモーションの機会　④オリンピック会場での売店、店舗の設置、および販売、展示の機会　⑤便乗商法（アンブッシュ・マーケティング）からの保護　⑥オリン

図表5-4　オリンピックマーケティングの権利構造

TOPパートナー		オリンピックの公式パートナー 権利元：国際オリンピック委員会（IOC） 権利範囲：ワールドワイド 主な権利：IOCシンボル
	JOCパートナー	オリンピック日本代表団の公式パートナー 権利元：日本オリンピック委員会（JOC） 権利範囲：日本 主な権利：JOCマーク　選手肖像権
	大会パートナー	オリンピック開催国の公式パートナー 権利元：大会組織委員会 権利範囲：大会開催国 主な権利：大会マーク

出典：嶋村和恵監修（2008）『新しい広告』、p.334を一部修正

ピック・スポンサーシップ認知プログラムを通じてのスポンサー認知の支援である（仁科・田中・丸岡, 2007: 249；嶋村ほか, 2008: 335-336）。

　オリンピックのスポンサーシップシステムは、看板の露出や中継内での紹介などの一般のスポーツにおけるスポンサーシップとは異なり、それぞれの企業の製品やサービスのクォリティの高さをオリンピック大会の運営に活かすことで、メディアを通してそれが世界中に発信され、企業ブランド、商品ブランドの醸成に大きな効果をもたらすものになっている。

〈「TOPⅦ」The Worldwide Olympic Partners 11社〉
Coca-Cola（ノンアルコール飲料分野）、acer（コンピュータ機器分野）、Atos Origin（インフォメーションテクノロジー分野）、DOW（科学製品分野）、GE（インフラストラクチャー分野）、McDonald's（リテールフードサービス分野）、OMEGA（タイミング・リザルトシステム分野）、Panasonic（AV機器）、P&G（生活用品分野）、SAMSUNG（無線通信機器分野）、VISA（個人支払システム）

■放映権料の高騰

　テレビ放映権料が初めて設定されたのは、1960年のローマ大会で、その時の放映権料は21カ国の放送で120万ドルといわれている。それ以後は大会のたびに放送地域は拡大し、それに伴い放映権料も緩やかに上昇していった。モスクワ大会（111カ国）の放映権料は8,800万ドルであったが、ロサンゼルス大会で一気に高騰、それ以後上昇の一途をたどっている。ロサンゼルス大会（156カ国に放映）2億8,676万ドル、ソウル大会（160カ国）4億260万ドル、バルセロナ大会（193カ国）6億3,610万ドル、アトランタ大会（214カ国）8億9,830万ドル、シドニー大会（220カ国）13億3,160万ドル、アテネ大会（220カ国）14億9,400万ドル、北京大会（220カ国）17億3,900万ドル、ロンドン大会に関しては、冬季バンクーバー大会とセットで、約39億1,400万ドルである（IOC, 2012）。

　最も多く放映権料を支払っているのはもちろんアメリカであるが、北京大会では、全体の放映権料17億3,900万ドルのうちの8億9,300万ドル、ロンドン大会では、11億8,000万ドルをNBCがIOCに支払っている（小川, 2012：166）。ロイター通信は、ロンドンオリンピックをアメリカ国内で独占放映したNBCのオリンピック関連番組の総視聴者数が約2億1,940万人となり、北京オリンピックの2億1,500万人を超えるアメリカのテレビ史上最多を記録したと発表した。また、NBCのオリンピック関連ウェブサイトは閲覧回数が約20億ページビュー、ストリーミング映像の視聴回数は1億5,900万回に上り、開会式と閉会式、各種競技の放送時間は地上波やケーブルで計5,535時間に及んだ。そして、NBCユニバーサルのスティーブ・バーク最高経営責任者（CEO）は声明で「視聴者数や売上高など、すべての期待を上回った」と報じている。

　さらに、NBCユニバーサルは、2014～2020年までのアメリカ国内のオリンピック放映権を獲得、その額は43億8,000万ドル（約3,496億円）に上り、テレビだけでなくさまざまなプラットフォームに適応される。各年の放映権の落札額は、2014年冬季ソチ大会7億7,500万ドル（約621億円）、2016年

夏季リオ・デ・ジャネイロ大会12億2,600万ドル（約979億円）、2018年韓国・平昌大会9億6,300万ドル（約771億円）、2020年夏季オリンピック（開催地未定）14億1,800万ドル（約1,132億円）である（Broadcasting & Cable, 2011. 6. 7.）。

当然、日本における放映権料も高騰しており（図表5-5）、ロンドンオリンピックのジャパンコンソーシアムがIOCに支払う放映権料は総額275億円で、NHKが全体の60%にあたる165億円、民放全体で110億円を支払い、2010年冬季のバンクーバー大会と合わせて325億円を支払うことになった。

高騰が続く放映権料は、オリンピック収入の最も大きな部分を占めるものであり、NBCのスティーブ・バークCEOの発言を見ても、「ビジネスとし

図表5-5　夏季オリンピックにおける日本の放映権料の推移

年	開催地	金額（ドル）	契約機関
1960	ローマ	5万	NHK
1964	東京	50万	NHK
1968	メキシコシティー	60万	NHK
1972	ミュンヘン	105万	NHK
1976	モントリオール	130万	ジャパンプール
1980	モスクワ	850万	テレビ朝日
1984	ロサンゼルス	1,850万	ジャパンプール
1988	ソウル	5,000万	ジャパンプール
1992	バルセロナ	5,750万	ジャパンコンソーシアム
1996	アトランタ	9,950万	ジャパンコンソーシアム
2000	シドニー	1億3,500万	ジャパンコンソーシアム
2004	アテネ	1億5,500万	ジャパンコンソーシアム
2008	北京	1億8,000万	ジャパンコンソーシアム
2012	ロンドン	2億7,500万	ジャパンコンソーシアム

出典：黒田次郎（2010）『スポーツビジネスの動向とカラクリがよーくわかる本』秀和システム、p.73
※2012ロンドン部分を筆者加筆（1ドル＝100円として計算）

図表 5-6　オリンピック放送分数と視聴率

夏季オリンピック			冬季オリンピック		
	放送分数	平均視聴率		放送分数	平均視聴率
ロンドン（イギリス）2012 7/27〜8/12	NHK 14,802 分 民放 13,043 分	9.2% 7.4%	バンクーバー（カナダ）2010 2/13〜3/1	NHK 8,678 分 民放 6,250 分	8.9% 7.6%
北京（中国）2008 8/8〜8/24	NHK 12,496 分 民放 10,859 分	11.5% 9.7%	トリノ（イタリア）2006 2/10〜2/27	NHK 7,422 分 民放 5,916 分	8.3% 7.1%
アテネ（ギリシャ）2004 8/13〜8/29	NHK 12,048 分 民放 10,409 分	10.8% 9.4%	ソルトレイクシティ（アメリカ）2002 2/9〜2/25	NHK 6,502 分 民放 5,290 分	7.0% 5.6%
シドニー（オーストラリア）2000 9/13〜10/1	NHK 10,321 分 民放 8,375 分	12.5% 10.5%	長野（日本）1998 2/7〜2/22	NHK 5,843 分 民放 7,003 分	11.9% 11.6%
アトランタ（アメリカ）1996 7/20〜8/5	NHK 12,335 分 民放 8,101 分	9.9% 8.8%	リレハンメル（ノルウェー）1994 2/12〜2/28	NHK 4,253 分	16.7%

出典：ビデオリサーチ社（2012）世帯視聴率データ＜関東地区＞

ての オリンピック」の感さえある。時差の大きい北京大会では、アメリカのゴールデンタイムに合わせるために水泳の決勝時間が、選手たちの能力を最大限発揮できる状態とは程遠い早朝に設定されるなど、テレビ放送とオリンピックとの関係に再考の余地があることも確かである。オリンピックという世界的な一大イベントを開催することの意義と、それを支える負担ということでは、一概に否定できない面もある。しかし、これ以上放映権料が高騰を続けると、公共もしくは広告による無料放送を行う放送局は放映権を買うことができなくなり、ユニバーサルアクセス[1]の面でも問題が生じる可能性がある。

5.3.　FIFA ワールドカップ

　FIFA ワールドカップは、国際サッカー連盟（FIFA）が主催する各国・地域代表チームによるサッカーの世界選手権大会である。テレビの視聴者数は

図表 5-7　FIFA ワールドカップ運営組織図

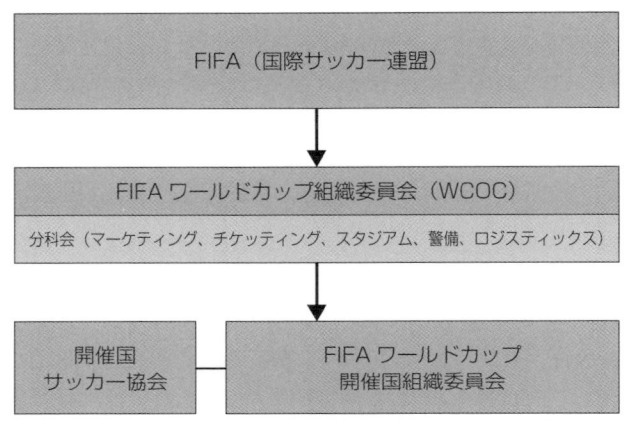

```
┌─────────────────────────────────────────┐
│         FIFA（国際サッカー連盟）          │
└─────────────────────────────────────────┘
                    │
                    ▼
┌─────────────────────────────────────────┐
│   FIFA ワールドカップ組織委員会（WCOC）    │
│ 分科会（マーケティング、チケッティング、    │
│  スタジアム、警備、ロジスティックス）       │
└─────────────────────────────────────────┘
                    │
       ┌────────────┘
       ▼
┌──────────┐    ┌──────────────────────┐
│  開催国  │    │  FIFA ワールドカップ  │
│サッカー協会│───│  開催国組織委員会    │
└──────────┘    └──────────────────────┘
```

出典：嶋村和恵監修（2008）『新しい広告』電通、p.339 をもとに作成

　オリンピックを凌ぎ、世界最大のスポーツイベントである。FIFA ワールドカップは、予選大会と本大会で構成されており、本大会は 4 年ごとに開催される。1930 年にウルグアイで第 1 回大会が行われ、2010 年の南アフリカ大会まで 19 回を数えている。

　本大会は、各大陸の予選を勝ち抜いてきた 32 チームで、グループリーグ、ベスト 16、準々決勝、準決勝、3 位決定戦、決勝と約 1 カ月にわたり 64 試合が行われる。2002 年は、アジア初の日韓共同開催となり、観客数は、両国合わせて 270 万 5,197 人に上った。2006 年ドイツ大会では、335 万 3,655 人で歴代 2 位の観客動員数を記録。2010 年の南アフリカ大会では、予選は 199 の国と地域が参加し、本大会 64 試合（予選リーグ 48 試合、決勝トーナメント 16 試合）で、観客動員数は 317 万 8,856 人であった[*2]。

　FIFA ワールドカップの運営組織は、その頂点に FIFA があり、その下に大会運営のために FIFA ワールドカップ組織委員会（WCOC）を置いている。WCOC がマーケティングやチケッティング、スタジアム関係、警備、ロジスティックスなどの大会運営の決定権を持つ。そして、WCOC は、開催国

組織委員会に大会の実施運営を委ねるという体制になっている。

■FIFAワールドカップのマーケティング戦略

1974年から国際サッカー連盟（FIFA）の会長に就任したジョアン・アベランジェは、初の南米出身の会長であり、彼の打ち出したマーケティング戦略によりFIFAの財政は安定的なものとなったといわれる。

アベランジェ会長が、まず着手した施策はメディア戦略であり、FIFAワールドカップを世界最高峰の大会にするために放映権料を安く抑えることで、多くのテレビ放送時間を獲得した。その結果世界中の誰もが見られるスポーツとなり、欧州、南米を中心に多くの人々の支持を得た。

次に注目したのは、競技場の広告看板掲出によるスポンサー収入の獲得である。大会の中継をするのがほとんど国営放送のため一般企業のCMが出せない。放映権料は安く維持する方針だったために、新たな収入源の確保が必要であった。1982年、スペイン大会からは競技場内広告看板掲出を1業種1社とし、看板掲出の価値アップを実現した。

さらに、彼は本大会への出場国を増やすことでの規模拡大を図った。初回のウルグアイ大会は13カ国、第5回スイス大会以降16カ国であったが、1982年の第12回スペイン大会以降24カ国とし（現在は32カ国）、大会規模を拡大しワールドカップの商品価値を高めたのである（小林, 2009: 43）。

1998年、ジョセフ・ブラッターがFIFA会長に就任するとサッカーのグローバル化を推進し、FIFAの加盟国を208カ国に拡大させた。テレビ放映権の高額化や2大会をパッケージで販売するなど、そのビジネス手腕を発揮し、FIFAに大きな利益をもたらしている。2002年、アジア初でしかも史上初めての共同開催でFIFAワールドカップ日韓大会が開催された。FIFAの発表によると213の国・地域で放送され、延べ放送時間は4万1,324時間、288億人が視聴し、そして、2006年のドイツ大会では214の国・地域で放送され、延べ放送時間は7万3,072時間、263億人が視聴した（図表5-8）。テレビ放映によるマーケティング価値が、大会ごとに大きくなっていくと、

図表 5-8　ワールドカップのテレビ視聴

	放送した国・地域	延べ放送時間	延べ視聴者数
イタリア大会 （1990年）	167	1万4,693時間	267億人
アメリカ大会 （1994年）	188	1万6,393時間	321億人
フランス大会 （1998年）	196	2万9,145時間	248億人
日韓大会 （2002年）	213	4万1,324時間	288億人
ドイツ大会 （2006年）	214	7万3,072時間	263億人
南アフリカ大会 （2010年）	214	7万1,867時間	22億人（自宅で20分以上の視聴者総数・ドイツ大会比＋3％）*

出典：永田（2010）とFIFA資料（1990-2010）より著者作成
＊「2010 FIFA WORLD CUP SOUTH AFRICA Television Audience Report」に従って記載

図表 5-9　FIFAワールドカップ放映権料推移

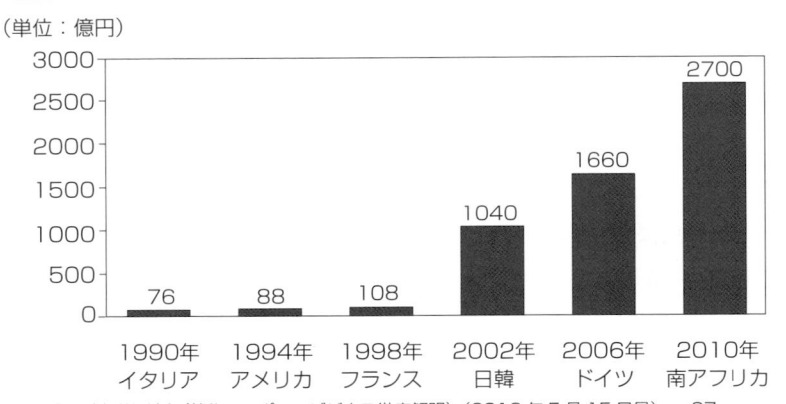

（単位：億円）

年・開催国	金額
1990年 イタリア	76
1994年 アメリカ	88
1998年 フランス	108
2002年 日韓	1040
2006年 ドイツ	1660
2010年 南アフリカ	2700

出典：『週刊東洋経済』（特集：スポーツビジネス徹底解明）（2010年5月15日号）、p.37

第5章　メディアとスポーツイベント──●151

図表5-10　FIFAワールドカップドイツ大会の総収入（2,858億円）の内訳

（単位：億円）

- チケット　31
- ライセンス料　92
- その他　101
- ホスピタリティ　260
- マーケティング権　714
- 放映権　1,660

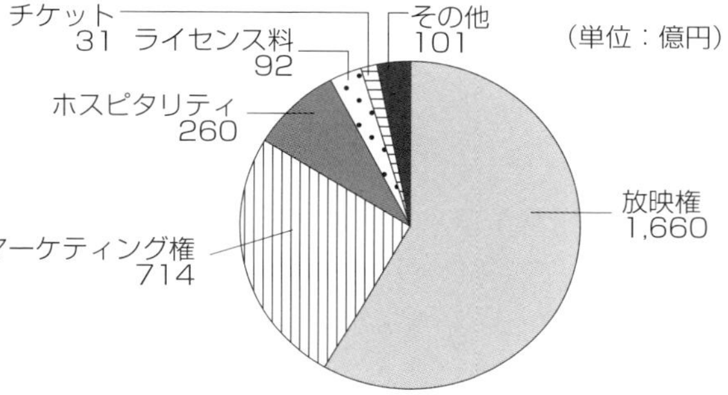

出典：『週刊東洋経済』（特集：スポーツビジネス徹底解明）（2010年5月15日号）、p.38

FIFAは放映権料を大会ごとに上げていく方針をとり、2002年日韓大会では1,040億円と大きく上昇した。その後もとどまるところを知らず、南アフリカ大会では、なんと2,700億円まで急騰した（図表5-9）。それに伴い、FIFAの収入も盤石なものになっており、FIFAの資料によれば、2009年には総収入は10億ドルを超えている。2006年ドイツ大会の総収入（2,858億円）の内訳は、図表5-10のように放映権が全体の約58％を占めており、そのあとにマーケティング権、ホスピタリティ、ライセンス料など企業のスポンサーによる収入が続く。

■FIFAワールドカップのスポンサーシップ

　FIFAは、2007年から新しいスポンサーシップ制度を導入した。図表5-11は、2007年から2014年までのスポンサーシップの概要を示したものであるが、一番頂点にあるのが「FIFAパートナー」である。前回のドイツ大会までは15社分の枠を設けていたが6社に絞り、FIFA主催の全大会にその権利が拡大され、ワールドカップ2大会をパッケージにした8年間の長期契約とした。これは最高位のパートナーとしてのマーケティング価値をアップさせると同時にスポンサー収入の安定かつ高額化を狙ったものである。「FIFAパートナー」は、FIFA主催のすべての大会で公式ロゴマークや大会の呼称

図表 5-11　FIFA スポンサーシップ概要

FIFA パートナー
（6 社、グローバル）
FIFA 主催のすべてのイベントの
スポンサー

FIFA ワールドカップスポンサー
（8 社、グローバル）
ワールドカップとコンフェデレーションカップ
のみのスポンサー

ナショナルスポンサー（ローカル）

出典：『週刊東洋経済』（特集：スポーツビジネス徹底解明）（2010 年 5 月 15 日号）、p.41

図表 5-12　FIFA と電通

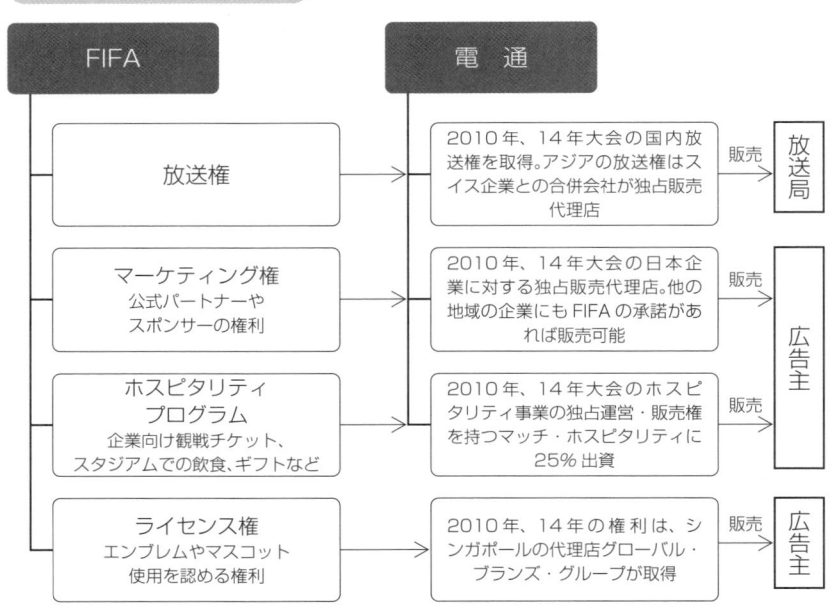

FIFA	電通	
放送権	2010 年、14 年大会の国内放送権を取得。アジアの放送権はスイス企業との合併会社が独占販売代理店	販売 → 放送局
マーケティング権 公式パートナーや スポンサーの権利	2010 年、14 年大会の日本企業に対する独占販売代理店。他の地域の企業にも FIFA の承諾があれば販売可能	販売 → 広告主
ホスピタリティ プログラム 企業向け観戦チケット、 スタジアムでの飲食、ギフトなど	2010 年、14 年大会のホスピタリティ事業の独占運営・販売権を持つマッチ・ホスピタリティに 25％出資	販売 → 広告主
ライセンス権 エンブレムやマスコット 使用を認める権利	2010 年、14 年の権利は、シンガポールの代理店グローバル・ブランズ・グループが取得	販売 → 広告主

出典：『週刊東洋経済』（特集：スポーツビジネス徹底解明）（2010 年 5 月 15 日号）、p.41

第5章 メディアとスポーツイベント●153

を使用したグローバルな広告コミュニケーション活動、スタジアム内での広告看板の掲出や観戦チケットの優先購入の権利、また、FIFAに権利料を支払うことで契約カテゴリーでのオフィシャルサプライヤーとなれるなど、大きなマーケティング上の権利を持つことになる。その次に「FIFAワールドカップスポンサー」8社を置き、「ワールドカップ」と「コンフェデレーションズカップ」に限定した公式スポンサーとした。そしてその下に、大会が開催される地域での広告コミュニケーションの権利を有する「ナショナルスポンサー」を置いた。

　FIFAと電通の関係は深く、スポンサーシップ契約において、電通を抜きにしては語れない（図表5-12）。2007-2014年の大会に関しては、FIFAは、電通に国内放送権、マーケティング権、ホスピタリティプログラムの権利を委ねており、放送局との放映権の交渉をはじめ、販売代理店として日本国内企業への独占的なセールスを行っている。

5.4. 変わりゆくスポーツとメディアとの関係

　2012年に開催されたロンドンオリンピック中継では、これまでにないメディア接触の変化があった。インタラクティブ放送やオンライン放送による視聴の増加である。

　イギリスBBCのニュースセンターによると、BBCのインタラクティブ放送「Red Button（レッド・ボタン）」に開設された24のオリンピック専用チャンネルでの視聴者数はイギリスの人口の約42%にあたる2,420万人だった。そして、オリンピック開催中、24のライブ配信を含む競技中継および関連情報を提供したBBCのスポーツサイト「BBC Sport」へのアクセス数は5,500万件に上り、中でもモバイルからのアクセスが全体の4分の3を占めたという（BBC News, 2012.8.13）。

　また、ニールセンの調査によると、アメリカNBCによるロンドンオリンピックのオンライン視聴は、1億5,930万件のストリーミング視聴（ライブ視聴6,440万件を含む）が行われ、北京大会から110%増加、テレビ、オンラ

イン共に最も視聴数が多かったのは女子サッカーのアメリカ対日本の試合だったという（Broadcasting & Cable, TV by the Numbers, 2012. 8. 13）。こういった、インタラクティブ放送へのアプローチやモバイルからのアクセスの増加、オンライン視聴など、従来の地上波放送による中継のライブ視聴のほかにデバイスの多様化による視聴形態の変化が見られる。

5.5. スポーツはソーシャルに。
"ソーシャルメディア・オリンピック"

　メディアに関してもっとも注目すべきは、ソーシャルメディアとオリンピック中継との関わりである。2012年フェイスブックの利用者は9億人、ツイッターの利用者は1億4,000万人を数える。2012年のロンドンオリンピックは、ソーシャルメディアが普及して初めてのオリンピックであり、一部では「ソーシャルメディア・オリンピック」と呼ばれた。ソーシャルメディアの活用はIOCも推進し、大会で選手たちがツイッターやフェイスブックなどで発信した情報を見てもらう専用のサイト「アスリート・ハブ」を立ち上げた。また、ロンドンオリンピック組織委員会は競技会場の天井などに固定カメラを設置し、競技中の選手を撮影して、ツイッターで写真を配信するサービスを行った。呼応するように、テレビ、新聞などマスコミ各社はオリンピック専用のツイッターはじめSNSのアカウントを開設した。

　一方で、IOCは、オリンピックにおけるSNSやブログを含むネット上での活動について参加選手や関係者用にガイドラインを準備した。オリンピックを商業目的に利用することの禁止や選手自身が撮影した静止画はよいが動画の発信は禁止、会場でツイッターなどをすることはOKだが、個人的な出来事を記す日記形式に限るなど15の項目についてのガイドラインを提示した。

　ソーシャルメディアを選手たちが活用することにより、テレビ中継だけでは伝わらない彼らの生の声が直接届くことになり、アスリートたちがより身近な存在となった。それは、オリンピックへの関心を高め、視聴率や接触率

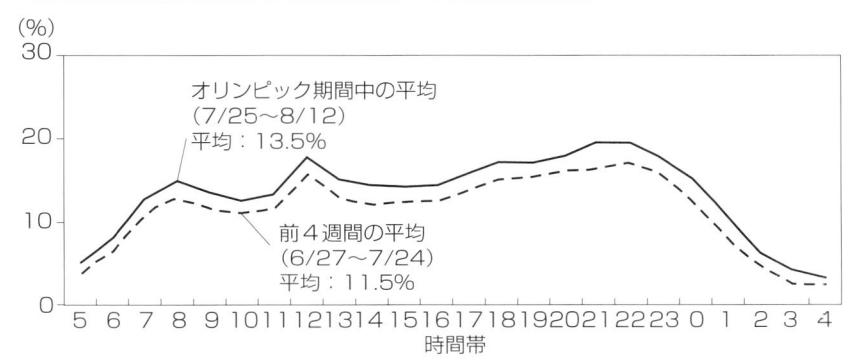

図表5-13　時間帯別ソーシャル系サービス平均利用率[*3]

(%)
縦軸：0〜30
横軸：時間帯 5 6 7 8 9 10 11 12 13 14 15 16 17 18 19 20 21 22 23 0 1 2 3 4

オリンピック期間中の平均
(7/25〜8/12)
平均：13.5%

前4週間の平均
(6/27〜7/24)
平均：11.5%

出典：ビデオリサーチインタラクティブ・プレスリリース（2012年9月19日）

など、メディアへ作用しマーケティング価値を上げる効果もあるだろう。

　NBCのロンドンオリンピック中継とソーシャルメディアとの関係をアメリカのソーシャルメディア調査会社 Bluefin Labs がまとめたところによると、17日間のオリンピック開催中、毎晩19〜24時に発信されたツイッターやフェイスブックのコメントの99%がオリンピック中継に関するものであったという。また、NBCのオリンピック専用サイト「NBCOlympic.com」ユーザーがソーシャルネットワーキングを使ってオリンピック中継についてやりとりした割合は、①フェイスブック36%　②ツイッター24%　③携帯メッセージ27%　④ソーシャルTVアプリ20%　⑤Shazamアプリ7%で、オリンピック開催中にSNSサイトを利用したユーザーは48%に上り、閉会後は68%だったと報告している（NBC Sports Group Press Box, 2012. 8. 4）。

　日本においても、ビデオリサーチインタラクティブによると、オリンピック期間中のiPhoneユーザーの主要ソーシャルメディア利用率は、毎時平均で13.5%、通常時より2%高いという結果が出た（図表5-13）。とくに、男女サッカーなど注目度の高い競技時間帯には、より活発にソーシャルメディアの利用があったことがわかる。

　どこで中継を見ていても同じ映像や情報、感動を共有できるソーシャルメ

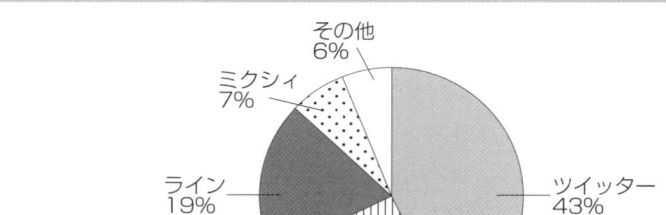

図表 5-14　ロンドンオリンピック視聴中に最も利用したソーシャルメディアの割合

- ツイッター 43%
- フェイスブック 25%
- ライン 19%
- ミクシィ 7%
- その他 6%

出典：ソーシャルテレビ推進会議（2012）

ディアは、スポーツ大会と相性がよく、さらに、競技が終わった直後の選手たちのつぶやきを聞けるとなれば、オリンピックのような世界的なイベントでは、ますますその存在感や役割は大きくなっていくだろう。

■ "選手がつぶやく"ことの宣伝価値

　ロンドンオリンピックにおいては、ソーシャルメディアが企業の広告活動にも大きな役割を果たしたといわれている。P&Gやコカ・コーラ、VISAといった公式スポンサーはSNSのフォロワーが数百万人規模で増え、こうした企業への愛着レベルもオリンピック期間中に倍増したという（ロイター，2012. 8. 14）。

　企業にスポンサードされている選手が、テレビCM出演するだけでなく、使用している製品についてツイッターでつぶやいたり、製品がさりげなく映っている写真をフェイスブックに掲載したりすることが、企業のイメージの向上に役立つ。これはスポーツ選手を支援する企業スポンサーシップのひとつの新しい形である。企業が契約選手を選ぶ際に、ソーシャルメディアを活用しているかどうかも大きな要素になっており、契約企業の製品についてのコメントや写真掲載が契約条件に盛り込まれていることも最近では多い。

　もちろん、大会期間中におけるオリンピック選手のソーシャルメディアを

利用しての商業的な行為は禁止であるが、大会の公式スポンサーによる大会前後のコミュニケーション戦略としては、大きな宣伝効果が見込めるだろう。

　トップアスリートのつぶやきには大きな訴求力があり、それはいわゆる強力なメディアともいえる。そこに、時には企業のエッセンスをのせて発信してもらう。P&G、VISA、GEなどオリンピックのTOPパートナーのほとんどは、自分たちのオリンピックPRキャンペーンにソーシャルメディアを使用し、それに選手たちを取り込んだ戦略を行っている。マスメディアへの露出による世界への発信というスポンサーシップのメディア戦略が、ソーシャルメディアの出現によって複合的なものに変化してきている。

＜注＞
＊1　ユニバーサルアクセス権とは、人種や貧富の差なく誰でも等しくテレビを見られる権利のこと。特にオリンピックやワールドカップなどスポーツは、公共性が高いものであり、すべての人が無料でテレビを見られるようにする必要がある。サッカーのFIFAワールドカップは、準決勝、決勝戦などを無料で放送することが義務づけられている。
＊2　歴代1位は1994年米国大会の359万人。
＊3　「調査概要」調査エリア：関東1都6県、調査対象者：男女15〜59歳のiPhoneユーザー、パネル標本数：500サンプル、標本抽出法：インターネット調査モニターより条件に基づきリクルーティング、データ収集方法：プロキシサーバーを介してログを収集。

第 6 章 ブランドの理論とブランディングの実際

　本章では、ブランドの理論とその機能、ブランド構築の方法と管理などについて概説し、その後に筆者が実際に手がけた日本テレビの事例を挙げることで、メディアのブランド戦略について解説する。

6.1. ブランドとは

■「ブランド」の概念と定義

　「ブランド (brand)」の起源は、「焼き印を付けること」を意味する "brandr" という古期ノルド語から派生したといわれており、家畜の所有者が自分と他人の家畜を識別するためにつけた「印」が語源であるという（ケラー，2007＝2010: 8）。現在では、自社の製品、サービス等を他社のものと識別するための「名前」、「ロゴ」、「シンボルマーク」、「パッケージ・デザイン」、「色彩」などがブランドイメージを形成する要素となっている。そして、自社製品の品質の高さ、デザイン、機能の革新性等を普遍的に表現するために、ブランドのロゴやマークなどの表象を統一的に用いている。

　アメリカ・マーケティング協会（AMA）は、「ある売り手あるいは売り手集団の製品およびサービスであると識別させ、競合他社のものと差別化するための名称、言葉、サイン、シンボル、デザイン、あるいはその組み合わせ」と定義する[*1]。

　よい商品やサービスを生活者に提供し続けることによって、それを使用もしくは経験した人の心の中に蓄えられた「企業」、「商品」、「サービス」などに対するよいエピソードすべてがブランドを形成するといえるだろう。そう

いった特別な思いは他の企業の製品では得られないものとすることで、ブランドロイヤルティは深まっていく。そのアイコン（象徴）として、ロゴやデザインの統一が重要になるのである。

■ブランド・エクイティ

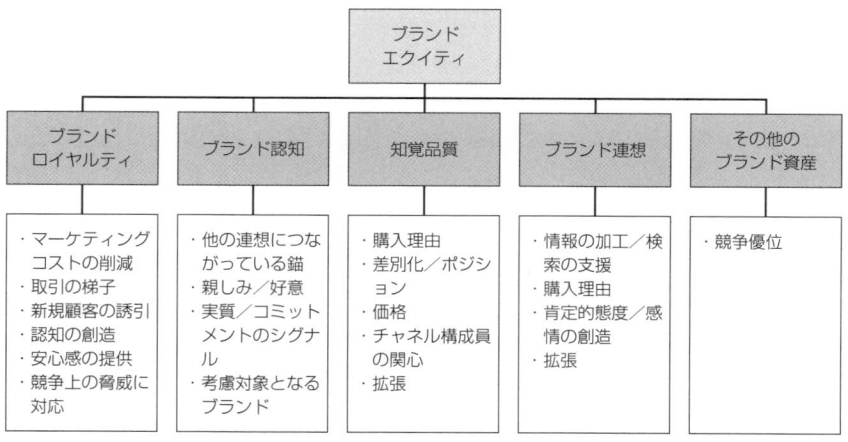

　ブランド・エクイティとは、ブランドを単なる商品ではなく、土地や人材と同じように将来的な利益をもたらす資産として考えるものである。製品やサービスに与えられた付加価値ともいえ、そのブランドの資産は、商品の市場シェアや企業の収益にも大きな影響を与えるものである。ブランド研究の第一人者D・A・アーカーは、ブランド・エクイティを「ブランド・ロイヤルティ」、「ブランド認知」、「知覚品質」、「ブランド連想」、「その他のブランド資産」の5つの要素からなるとした（アーカー，1991＝1994：20-27）。

　新規顧客の獲得にはコストがかかるが、「ブランド・ロイヤルティ」があれば、顧客を維持するのに相対的にコストがかからず、取引に際しては、優位に作用する。また、競争相手の攻撃も弱めることができる。さらに、「ブ

図表6-1　ブランド・エクイティ

ブランドロイヤルティ	ブランド認知	知覚品質	ブランド連想	その他のブランド資産
・マーケティングコストの削減 ・取引の梯子 ・新規顧客の誘引 ・認知の創造 ・安心感の提供 ・競争上の脅威に対応	・他の連想につながっている錨 ・親しみ／好意 ・実質／コミットメントのシグナル ・考慮対象となるブランド	・購入理由 ・差別化／ポジション ・価格 ・チャネル構成員の関心 ・拡張	・情報の加工／検索の支援 ・購入理由 ・肯定的態度／感情の創造 ・拡張	・競争優位

出典：D・A・アーカー（1994）『ブランド・エクイティ戦略』ダイヤモンド社、p.376を筆者修正

図表6-2 ロイヤルティのピラミッド

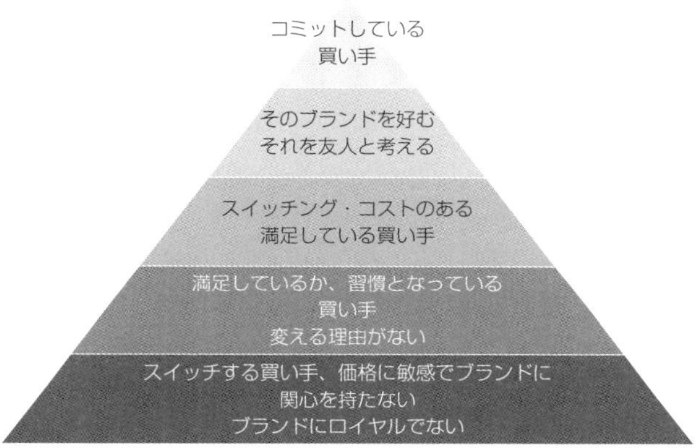

```
                コミットしている
                    買い手
              ─────────────────
              そのブランドを好む
             それを友人と考える
           ─────────────────────
           スイッチング・コストのある
               満足している買い手
         ─────────────────────────
         満足しているか、習慣となっている
                    買い手
                変える理由がない
       ─────────────────────────────
       スイッチする買い手、価格に敏感でブランドに
                関心を持たない
              ブランドにロイヤルでない
```

出典：D・A・アーカー（1994）『ブランド・エクイティ戦略』ダイヤモンド社、p.53

ランド認知」の高い企業は安心感が得られるので、そのブランドが購入される機会が多くなる。ブランド名やロゴ、シンボルなどの認知が重要であり、人々の最初の想起集合に入らなければ購買に結びつかない。「知覚品質」は、製品の品質に対する顧客の評価である。測定可能であり重要なブランド属性といえる。そして、購買決定やブランド・ロイヤルティに直接影響を与えるものであり、ブランド拡張の際の基礎になる。「ブランド連想」とは、ブランド名に結びつけられた信頼や快適、楽しさなどの正の感情を生み出す想いである。購入行動に至るような感情を喚起するブランド独自の世界観を持つことが重要である。さらに、「その他のブランド資産」を含めた5つの要素が、ブランド・エクイティを形成するものである（図表6-1）。

　ブランドに対するロイヤルティを、アーカーは、5段階のピラミッドで表した（アーカー，1991＝1994：53）（図表6-2）。もっとも成功しているブランドは、そのブランドに深く関与し、ブランドに強い愛着を持つ人たちである。

　ブランド・マネジメントの第一人者であるK・L・ケラーは、強いブランドを構築し、ブランド・エクイティを最大化するためマーケティング・マネジャーが行わなければならないこととして次の10項目を挙げている（ケ

ラー，2007＝2010：778)。

① ブランドの意味を理解し、適切な製品とサービスを適切な方法で市場に出す。
② ブランドを適切にポジショニングする。
③ 望ましいベネフィットを的確に供給する。
④ 補完的なブランド要素、支援的マーケティング活動、二次的連想を最大限利用する。
⑤ 統合的マーケティング・コミュニケーションを用い、首尾一貫した態度で伝達する。
⑥ 消費者による価値の知覚を測定し、それに応じて価格戦略を策定する。
⑦ 信頼性と適切なブランド・パーソナリティおよびブランド・イメージを確立する。
⑧ ブランドのイノベーションと関連性を維持する。
⑨ ブランド階層とブランド・ポートフォリオを戦略的に設計し実行する。
⑩ マーケティング活動がブランド・エクイティ・コンセプトを適切に反映するように、ブランド・エクイティ管理システムを設計し実施する。

■ブランドの構造

　日本の商品名の多くは、「企業ブランド」、「商品ブランド」、「属性ブランド」の3つのブランドの組み合わせで、2層構造、あるいは3層構造といった形で成り立っている。(小川, 2001: 20-21)。たとえば、「日産　リーフ」は、「企業」＋「商品」の2層のブランドで商品名が構成され、「トヨタ　クラウン　アスリート」は、「企業」＋「商品」＋「属性」の3層のブランドで成り立っている。

　ブランド名が浸透している場合には、新商品の市場導入を円滑に進めることができる。ブランドが確立している商品やサービスに、改良や機能追加をし、「商品ブランド」＋「属性ブランド」で市場導入を図る。「コカ・コーラzero」や「ペプシNEX」などはこのケースである。ブランド資産を生かし、

図表6-3 ブランドの階層

企業ブランド名
製品の総称（レンジブランド名）
ファミリーブランド名
個別（商品）ブランド名
製品仕様名（属性ブランド名）

出典：小川（2001）『よくわかるブランド戦略』日本実業出版社、p.93

既存ブランドの強化や活性化のためにこういったライン拡張の戦略をとる場合も多い。

また、ブランドには前述の「企業ブランド」、「商品ブランド」、「属性ブランド」のほかに「レンジブランド」と「ファミリーブランド」がある。図表6-3のように、合わせて5つの階層になっている（小川, 2001: 92-93）。「レンジブランド」とは、「乗用車」、「シャンプー」といった製品のカテゴリーである。「ファミリーブランド」は、資生堂「ELIXIL」や「TSUBAKI」のように複数の商品ラインナップを統一し、くくったものである。

あまり多層だと十分認知されない場合もあるので、ブランドの体系に沿った形で、よりシンプルにシステマティックに訴求する必要がある。また、ブランドを構築した後、新たなベネフィットや機能を持った新商品をどのブランドの階層で展開するかを決定することも、企業の商品戦略上重要な選択となる。

■ブランド価値

製品のブランド価値について、和田は、「基本価値」、「便宜価値」、「感覚価値」、「観念価値」という4つの階層で表した（和田, 2002: 19-25）。「基本価値」は、製品の品質や性能、サービスなどの属性。「便宜価値」は、使い勝手のよさや値ごろ感などの機能的な効用である。「感覚価値」は、そのブランドから消費者の五感に訴求する感覚や気分。「観念価値」は、そのブラ

図表6-4 ブランド価値の内容と構成

	ブランド価値内容	ブランド価値構成
基本価値	製品の品質そのもの	・品質信頼度 ・品質優良性評価度
便宜価値	製品の購買・消費にかかわる内容	・製品入手容易度 ・製品使用容易度
感覚価値	製品およびパッケージ、広告物・販促物に感じる楽しさ、美しさ、可愛らしさ、心地よさ、目ざわり耳ざわりのよさ、新鮮さなど	・魅力度 ・好感度
観念価値	ブランド名およびブランド・コミュニケーションが発信するノスタルジー、ファンタジー、ドラマツルギー、ヒストリー	・ブランド・コミュニケーションに対する共感度 ・自らのライフスタイルとの共感度

出典:和田(2002)『ブランド価値共創』同文舘出版、p.66

ンドから表出される物語性や歴史性である。それぞれの価値の内容と構成要素を表したものが図表6-4である。

6.2. メディアのブランド戦略——日本テレビを例として

　テレビ局は、番組や情報を朝から夜遅くまで日本中の人々に発信している。ただし、テレビ放送は、行政上地域や県単位となっているので、そのサービス地域においてであるが、認知度はどんな大手企業と比べても引けをとらない、もしくはそれ以上だろう。関東圏をカバーする民放の東京キー局は5局あるが、その差別化や明確なブランドイメージがあるだろうか。どの局も朝はニュースと情報番組、昼はバラエティかワイドショー、その後夕方までワイドショーかドラマの再放送、夕方はニュースがあり、19時以降のプライムタイムは、バラエティかドラマ、23時以降はスポーツを含むニュース番組と、その後に深夜のバラエティである。どの局もほとんど同じ番組編成で、出ているタレントも組み合わせや役割が変わるぐらいでほとんど一緒である。

第6章　ブランドの理論とブランディングの実際──● 65

　どこかの局が、新しい番組やニュースのスタイルを開発しても、それがヒットした瞬間にすぐに他局が真似をして、同じような番組が並ぶことになる。局の商品がブランドをつくるとすれば、それでは独自のブランド形成ができるはずがない。日本の地上波放送は、すべてのジャンルの番組を制作し放送する総合編成なので、より差別化が難しい。

　ただし、『24時間テレビ』など恒例の大型番組や『箱根駅伝』や『F1中継』など、その局が長年手掛けるスポーツ番組、『笑っていいとも』や『笑点』などの長寿番組、『相棒』や『ごくせん』などの大ヒットドラマ、「お台場合衆国」、「夏サカス」、「汐留博覧会」などの局イベントは、その局のブランド形成に役立つだろう。

　それでは、メディアのブランドイメージ形成要素とは、具体的にはどのようなものであろうか。日本テレビをケースとして、ステークホルダーとの接点を挙げ、日本テレビのブランド形成要素をまとめたのが図表6-5である。

　日本テレビは、日本初の民放テレビ局として1952年に設立、翌53年に本放送を開始した。関東一円に街頭テレビを設置し、巨人戦中継やプロレス中継では、街頭に黒山の人だかりができるほどの人気を博し、テレビ放送の普及を図った。そういった、エポックメイキングな歴史や『シャボン玉ホリデー』、『巨泉×前武　ゲバゲバ90分！』、『太陽にほえろ！』、『巨人の星』、『24時間テレビ』などの超ヒット番組や長寿番組、スタジオジブリと提携した映画などの名作、話題作などの映像コンテンツ。トップの発言や視聴率10年連続三冠王、局のキャンペーン広告や広報活動などの広報宣伝活動。本社社屋の立地や売り上げ、電話や受付の対応、採用人事や社員の態度、アナウンサー、読売新聞との関係など、図表6-5に挙げたすべてのステークホルダーとの接点がブランド形成要素となる。

■日本テレビの局キャンペーン開始の背景とその展開

　日本テレビが、局のブランドイメージ形成のためのキャンペーンを立ち上げた背景には、放送業界がこれまで置かれていた立場と、これからおとずれ

図表 6-5　日本テレビのブランド形成要素

要素	具体例
標章	社名・ロゴマーク・企業スローガン・行動規範・キャラクター
人	経営トップ・社員・タレント・アナウンサー・警備員・電話対応・受付・制作会社社員・アルバイト
歴史	民放第一号・エポックメイキングな番組の歴史・視聴率10年連続NO.1
商品	番組・事業イベント・映画・出版・ホームページ・日テレオンデマンド・NNN24・G＋・ジブリ作品・JoinTV
立地・社屋・拠点	汐留新社屋・麹町・外観・ネーミング・立地と周辺環境・街イメージ・情報発信拠点（サテライト）
人事・組織	採用方法・研修・人員構成・時代に合った組織の構築・福利厚生
技術	放送、中継技術のクオリティ・受賞・新技術の開発と発表・特許
社会貢献	社会貢献イベント・寄付・チャリティ・施設の公開・番組企画での社会貢献活動・環境配慮（ISO14001）
パートナー	提携企業・読売新聞・系列局
広報	トップの発言・世帯視聴率・個人視聴率・経常利益・財務状況・売り上げ・健全経営・記者会見
広告	番組宣伝広告・局キャンペーン広告・プレスリリース・視聴率三冠御礼広告
催事	株主総会・IR説明会・汐留社屋イベント・ECOイベント・番組改編説明会
関連会社	VAP・日本テレビ音楽・AX-ON・NITRO・4CAST・日テレイベンツ・日テレサービス・日テレ7
関連事業	スポーツチーム（日テレヴェレーザ）・ショップ経営・ライブハウス（渋谷AX等）

出典：筆者作成

るメディア環境の変化がある。民間放送は、スタート以来、経済成長とともに右肩上がりの成長を続けてきた。さらに、免許事業であることから新規参入は難しく、民放5局の護送船団方式で、常に守られた状況にあった。メディアとしての伸長と放送枠の希少性から、どの局が勝っても負けても収入は

第6章　ブランドの理論とブランディングの実際 ● 67

順調に伸び、その多寡の違いはあっても、経営統合や経営破綻をきたすほどの厳しい戦いはない業界であった。視聴者にしてみても、見ているのは番組であって、どの放送局が自分のお気に入りの番組を流しているかは、ほとんど関係のないことであった。また、常に情報を発信しているメディア企業は、その知名度の高さや情報の送り手意識ゆえに、自局のブランドアップのために何か特別な施策をする必要性を感じていなかった。

　しかし、多メディア多チャンネル化への波と地上波放送のデジタル化、商社や通信業者をはじめとする異業種から放送への新規参入、インターネットの普及による放送と通信の融合への不安など、放送業界がかつて感じたことがなかった大きなメディア変化への脅威の中で、一企業としての体質の強化と内部の整備、そしてブランドイメージの確立などが、不可避の状況になってきていた。

　1990年前後、テレビ各社は、間近に迫った多メディア多チャンネル時代に向けてCI（コーポレート・アイデンティティ）活動を開始した。日本テレビは開局40年を機に、VI（ビジュアル・アイデンティティ）に着手し、ブランドマークの発表などを経て、今日まで日テレキャンペーンを継続的に行っている。

図表6-6　日本テレビキャンペーンの展開と考え方

キャンペーン・キャッチフレーズ	概要／狙い
（1993年4月〜1994年3月） 開局40年キャンペーン 「みんなの中に、私はいます。」 日本テレビ	開局40年キャンペーンを機に、シンボルマークの開発といままでばらばらだった社名ロゴの統一を実施した。「製作著作」表示、封筒、名刺、社旗、グッズなどすべて統一。 宮崎駿監督制作でシンボルマークを作成。名前公募のキャンペーンを行い、5万通の中から「なんだろう」に決定。宮崎監督のアニメ動画のCMを作成し、マークの認知を図った。1年間で約90％の認知率に達した。

（1994年4月～1995年3月） 「Virginから始めよう。」 	視聴率三冠王を奪取すべく、開局41年目を「日本テレビの第2の創業」と位置づけた。「まっさらに戻り、新しく生まれ変わる日本テレビ」が、キャンペーンのコンセプト。さまざまな人々がスタートラインを引くCMは、視聴者へのメッセージと同時にインナーへの訴求をするものであった。 画期的な試みとして、15秒の番組宣伝CMを「12秒＋3秒」に分け、後半の3秒で局メッセージと局名をアピールした。現在、テレビ局のキャンペーンは、どの局もこのCMパターンを採用している。
（1995年4月～1996年8月） 「それって、日テレ。」 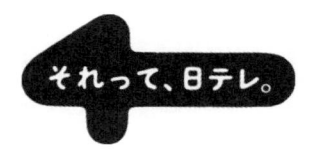	1994年、日本テレビは、フジテレビを抜いて視聴率首位に立ったが、ヒット番組と局が結びついていないという調査結果が出た[*2]。そこで、日本テレビと番組を結びつけるキャンペーンを行った。覚えやすく、口癖になり、瞬発力のあるコピーをキャンペーンの軸とした。 このキャンペーンで初めて日本テレビを「日テレ」と呼び、それ以降呼び名は「日テレ」で統一された。CMは、視聴者参加型にし、ドリカムの曲「サンキュ！」を使用、ターゲットへの同時代感と注目率のアップを図った。CM放送後すぐに問い合わせがあり、やがて大きなムーブメントになった。 番組とCMの連動、視聴者参加、タレントがキャッチフレーズと番組名をいうなど、テレビ局の強みを存分に生かしたキャンペーンとして、それ以後各局のキャンペーンの雛形となった。
（1996年8月～1997年12月） 「そんなあなたも、日テレちゃん。」  	目指したのは、日テレファンの拡大。「日テレファンクラブ」推進運動である。新進気鋭のファッションデザイナー・KEITA MARUYAMAが帽子をデザイン、それをキャンペーン展開のアイコンにした。この帽子をかぶった人が「♪そんなあなたも、日テレちゃん」というサウンド化したキャッチフレーズとともに、次の人に渡していくという視聴者参加型のCMにした。タレントから始まって一般視聴者へ、15秒CMに3組ずつ出演してもらい、次々に「日テレちゃん」＝日テレファンを紹介していく。CMに参加した人や日テレちゃんになりたいと応募した人には、日テレからナンバー入りの「日テレちゃん会員証」を送り、日テレメンバーとして登録、広報誌やグッズなどを送った。

第6章　ブランドの理論とブランディングの実際——●169

（1998年1月～1999年8月） 「日テレ営業中。」 日テレ営業中。	「日テレはいつでも営業中」、一年中頑張っているEテレを訴求した。キャッチフレーズをサウンドロゴ化し、「音と言葉あそび」の要素を付加してCMを展開、大ヒットした。「笑点営業中」、「ルーブル展営業中」など番組やイベント告知のほかに、「ツッパリ更生中」や「筆跡鑑定中」など、言葉やビジュアルの遊びを入れることで、広く一般視聴者に浸透させた。 キャンペーンCMを営業ツールとして初めて活用した。日テレ営業中のCMと遊園地の豊島園、富士急ハイランドの2社とコラボレーション。「日テレ営業中。豊島園（or 富士急ハイランド）も営業中。」という合体したCMを企画し、スポットCMの出稿など、営業的にも機能するものになった。
（1999年9月～2001年2月） 「日テレ式」 日テレ式 JOAX-TV	キャラクターをキャンペーン展開の柱とした。日テレ顔のキャラクター「シッキー」を登場させ、突っ込みどころ満載にPRすることで、視聴者との距離を身近なものとした。 このキャンペーンでは、イメージアップと同時に、グッズによる収入も視野に入れて展開した。10点以上の「シッキー」グッズが日テレショップで売り出され、2億円以上の売上げとなった。
（2001年3月～2003年5月） 「日テレブランド？」 日テレブランド？	開局50年（2003年）の新ブランドマーク発表につなげるキャンペーンとして位置づけた。「テレビ局のブランドって、なんだろう？」という問題提起とその問いかけをキャッチフレーズとした。リーバイスのような赤い布の小片に「日テレブランド？」という文字を刺繍したタグを大量に配布し、あらゆるものにつけてしまうことで、世の中にあるものの日テレブランド化をもくろんだ。 番組宣伝や事業イベントCMにもこのタグのビジュアルとサウンドロゴをつけ、日テレの「ブランド化？」を推進した。2001年グッドデザイン賞を受賞。

（2003年6月〜2003年12月） 開局50年キャンペーン 「新ブランドマーク誕生」	新ブランドマークを開局50年の2003年6月に発表。番組クレジットの「製作著作」や「名刺」、「封筒」、新社屋の案内板など、社で使うすべてのものに用いられた。その使用法や色などを規定した「ブランドブック」をホイチョイプロダクションズと共に作成し、全社に配布、同時にブランドマークの使用規定の説明を実施。グループ企業も日テレと同じ色と同形のロゴで統一した。 新ブランドマークの登場CMは、「モーニング娘。」を起用し6本制作、一気にその普及と定着を図った。開局50年、新社屋完成・汐留移転を新ブランドマーク発表の絶好の機会ととらえた。
（2004年2月〜2006年9月） 「&日テレ」	企業やブランド、アーティストなどのコラボレーション、異なる個性や才能の融合で新たな価値を生むことを企業が積極的に行い始めていた。インターネットの普及により、テレビというメディアの立ち位置も変化してきていた。 キャンペーンのコンセプトは、メディアと生活者が並行な立ち位置で「つながる関係」、「コラボする関係」。すなわち「&」の関係であることを訴求した。「&」を「アーンちゃん」というキャラクター化して「視聴者」、「タレント」、「企業」など、世の中とつながる日テレをCMで表現した。
（2006 10月〜2007年12月） 「日テレちん」	携帯メールやパソコンとの「ながら視聴」など、視聴者はテレビ画面ではなく、音でテレビに接しているのではないかと考えた。 そこで、アタック音でテレビ画面に振り向かせ、その音を記憶に残す仕組みをキャンペーンに導入した。「ちん♪と鳴ったら、日テレのお知らせ」をコンセプトとした。音と親しみやすいキャラクター「日テレちん」をアイコンにして、シンプルかつストレートに展開した。
（2008年1月〜2009年3月） 開局55年キャンペーン 「日テレ55」	視聴率首位奪還を目指し、社内外を盛り上げることを目的としてキャンペーンを実施した。キャンペーンのコンセプトは、「こんな日テレ見たことない」。日テレ55年の歴史の中で、いままでやったことがないことを、番組やイベント、PR展開で行った。「日テレ55（ゴーゴー）」というシンプルで勢いのあるキャッチフレーズを柱にし、歌をみんなでリレーするというキャンペーンを組み立てた。そして、ロックンロールの神様チャック・ベリー本人に「ジョニー・B・グッド」を「Nittere go! go!」と、替え

(go! go! CANDY 画像) ©NTV	歌で歌ってもらった。 その後、日本のビッグアーティストが歌い継ぎ、多くの人を巻き込みながら、ムーブメントをつくっていった。この期間、社名ロゴも替え、女性アナウンサー3人のユニット「go! go! girls」を結成、新曲を発表するなど、キャンペーンは大きな盛り上がりを見せた。
(2009年5月～) 「Nittele Da Bear」 (ダベア画像：「日テレ、ダベア」) ●名前………DA BEAR ●生年月日………1985年10月13日（この3日後に阪神タイガースが21年ぶりにリーグ優勝するだベア） ●出身地……フランス・カンヌ（避暑地と国際映画祭で有名なカンヌで生まれただベア） ●などなど、設定が10ページもあるダベア	このキャンペーンでは、生活者とのコンタクト・ポイントを増やすことと、スピードの早いコミュニケーションをめざした。キャラクターは、立体でも平面でも活用でき、着ぐるみにすれば、番組やイベントへの出演もできる。インターネット上にも登場でき、グッズにもしやすいという利点がある。バーチャルとリアル、両方のメディアを横断することで、露出機会を増やし、愛され、突っ込まれるキャラとして活躍できるよう設定した。 コンセプトは、時代性や24時間テレビなど視聴者参加型番組が多い日テレの特徴を考えて「つながる」とした。キャンペーンの主人公は、みんなとつながりたい「つなグマ」の"ダベア"。どこへでもおじゃまする日テレの宣伝部員兼アシスタントディレクターとして登場させた。綿密なキャラクター設定書をつくり行動のブレをなくした。ツイッターのフォロワーは約8万人（2012年10月現在）である。

出典：日本テレビ放送網(株)

■キャンペーンの作り方

各キャンペーンは、それぞれその時代の日テレの立ち位置と社会の流れ、生活者との接点の作り方などを考えて展開してきた。キャンペーンの核になり、それが動き出すきっかけとなるドライバーは何であろうか。大きく3つ考えられる。①キャンペーンを引っ張る強い言葉やビジュアル、②愛着（尊敬）の持てる人物・キャラクター、③わくわくできるストーリー。①は「それって、日テレ。」、「日テレ営業中」、「日テレブランド？」など。キャンペーンのコンセプトを示しつつ、突っ込みどころがあり、それで遊べる言葉やビジュアルに人は集まる。それらを音楽や音に乗せることで、口ずさみやすくなったり、身近なものになり、キャンペーンは回り始める。たとえば、西武

の「おいしい生活。」などは言葉が、そして日清カップヌードルの「hungry？」は、強烈なビジュアルがキーになっている。②に関しては、「日テレ式」、「日テレちん」、「日テレダベア」で試みた。タレント広告やソフトバンクの「犬のお父さん」のCM展開にみられるように、キャラクターがうまくはまれば、コミュニケーションも早く、訴求力も高い。キャラクターグッズによる展開もできる。③に関しては、「日テレ55」があてはまる。チャック・ベリー本人が「ジョニー・B・グッド」の替え歌を歌い、その後次々と日本人ミュージシャンが歌い継いだが、欽ちゃんや女性アナウンサー3人のユニット（go! go! girls）を出すなど、「次は誰が出るの？」、「こうきたか！」などのわくわく感を創出した。サントリーBOSSの「宇宙人ジョーンズ」の展開もストーリーが秀逸で、つい見てしまうものである。CMが視聴者に飛ばされてしまう今の時代、ストーリー性が重要なものになっている。また、それぞれの広告展開の中で、どうニュース性をつくっていくかが重要である。話題がシェアされなければ、ムーブメントにはならず、継続性もない。広告をニュースにする施策を、ところどころに仕込んでおく必要がある。

　広告は、総合的に組み立てられるものであり、どれか一つでつくられるものではないが、何をキャンペーンの柱（言葉、ビジュアル、キャラクター、物語など）にして組み立て、どうやったらキャンペーンの期間中ずっと楽しんでもらえるか、得した感を持ってもらえるかの枠組みを作ることがクリエイティブでは重要である。生活者と効果的な接点をつくり（コミュニケーションデザイン）、いいエピソード、楽しい経験を積んでもらうことで、企業のブランドイメージは確立していくものである。

＜注＞
＊1　The American Marketing Association (AMA) defines a brand as a name, term, sign, symbol or design, or a combination of them intended to identify the goods and services of one seller or group of sellers and to differentiate them from those of other sellers (American Marketing Association, 2007).
＊2　日本テレビ編成局マーケティング部調査（1994年）。『とんねるずの生でダラダラい

かせて！』はフジテレビとの勘違いが15.2%、『クイズ世界はSHOW By ショーバイ』は、フジテレビとの勘違いが13%、『知ってるつもり?!』はTBSとの勘違いが21.7%あり、全体の正答率は約65%だった。バラエティはフジ、ドラマはTBS、ニュースはテレ朝、スポーツとワイドショーが日テレという、イメージ・バイアスが見出された。

第 7 章 | その先のメディアと
コンテンツビジネス

7.1. 日本のコンテンツ産業

　2011 年の日本のコンテンツ産業の市場規模は 12 兆 460 億円（前年比 98.8％）であり、世界第 2 位の規模である。その内訳は、パッケージものが約 44％、放送が約 30％ であり、この両者で 7 割を超えるが（『デジタルコンテンツ白書 2012』: 22-23）、その海外への発信力という点では、まだまだ問題が残る。

　海外における日本のコンテンツの評価は高く、フランスで行われた「JAPAN EXPO 2012」では 20 万人超、米ロサンゼルスで行われた「Anime Expo」では、2012 年の来場者は 4 万 7,000 人超である。経済産業省によると、日本のアニメ、マンガ、ゲーム、放送、音楽、キャラクターといったコンテンツ産業が連携して開催する総合的なコンテンツフェスティバルである「CoFesta」は、年々規模が大きくなっており、2011 年の動員数は 230 万人、成約金額は 4,500 万ドルとなっている。

　しかしながら、日本のコンテンツは、高い評価の一方で海外輸出比率に 5％と低く、アメリカの 17.8％ の約 3 割にも満たない。経済産業省の 2012 年の報告によると、成長するアジア市場への対応も十分できておらず、日本の放送番組を見てみると、その輸出額は 2 年連続で減少しており、韓国の 1 億 8,703 万ドルに対し、日本は 715 万ドルと大きく水をあけられている。アニメにおいても、ピークであった 2005 年には 168 億円の海外への売上げがあったが、現在では 85 億円に減少している（経済産業省，2012）。

　そういった状況において、いくつかの施策が行われている。(株)産業革新

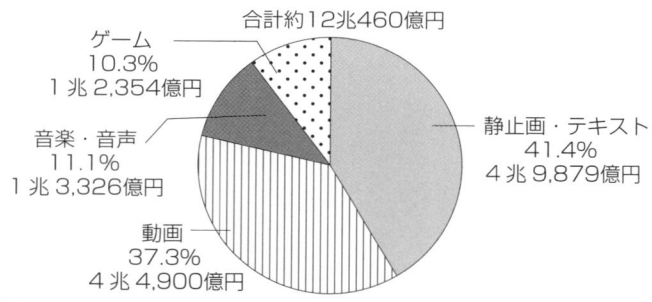

図表 7-1　コンテンツ産業の市場規模 2011 年＜コンテンツ別＞

合計約 12 兆 460 億円
ゲーム　10.3%　1 兆 2,354 億円
音楽・音声　11.1%　1 兆 3,326 億円
動画　37.3%　4 兆 4,900 億円
静止画・テキスト　41.4%　4 兆 9,879 億円

出典：経済産業省商務情報政策局監修／（財）デジタルコンテンツ協会編『デジタルコンテンツ白書 2012』、p.23
＊小数点以下 2 ケタ四捨五入

機構が 100%（60 億円）出資して「株式会社 All Nippon Entertainment Works」を設立、コンテンツの海外展開の支援を行う活動を 2012 年 2 月から開始した。映画会社、テレビ局、ゲーム会社、アニメ制作会社、広告会社、商社などがパートナー企業として参加し、ストーリーやキャラクターをグローバル市場向けの映像作品として制作し、米国映画市場を窓口として、映画、テレビ、ゲーム、書籍、玩具、キャラクター商品等のコンテンツ産業の収益獲得を図っている。

　また、グローバルにコンテンツビジネスを展開するうえでの大きな障害は、海賊版の問題である。たとえば、中国における日本アニメの海賊版などによる被害額は、2,400 億円にのぼる（外務省推計，2010）。そういった日本のコンテンツの著作権侵害に対して、コンテンツ海外流通販促機構（CODA）を通じて、日本コンテンツの海外での正規流通を促す施策が行われている。

　2020 年には、コンテンツ産業は 20 兆円に達すると経済産業省は予測しているが、海外への積極的な展開や、海外のコンテンツ制作会社とのコラボレーション、東南アジアなど今後成長が見込まれる地域での市場開発などコンテンツ産業が伸張する可能性は大きい[*1]。

図表 7-2　コンテンツ産業の市場規模 2011 年＜メディア別＞

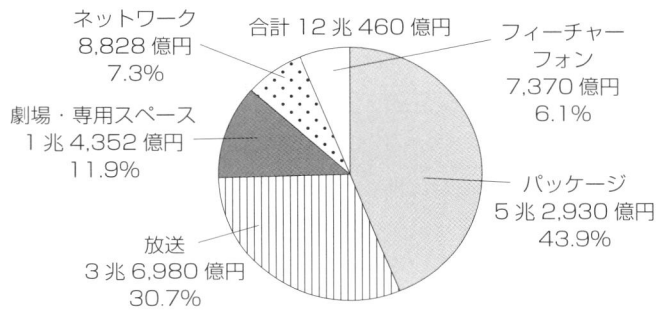

合計 12 兆 460 億円

- ネットワーク　8,828 億円　7.3%
- フィーチャーフォン　7,370 億円　6.1%
- 劇場・専用スペース　1 兆 4,352 億円　11.9%
- パッケージ　5 兆 2,930 億円　43.9%
- 放送　3 兆 6,980 億円　30.7%

出典：同『デジタルコンテンツ白書 2012』、p.23
＊小数点以下 2 ケタ四捨五入

7.2. テレビを取り巻く状況と新たなビジネスモデルへの模索

　日本のコンテンツ市場で 2 番目の規模である放送業界を見てみよう。地上波テレビのビジネスモデルは、これまでは成長する社会背景ともマッチし、非常に高収入の構造で効率的に運用されてきた。しかし、社会におけるメディア構造が変化し、成熟した生活者はメディアを自ら選んで使う時代になると、企業もマス広告だけに頼ったプロモーションから、メディアを戦略的に横断したものに移行してきている。

　テレビの広告収入の部分を見てみると、2004 年から 2 兆円を維持してきたが 2007 年に 2 兆円を切り、ここ数年は年々減少し、2011 年は約 1 兆 7,000 億円になった。一方で、インターネット広告の伸びも鈍化し、テレビ広告も復調の兆しがあることから、現在のビジネスモデルのままでも当分維持できるという判断もある。しかし、グーグルやアマゾンなどのプラットフォーム、フェイスブックやツイッターなどソーシャルメディアの隆盛、英米で急伸する映画配信のネットフリックスなど、多くのプレイヤーがコンテンツビジネスの世界での覇権を狙っている。当然ながらテレビ局の競合相手はコンテンツビジネスを扱うところすべてであり、可処分時間の奪い合いはさらに激しさを増すだろう。クライアントニーズに合う新たなビジネスモデルへの修正

や、収益の柱になる新たなビジネス戦略の構築が迫られている。

現在テレビ局各社は、自らの強みであるニュースギャザリング、コンテンツ制作力、コンテンツマネジメント力、アーカイブ、会社の知名度（ブランド力）などを活用し、新たな事業収入の獲得を図っている。現状では、番組提供やスポットCMのセールスによる放送収入とそれ以外の放送外収入の割合は、局により多少の違いはあるが、およそ7対3ほどである。放送外収入を増やすことで、メディア状況の変化に対応できる柔軟な企業体質づくりを目指している。

これまでもテレビ局は、制作したコンテンツを登場させるタイミングや、媒体によって内容を変えることで、コンテンツのマルチユースを行うウィンドウイングモデル（図表7-3）展開を行ってきた。また、映像アーカイブを利用しての権利ビジネスやテレビショッピング、番組のアイデアや構成などをパッケージ化して海外へ売る番組フォーマット販売など、テレビ局の持っているノウハウや資産を活用して事業を行ってきたが、この先その傾向にさらに拍車がかかり、ブランドや人的資源、物的資源、技術力などを活用してテレビ局グループ全体で、コンテンツ産業の川上から川下までコンテンツ

図表7-3　ウィンドウイングモデル

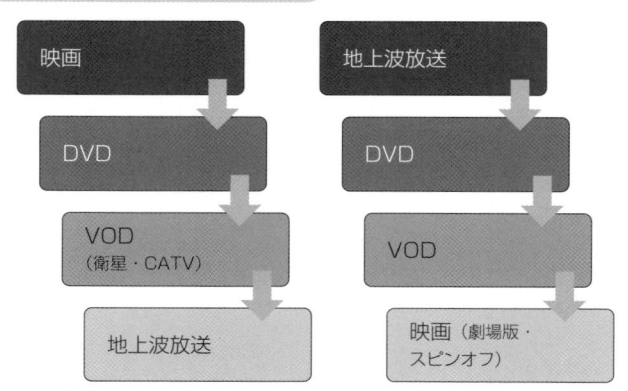

```
映画                          地上波放送
 ↓                              ↓
DVD                           DVD
 ↓                              ↓
VOD                           VOD
（衛星・CATV）
 ↓                              ↓
地上波放送                     映画（劇場版・
                               スピンオフ）
```

出典：長谷川・福冨（2007）『コンテンツ学』、p.131、ウィンドウイングモデル概念図をもとに筆者作成

図表 7-4　テレビ局グループとしての事業展開イメージ

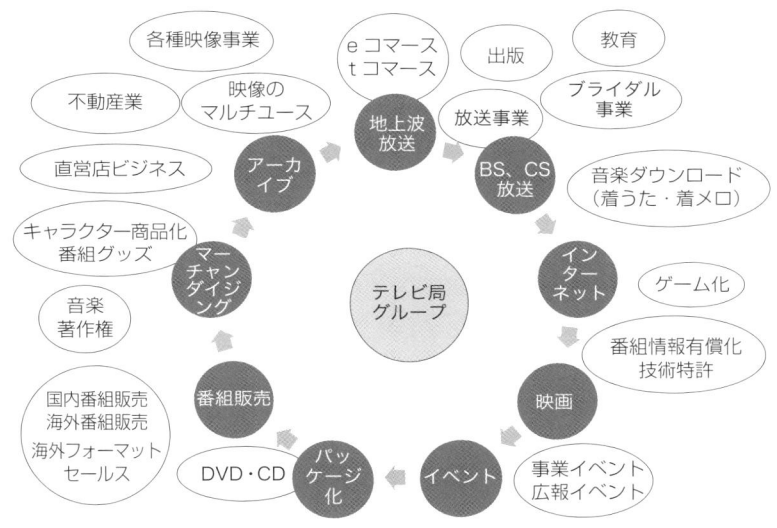

（図中ラベル）
- 各種映像事業
- 不動産業
- 映像のマルチユース
- eコマース／tコマース
- 出版
- 教育
- ブライダル事業
- 地上波放送
- 放送事業
- BS、CS放送
- 音楽ダウンロード（着うた・着メロ）
- 直営店ビジネス
- アーカイブ
- テレビ局グループ
- インターネット
- ゲーム化
- キャラクター商品化　番組グッズ
- マーチャンダイジング
- 番組情報有償化　技術特許
- 音楽著作権
- 国内番組販売　海外番組販売　海外フォーマットセールス
- 番組販売
- DVD・CD
- パッケージ化
- イベント
- 映画
- 事業イベント　広報イベント

出典：筆者作成

に関わるものを総合的に事業化し、収益を上げていく方向に進んでいくだろう（図表7-4）。

■番組フォーマットの海外販売例

- 日本テレビ『マネーの虎』：『Shark Tank』（アメリカ・ABC）、『Dragon's Den』（イギリスほか20カ国）、『欽ちゃんの全日本仮装大賞』（アメリカでリメイク）
- TBS『加トちゃんケンちゃんごきげんテレビ』の視聴者ビデオ投稿コーナー、『America's Funniest Home Videos』（ABC）、『サスケ』：『Ninja Warrior』（アメリカ・ケーブルテレビ G4）
- フジテレビ『とんねるずのみなさんのおかげでした』のコーナー企画"脳かべ"：『Hole in the Wall』（アメリカ・FOX）
- テレビ朝日『いきなり！黄金伝説』の"芸能人節約バトル　1カ月1万円

生活"(アメリカのWilliam Morris社とフォーマット販売代理店契約)、『ロンドンハーツ』の"格付けしあう女たち"(オランダ・BNN)
・テレビ東京の『ミリオン家族』のコーナー企画"かくれんぼバトル"(ヨーロッパ各国でのフォーマット販売開始)

7.3. テレビはスマートへ、マルチウィンドウ視聴へ

　テレビ局はコンテンツや技術、ノウハウなどをマルチに事業化する方向に進む一方、デジタル化によってインターネットとつながるスマートテレビへの対応とその展開を考えている。スマートテレビでは、地上波、BS、CSのテレビ放送のほかに、テレビモニター上でコンテンツのストリーミング再生、Webサイトの閲覧、ツイッターやフェイスブックなどのソーシャルサービスへのアクセス、アプリケーションのダウンロードなどさまざまな機能が実行できる(図表7-5)。テレビをめぐる環境は著しく変化し、ひとつのスクリーン上で、多くの映像が視聴可能な状態になっている。そういった放送波以外の映像も選択できる状況に対応していくために、新たな映像プラットフォームへの参入やコンテンツ開発が積極的に行われている。

　2012年の世界のテレビ出荷台数は対前年比1.8%増となる2億3,200万台、スマートテレビは同48%増の8,900万台、3Dテレビは同117%増の4,300万台、50型以上のテレビは同25%増の1,500万台に拡大(2012年8月現在)しており、タブレット端末は同68%増の1億600万台、スマートフォンは同62%増の7億台に達する[*2]。そういった状況の中で、生活者はスマートテレビとスマートフォンを組み合わせた「ダブルウィンドウ視聴」、もしくはテレビを見ながら友達とスマートフォンでコミュニケーションをする「ソーシャル視聴」を行っている。

　日本テレビが2011年12月の『金曜ロードショウ』でジブリアニメの『天空の城ラピュタ』を放送した際、主人公が「バルス」と呪文を唱える場面でツイッターの1秒間のツイート数が2万5,088という世界新記録を数えた(Twitter Japan, 2011)。まさに、ソーシャル視聴が進行している実態がうかがえる。

図表 7-5　スマートテレビを構成する情報の流れと連動するデバイス

映像ソース
地デジ　BS　CS　CATV　YouTube　Netflix
Hulu　ニコ動　もっとTV　etc.

スマートテレビ

提供サービス
アプリ
マーケット
ゲーム
ネットアクセス
ソーシャルTV
キュレーション
コマース
スマートパネル

| タブレット | 携帯電話 | スマートフォン | パソコン |

セカンドスクリーン

出典：遠藤諭「メディア大激変時代へ」経済産業省商務情報政策局監修／(財)デジタルコンテンツ協会編(2012)『デジタルコンテンツ白書2012』(財)デジタルコンテンツ協会、p.18に一部加筆

　ロンドンオリンピック中継においてもアプリによるセカンドスクリーンサービスを各国のテレビ局が行った。アメリカのNBCは、ロンドンオリンピックの中継番組で音声認識アプリ「Shazam（シャザム）」[*3]を使い、モバイル端末をテレビにかざすと、競技スケジュール、メダル数、速報、選手プロフィールや、視聴者投票、SNSとの連携などさまざまな情報がモバイル画面に表示されるサービスを実施した。イギリスのBBCでは、フェイスブックユーザー向けに、フェイスブック内でロンドンオリンピック中継をストリーミング視聴できるアプリを提供して、競技中継を見ながらリアルタイムでコメントを投稿できるサービスを実施した。また、フェイスブック上でオリンピックのどんな話題が盛り上がっているかをテレビ中継画面上に随時表示させる「Facebook Talk Meter（フェイスブック・トーク・メーター)」を導入するなど、テレビとスマートフォンを組み合わせて番組を二重三重に楽しめる施策を行った。

日本テレビはフェイスブックと連携して、ソーシャル視聴サービス「JoinTV」を開始している。連動機能により同じ番組を視聴しているフェイスブックの友達をテレビ画面上に表示でき、リビングルームで会話しながら、一緒にテレビを楽しんでいるような感覚が味わえる。そういった「ソーシャル視聴」は、リアルタイム視聴の活性化を促すものにもなっている。

テレビは、インターネットにつながることやスマートフォンなどのモバイルと連動することにより、見るだけでなく、買う、遊ぶ、つながるなどの多くの「場」を獲得した。しかし、それはテレビの「場」という限られたものではなく、社会や人、そして、映像、音楽、書籍、ゲームなどすべてのエンターテインメントへとつながる窓口でもある。無限につながるプラットフォーム上に、新たなビジネスの可能性も広がっている。

7.4. 若者のスマート化と今後

スマート化が進行する状況を生活者側から見てみよう。博報堂DYメディアパートナーズのメディア環境研究所は、スマートフォンなどのスマートデバイスを活用する生活者の実態を調査・発表した[*4]。スマートフォンユーザーは、これまでは20代〜30代を中心に普及してきたが、2012年に入り、10代の伸びが著しく（図表7-6）、サービスの利用実態も変化している。特徴的な傾向として、利用する有料アプリの個数が少なく、娯楽・コミュニケーション系の無料アプリの利用率が高いという結果が出ている。

調査のビデオに登場する10代の女性においては、スマートフォンは、友達や世の中とつながる「命のように」なくてはならないものだといい、コミュニケーションは、メールではなく「ライン」を使うという。ラインの「スタンプ」はキャラクターの表情が豊かで、言葉より自分の気持ちや気分をストレートに相手に伝えることができると主張する。もはや言葉ではなく、絵文字でもなく、コンテンツプロバイダーが用意したキャラクターをその時の自分の気分などで使いこなすビジュアルコミュニケーションが成立している。

そして、ニュースはテレビや新聞ではなくスマートフォンのヤフーニュー

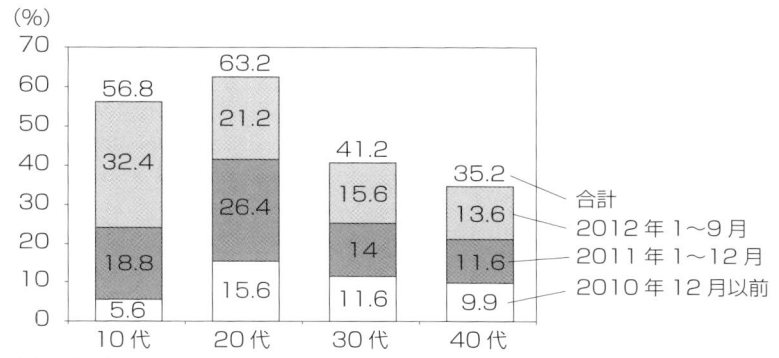

図表 7-6　年代別スマートフォン保有率

年代	2010年12月以前	2011年1～12月	2012年1～9月	合計
10代	5.6	18.8	32.4	56.8
20代	15.6	26.4	21.2	63.2
30代	11.6	14	15.6	41.2
40代	9.9	11.6	13.6	35.2

出典：博報堂DYメディアパートナーズメディア環境研究所（2012）
＊合計は小数点以下四捨五入による。

スなどを見、テレビは録画したものをスマートフォンで見るという。こういった状況は、まだ限られた層において起こっていることだが、すぐに年齢層は広がっていき、ほとんどの生活ツールがスマートフォンやiPadなどのモバイル端末上で行われることが予想される。

前節でも記述したように、各メディアのコンテンツは、ひとつのプラットフォーム上に統合され、消費される。また、そこでは「便利」、「楽しい」、「つながる」、「無料」といったものが利用され、自分にとって本当に必要なものだけが有料コンテンツとして購入される。コンテンツ・ドリブンな状況であり、そこには大きなビジネスの可能性が広がっているが、一方で、課金方法などの問題も残っている。

7.5.　コンテンツビジネスとその対価

その大きな可能性とは裏腹に、コンテンツをどうビジネスに結びつけるかという問題がある。これまでのテレビやラジオのビジネスモデルは、メディア各社が代理店を通して、広告主から広告費を受け取り、生活者には無料でコンテンツを提供してきた。そして、コンテンツの制作者には、メディアから制作費が支払われるという仕組みによって、それぞれに利益がもたらされ

る循環が生まれていた。インターネットが普及するまでは、そのシステムは、情報の送り手、受け手双方にとってそれなりにうまく回っていた。テレビやラジオの放送のための電波は、決められたプレイヤーにしか与えられない貴重なものであり、その発信する情報にも希少価値があった。しかし、インターネットによってそれぞれの生活者がメディアを持ち、情報の受け手であると同時に発信者となった。編集用ソフトを使えば、アマチュアでも映像や音楽のコンテンツが高いレベルで制作できる。メディアもコンテンツも限られたプレイヤーだけが扱える貴重なものではなくなってきており、ツールさえあれば誰でも発信できるものになった。そういった意味では、メディアの受け手である生活者には大きなメリットがもたらされた。

　マスメディア各社が、高い制作費や放送権料を払えるのは、広告料によって高い収益をあげられるという前提の上に成り立っている。そして、それは広告主がマスメディアの広告枠をほかにない貴重なものだと判断し、購入していたからである。その前提が崩れ始めており、それは当然コンテンツビジネスにも影響を及ぼし、制作費削減などの事態を引き起こしている。

　インターネット上で流通するコンテンツに関しては、プラットフォーム業者は広告収入ほかでビジネスが成り立つが、コンテンツ制作者には十分に対価が還元されない状況がある。さらに、コンテンツは無料であるという感覚が生活者に根付いてしまっている。しかし、オリジナルなコンテンツ制作には、コストも時間もかかる。そのためには、コンテンツ制作者側は、どのように誰から課金するかが、重要な問題になる。

　『フリー』の著者であるクリス・アンダーソンは「デジタルのものは、遅かれ早かれ無料になる」（アンダーソン，2008＝2009：322）といい、インターネット上の情報の無料化は必然であるとする。その上で、フリー（無料）からお金を生み出す戦術があると主張し、そのビジネスモデルを次の４つに分類している（同：34-42）。①直接的内部相互補助。あるモノやサービスを売るために他の商品を無料にする手法、②三者間市場。二者が無料で、第三者がその費用を負担することで市場を形成するモデル。テレビ、ラジオなどの

広告モデル、③フリーミアム*5。基本版を無料で配布し、高機能版を買うユーザーにお金を払ってもらうというモデル。有料のプレミアム版のユーザーが無料利用者を支える仕組み、④非貨幣市場。対価を期待せずに、無償で労働力を提供しあうもの。ウィキペディアやフリーサイクルなど、金銭以外の動機で展開する市場である。

　コンテンツビジネスの現状と可能性を、『フリー』で指摘する4つのビジネスモデルに照合して具体的に見てみることにする。

　「直接的内部相互補助」の観点で、地上波テレビ放送を例にとった場合、番組を通じてスマートフォンなどのWebに誘導し、番組内で使用されたグッズやDVD、関連するイベントチケットなどを購入してもらうなどの施策が考えられるだろう。ダブルウィンドウで視聴する生活者が増えると、テレビの世界と実世界の橋渡しが容易になり、そこにビジネスチャンスが生まれる。音楽ビジネスでは、AKB48のCDに握手券や総選挙の投票権をつけることで、通常では考えられないほどのセールスを記録している。新宅・柳川は、コンテンツのデジタル化への対応策として「アナログで儲ける」ことを指摘する（新宅・柳川ほか，2008: 40-44）。おまけ、コレクショングッズ、レア製品、キャラクターグッズなどをつけることで売り上げに結びつける、また、ネット上の音源や映像はプロモーションと考え、音楽や映像のライブを利用して儲けるといった施策だ。

　「三者間市場」は、現在のテレビやラジオのビジネスモデルであるが．文字情報や3D映像、画面と連動したアプリの展開などの付加価値をつけることで番組自体のコンテンツ価値を上げる、もしくはクライアントの求める番組内でのプロダクトプレースメントを行って、広告の付加価値を上げてセールスをする方向、またeコマースや、tコマースなどが考えられる。

　「フリーミアム」に関しては、新聞や雑誌や書籍、「GREE」などのゲームのほか、基本版は無料、プレミアム版もしくはアイテムは有料というモデルで展開しているものである。テレビでは、地上波放送でオンエアしたものをグレードアップし、有料にして他のウィンドウで流すなどの施策が考えられ

るだろう。また、特定のハード使用者やネットワークだけの限定的なグループのみが特別版にアプローチでき課金されるといった方法が考えられる。

「非貨幣市場」に関しては、メディア企業がチャリティイベントや学校などへの出張授業など、生活者とのリアルな交流の場をつくることでつながりを持ち、新たな製品の開発やプロモーションにつなげられる可能性もある。もちろん企業のイメージアップにもつながる。

インターネットのプラットフォーム上には、テレビ番組、映画、ゲームなど映像や書籍、雑誌などのテキスト、そして多くの情報やアプリなどのコンテンツがクラウド状に存在している。それを生活者は、朝起きてから寝るまで、ちょっと空いた隙間時間にもさまざまなデバイスで取りにいき視聴（体験）する。インターネット上にある多くのコンテンツはプラットフォーム事業者のビジネスを助けるものになっており、現状では制作者の割に合う形で還元されていない。しかし、コンテンツビジネスのフィールドはまだまだ大きく広がる可能性を持っている。ただし、厳しい競争の市場であり、生活者のインサイトに届くもの、新たなビジネスモデルを構築したものだけが覇者となれる市場でもある。

<注>
*1　経済産業省商務情報政策局「コンテンツ産業の現状と今後の発展の方向性」（2011年6月）の予測。
*2　フューチャーソース・コンサルティング（Futuresource Consulting Ltd.）の「テレビ市場追跡レポート」（2012年8月）。1989年創立のイギリスの調査・コンサルティング会社。家電、端末、エンターテインメント、デジタルメディア、放送、IT等の各分野のデータ分析等に実績を持つ。
*3　音声QRコード型アプリ。テレビの放映中に、Shazamを起動させたモバイルをTVに向けてかざすと、音声を認識してテレビに連動し、登場人物の着ている服や小物が買える通販サイトや企業サイトに誘導できる。
*4　博報堂DYメディアパートナーズ、第9回メディア環境研究所フォーラム（2012.12.6）調査報告資料。調査時期：2012/3/16〜18、2012/10/5〜7、10代〜40代男女、調査地区：全国、インターネット調査、1,000サンプル。
*5　「free」（無料）と「premium」（割増金）を合わせた造語。無料のサービスを多数のユーザーに提供し、高機能品や特別なアイテムは有償サービスによって収益を得るビジネスモデル。5％の有料利用者が、95％の無料利用者をカバーするという。

〈インタビュー〉

キム・ヨンドク氏
（韓国コンテンツ振興院日本事務所所長）

■「韓流」がヒットしたわけ
　商品においては、製造、流通、販売という3つの工程がありますが、コンテンツは文化商品であり、同様のビジネスメカニズムで考える必要があります。すなわち、いいものを影響力の高い媒体で市場のニーズに合わせて出す、ということです。
　『冬のソナタ』を例にとると、よくできたドラマを、NHK-BSというメディアで流したことが成功の要因としては大きい。ノーCMでコアなターゲットに届けられたのがよかったのです。CMがないのでゆっくり見てもらえた。その後にNHKの地上波でオンエアしたけれど、素地ができていたので一気にブレイクした。日本の民放各局は、F1層を中心とするヤングターゲットのドラマばかりを作り放送していたけれど、中・高年女性を対象としたメロドラマがなく、自分たちの感覚にあうドラマに飢えていた。韓国ドラマは、そこにはまったんでしょう。また、『シュリ』などの韓国映画の成功で、韓国コンテンツに対する評価の下地はできていたうえに、『冬のソナタ』をNHK-BSで流そうと判断したNHK編成の目利きもあったのです。
　2000年代になって公開された韓国のコンテンツ制作力が上がった背景には、政治の民主化があり、2000年の金大中政権以降、文化の自由化がもたらされたのです。厳しい審議規制がはずされ、表現が自由になりました。それ以前であれば、茶髪やイヤリングさえNGだったのが、インターネットの普及も表現の自由化に拍車をかけた。そういった中で、ドラマのクオリティも上がっていったわけです。
　また、週休2日制の導入もコンテンツ制作の向上に寄与しています。人々の可処分時間が増え、映画やドラマなどのエンターテインメントが広く受け入れられるようになりました。人々に供給するための映像コンテンツが必要になり、制作技術も上がっていったのです。
　『冬のソナタ』の後、『宮廷女官チャングムの誓い』をオンエアしたのもよかった。『冬ソナ』では、中高年女性層をファンとして取り込んだけれど、『チャングム』では、中・高年男性のファンを獲得しました。そして、

K-POP のスターを使った学園ドラマなどを展開して若者にもファン層を広げた。ブームは 3～4 年で終わったけれど、韓流は根付いたと思う。

■韓流スターが売れるわけ

2010 年に「少女時代」や「KARA」がブレイクしたのは、そもそも K-POP が売れる下地があったのです。1998 年くらいから韓国の大手芸能事務所である SM エンターテインメントが海外進出を開始して、2001 年に日本事務所を設立、エイベックスや吉本興業などの協力を得ながら、所属歌手に日本語を習得させ J-POP を歌わせる「現地化」戦略をとりました。そこに所属する「BoA」や「東方神起」は、ミリオンヒットを出し、K-POP アーティストの実力が日本の芸能界でも認められていた。SM エンターテインメントは、厳しいレッスンでアイドルを育成していて、少女時代も練習生からスタートした。日本のアイドルは、メンバー構成でビジュアル系やキャラクター系、バラエティ系などキャラ分けができており、それで広く売れているが、美形でありながら実力をそなえたアイドルという部分を K-POP アイドルが補っているんです。しかし、K-POP アイドルは、まだニッチで、オリコンのヒットチャートでも、シングル DVD の売上げもアーティスト全体からいえばまだ小さな割合でしかありません。

■政府のコンテンツ支援

韓国は近年では、音楽、アニメ、3D、出版などを政府が支援しています。内需が小さいためグローバルに向かう。民間の中小の制作会社が数多くありますが、TAF（東京国際アニメフェア）や TIFFCOM（東京国際映画祭）など、フェアや見本市のブースへの出展を支援しています。日本のコンテンツは、食や家電、ファッションなどと同じようにジャパンプレミアムがあるけれど、韓国コンテンツはまだそこまではない。お客様に見てもらえるようなビジネススキームが必要でしょう。

韓国の映像コンテンツは、「N スクリーン戦略」をとっています。たとえば、テレビ番組は、スマートフォンなど、すべてのデバイスに向けてシームレスに、リアルタイムで同じコンテンツが見られるようになっている。エブリタイム、シームレスという方向に進んでいるのです。

(2012 年 7 月 23 日)

キム・ヨンドク氏プロフィール：上智大学大学院文学研究科新聞学専攻博士課程修了。韓国放送映像産業振興院・研究員、韓国コンテンツ振興院・首席研究員を経て、2010年7月より現職。社団法人韓日未来フォーラム理事、現東アジア日本学会理事、現日本歴史文化学会理事でもある。日本における韓流や韓国における日流、ドラマ制作システムや産業などを主な研究テーマとしている。著書に『TVドラマのメッセージ』（韓国語、共訳）、『現代社会と言論』（韓国語、共著）等、多数。

＊韓国コンテンツ振興院（KOREA CREATIVE CONTENT AGENCY：KOCCA）
　韓国コンテンツ産業の振興のために2009年5月に設立された政府系機関。コンテンツの製作、流通、制作インフラや人材育成まで多岐にわたり振興事業を行っている。
　放送、ゲーム、音楽、アニメ、キャラクター、漫画、ファッション、デジタルコンテンツなど幅広くエンターテインメント系コンテンツをカバーしている。日本、アメリカ、イギリス、中国に事務所を持つ。KOCCA日本事務所は、韓国コンテンツの日本進出の支援のほか、日本と韓国間のコンテンツビジネス活動の推進やマッチングも行っている。

参考文献リスト

＊邦訳のあるものは、訳書のみ記している。

合庭惇（2005）「デジタル技術と出版」山本武利責任編集・叢書現代のメディアとジャーナリズム第5巻『新聞・雑誌・出版』ミネルヴァ書房

飽戸弘（1992）『コミュニケーションの社会心理学』筑摩書房

新井範子・福田敏彦・山川悟（2004）『コンテンツマーケティング―物語型商品の市場法則を探る』同文館出版

石崎徹編著（2012）『わかりやすい広告論［第2版］』八千代出版

伊藤守編著（2009）『よくわかるメディア・スタディーズ』ミネルヴァ書房

井上俊・伊藤公雄編（2009）社会学ベーシックス第6巻『メディア・情報・消費社会』世界思想社

井上宏・荒木功責任編集（2009）叢書現代のメディアとジャーナリズム第7巻『放送と通信のジャーナリズム』ミネルヴァ書房

岩崎達也・小川孔輔（2008）「テレビ番組のプログラム価値マップ：質的評価尺度の活用と番組のライフサイクルマネジメント（上）（下）」『日経広告研究所報』240号、241号

インプレスR&Dインターネットメディア総合研究所編（2011）『インターネット白書2011』インプレスジャパン

植村祐嗣・小野裕三・日高靖・新谷哲也・杉浦友彦・岩田正樹（2009）『広告新時代　ネット×広告の素敵な関係』電通

宇都宮京子編（2009）『よくわかる社会学　第2版』ミネルヴァ書房

遠藤諭（2011）『ソーシャルネイティブの時代―ネットが生み出した新しい日本人』アスキーメディアワークス

大石裕（2011）『コミュニケーション研究　第3版―社会の中のメディア』慶應義塾大学出版会

小川孔輔（2001）『よくわかるブランド戦略―入門マネジメント＆ストラテジー』日本実業出版社

小川孔輔（2009）『マーケティング入門―マネジメント・テキスト』日本経済新聞出版社

小川勝（2012）『オリンピックと商業主義』集英社新書

加藤晴明（2001）『メディア文化の社会学』福村出版

門林岳史ほか（2011）『道の手帳　マクルーハン　生誕100年メディア（論）の可能性を問う』河出書房新社

岸勇希（2008）『コミュニケーションをデザインするための本』電通

北川高嗣・西垣通・吉見俊哉・須藤修・浜田純一・米本昌平編（2002）『情報学事典』弘文堂

北田暁大（2002）『広告都市・東京・その誕生と死』廣済堂出版

北田暁大（2008）『広告の誕生—近代メディア文化の歴史社会学』岩波書店

黒田次郎ほか（2010）『最新スポーツビジネスの動向とカラクリがよ〜くわかる本』秀和システム

経済産業省商務情報政策局監修／㈶デジタルコンテンツ協会編（2012）『デジタルコンテンツ白書2012』㈶デジタルコンテンツ協会

経済産業省（2012）「コンテンツの海外展開施策について」

経済産業省商務情報政策局（2011）「コンテンツ産業の現状と今後の発展の方向性」

小林直毅（2005）「テレビを見ることとは何か」 NHK放送メディア研究会編『放送メディア研究』第3号

小林直毅・毛利嘉孝編（2003）『テレビはどう見られてきたのか—テレビ・オーディエンスのいる風景』せりか書房

小林淑一（2009）『スポーツビジネス・マジック—歓声のマーケティング』電通

今昌司（2009）「スポーツイベントとスポンサーシップ その3—スポンサーシップパッケージの策定」SPORTS NAVI.com

斉藤徹（2011）『新ソーシャルメディア完全読本—フェイスブック、グルーポン…これからの向き合い方』アスキーメディアワークス

佐藤尚之（2008）『明日の広告—変化した消費者とコミュニケーションする方法』アスキーメディアワークス

佐藤尚之（2011）『明日のコミュニケーション—「関与する生活者」に愛される方法』アスキーメディアワークス

嶋村和恵監修（2008）『新しい広告』電通

清水公一（2009）『広告の理論と戦略（第16版）』創成社

志村一隆（2010）『ネットテレビの衝撃—20XX年のコンテンツビジネス』東洋経済新報社

志村一隆（2011）『明日のメディア—3年後のテレビ、SNS、広告、クラウドの地平線』ディスカバー・トゥエンティワン

出版科学研究所『2012出版指標 年報』㈳全国出版協会出版科学研究所

新宅純二郎・柳川範之編（2008）『フリーコピーの経済学—デジタル化とコンテンツビジネスの未来』日本経済新聞出版社

菅谷実・中村清編著（2000）『放送メディアの経済学』中央経済社

鈴木友也「スポンサーシップの目標設定と効果目標」『宣伝会議』2012.7.1
須田和博（2010）『使ってもらえる広告―「見てもらえない時代」の効くコミュニケーション』アスキーメディアワークス
高橋雄造（2011）『ラジオの歴史―工作の＜文化＞と電子工業のあゆみ』法政大学出版局
多木浩二（2000）『ベンヤミン「複製技術時代の芸術作品」精読』岩波書店
竹内郁郎・児島和人・橋元良明編著（2005）『メディア・コミュニケーション論Ⅰ』北樹出版
竹内郁郎・児島和人・橋元良明編著（2005）『メディア・コミュニケーション論Ⅱ』北樹出版
竹山昭子（2002）『ラジオの時代―ラジオは茶の間の主役だった』世界思想社
田中洋・清水聰編（2006）『消費者・コミュニケーション戦略―現代のマーケティング戦略④』有斐閣
田中義久・小川文弥編（2005）『テレビと日本人―「テレビ50年」と生活・文化・意識』法政大学出版局
津金澤聰廣・武市英雄・渡辺武達責任編集（2009）叢書現代のメディアとジャーナリズム第8巻『メディア研究とジャーナリズム21世紀の課題』ミネルヴァ書房
津田大介（2012）『動員の革命―ソーシャルメディアは何を変えたのか』中央公論新社
電通総研編（2011）『情報メディア白書2011』ダイヤモンド社
電通総研編（2012）『情報メディア白書2012』ダイヤモンド社
電通S.P.A.T.チーム編（2007）『買いたい空気のつくり方』ダイヤモンド社
土橋臣吾・南田勝也・辻泉編著（2011）『デジタルメディアの社会学―問題を発見し、可能性を探る』北樹出版
永田靖（2010）「スポーツイベントにおけるビジネスモデルの特性―スポンサーバリューの創出」広島経済大学経済研究論集第33巻第2号、2010年9月
中村滋（2010）『スマートメディア―新聞・テレビ・雑誌の次のかたちを考える』デコ
波田浩之（2010）『広告の基本がわかる本』日本能率協会マネジメントセンター
難波功士（2011）『メディア論』人文書院
西田宗千佳（2012）『スマートテレビ―スマートフォン、タブレットの次の戦場』アスキーメディアワークス
仁科貞文・田中洋・丸岡吉人（2007）『広告心理』電通
㈳日本広告業協会（2012）『広告ビジネス入門2012-2013』㈳日本広告業協会
日本テレビ営業局営業企画部『セールスハンドブック』
日本テレビ放送網㈱日本テレビ編成局マーケティング部『レイティングファイル2011』

日本テレビ50年史編集室（2003）『テレビ夢50年』
日本放送協会編（1977）『放送50年史』日本放送出版協会
日本放送協会編（2001）『20世紀放送史』日本放送出版協会
㈳日本民間放送連盟編（2001）『民間放送50年史』㈳日本民間放送連盟
ネットレイティングス社「インターネット利用動向調査」
橋元良明（2011）『メディアと日本人—変わりゆく日常』岩波書店
長谷川文雄・福冨忠和編（2007）『コンテンツ学』世界思想社
原由美子（2006）「デジタルメディア・ユーザーとはどんな人たちか」『放送研究と調査』9月号、NHK放送文化研究所
ビデオリサーチ社（1997年11月〜2007年5月）『テレビ番組カルテ（関東地区）』ビデオリサーチ社
ビデオリサーチ社編（2010）『テレビ視聴率年報2010』ビデオリサーチ社
ビデオリサーチ社（2012）「MCR調査」
ビデオリサーチ社（2012）「オリンピック放送分数と視聴率」
広瀬一郎（2005）『スポーツマネジメント入門［24のキーワードで理解する］』東洋経済新報社
福嶋亮大（2010）『神話が考える—ネットワーク社会の文化論』青土社
藤竹暁（2005）『図説日本のマスメディア（第2版）』日本放送出版協会
平久保仲人（2005）『消費者行動論—なぜ、消費者はAでなくBを選ぶのか？』ダイヤモンド社
本田哲也（2009）『戦略PR—空気をつくる。世論で売る。』アスキーメディアワークス
水野由多加（2004）『統合広告論—実践秩序へのアプローチ』ミネルヴァ書房
山本武利責任編集（2005）叢書現代のメディアとジャーナリズム第5巻『新聞・雑誌・出版』ミネルヴァ書房
湯浅正敏ほか（2006）『メディア産業論』有斐閣
横山隆治（2010）『トリプルメディアマーケティング—ソーシャルメディア、自社メディア、広告の連携』インプレスジャパン
吉見俊哉（1994）『メディア時代の文化社会学』新曜社
吉見俊哉（2000）『カルチュラル・スタディーズ』岩波書店
吉見俊哉編（2000）『メディア・スタディーズ』せりか書房
吉見俊哉（2003）『カルチュラル・ターン、文化の政治学へ』人文書院
吉見俊哉（2004）『メディア文化論—メディアを学ぶ人のための15話』有斐閣
吉見俊哉・若林幹夫・水越伸（1992）『メディアとしての電話』弘文堂

米倉律（2006）「HDR はテレビ視聴と放送をどう変えるか」『NHK 放送文化研究所年報 2006』　NHK 放送文化研究所　日本放送出版協会

和田正人（2001）『ひとはなぜテレビを見るのか―テレビへの接触行動モデルの構築に関する実証的研究』近代文芸社

和田充夫（2002）『ブランド価値共創』同文舘出版

MM 総研（2012 年 3 月）「スマートフォン市場規模調査」

アーカー，デービッド・A（1994）『ブランド・エクイティ戦略―競争優位をつくりだす名前、シンボル、スローガン』（陶山計介ほか訳）ダイヤモンド社

アーカー，デービッド・A（2005）『ブランド・ポートフォリオ戦略―事業の相乗効果を生み出すブランド体系』（阿久津聡訳）ダイヤモンド社

アンダーソン，クリス（2009）『フリー　＜無料＞からお金を生みだす新戦略』（小林弘人監修・解説／高橋則明訳）日本放送出版協会

オング，ウォルター・J（1991）『声の文化と文字の文化』（桜井直文他訳）藤原書店

カッツ，E／ラザースフェルド，P・F（1965）『パーソナル・インフルエンス―オピニオン・リーダーと人びとの意思決定』（竹内郁郎訳）培風館

クラッパー，ジョセフ・T（1966）NHK 放送学研究室訳『マス・コミュニケーションの効果』日本放送出版協会

ケラー，ケビン・レーン（2010）『戦略的ブランド・マネジメント　第 3 版』（恩藏直人・亀井昭宏訳）東急エージェンシー

ゴッフマン，アーヴィング（1985）『出会い―相互行為の社会学』（佐藤毅・折橋徹彦訳）誠信書房

コトラー，P／カルタジャヤ，H／セティアワン，I（2010）『コトラーのマーケティング 3.0 ―ソーシャル・メディア時代の新法則』（恩藏直人監訳・藤井清美訳）朝日新聞出版

コトラー，P／ケラー，K・L（2008）『コトラー＆ケラーのマーケティング・マネジメント（第 12 版）』（恩藏直人監修・月谷真紀訳）ピアソンエデュケーション

シュミット，バーンド・H（2004）『経験価値マネジメント―マーケティングは、製品からエクスペリエンスへ』（嶋村和恵・広瀬盛一訳）ダイヤモンド社

シュラム，ウィルバー編（1968）『マス・コミュニケーション―マスメディアの総合的研究』（学習院大学社会学研究室訳）東京創元新社

ターナー，グレアム（1999）『カルチュラル・スタディーズ入門―理論と英国での発展』（溝上由紀ほか訳）作品社

チョードリー，アルジュン（2007）『感情マーケティング―感情と理性の消費者行動』（恩

藏直人ほか訳）千倉書房
デイビス，スコット・M／ダン，マイケル（2004）『ブランド価値を高めるコンタクト・ポイント戦略』（電通ブランド・クリエーション・センター訳）ダイヤモンド社
ノイマン，エリザベス・N（1997）『沈黙の螺旋理論―世論形成過程の社会心理学　改訂版』（池田謙一・安野智子訳）ブレーン出版
バーワイズ，P／エレンバーグ，A（1991）『テレビ視聴の構造―多メディア時代の「受け手」像』（田中義久・伊藤守・小林直毅訳）法政大学出版局
ハイデガー，マルティン（1980）『存在と時間』（『中公バックス世界の名著74　ハイデガー』（原佑編）中央公論社）
フィスク，ジョン（1996）『テレビジョンカルチャー―ポピュラー文化の政治学』（伊藤守ほか訳）梓出版社
ブーアスティン，ダニエル・J（1964）『幻影の時代―マスコミが製造する事実』（星野郁美・後藤和彦訳）東京創元社
ベンヤミン・ヴァルター（1999）『複製技術時代の芸術』（編集解説佐々木基一）晶文社
マクウェール，デニス（1985）『マス・コミュニケーションの理論』（竹内郁郎ほか訳）新曜社
マクルーハン，マーシャル（1986）『グーテンベルクの銀河系―活字人間の形成』（森常治訳）みすず書房
マクルーハン，マーシャル（1987）『メディア論―人間の拡張の諸相』（栗原裕・河本仲聖訳）みすず書房
マクルーハン，M／カーペンター，E（2003）『マクルーハン理論―電子メディアの可能性』（大前正臣・後藤和彦訳）平凡社
マッカーシー，エドモンド・J（1978）粟屋義純監訳・浦郷義郎他訳『ベーシック・マーケティング』東京教学社
メイロウィッツ，ジョシュア（2003）『場所感の喪失（上）―電子メディアが社会的行動に及ぼす影響』（安川一・高山啓子・上谷香陽訳）新曜社
リップマン，ウォルター（1987）『世論』上・下（掛川トミ子訳）岩波書店

『日本大百科全書』（1993）小学館
『日本テレビ社報』No.399（2003）
NHK放送文化研究所編（2003）『テレビ視聴の50年』　日本放送出版協会
日本能率協会総合研究所編（2005）『広告効果測定ハンドブック　コミュニケーション戦略シリーズ』㈱日本能率協会総合研究所情報事業開発センター

『世界大百科事典第 2 版』(2006) 平凡社
NHK 放送文化研究所 (2007)「日本人とメディア」『放送研究と調査』総合調査研究報告①日本放送出版協会
『PR』vol.123 (2008)(特集：スポーツの広報力)日本パブリックリレーションズ協会
『週刊ダイヤモンド　特大号』(特集：スポーツ＆マネー丸ごとランキング) 2008 年 8 月 2 日号
『デザインノート』No.28 (2009) 誠文堂新光社
『週刊東洋経済』(特集：スポーツビジネス徹底解明) 2010 年 5 月 15 日号
Twitter Japan プレスリリース、2011 年 12 月 9 日付
『知恵蔵』(2012)
『毎日新聞』2012 年 8 月 13 日付
ロイター通信、2012 年 8 月 13 日付
出版科学研究所 (2012)『出版指標年報』(社) 全国出版協会
『宣伝会議』特集「テレビのコンテンツ力」2012 年 9 月 15 日号
博報堂 DY メディアパートナーズ、第 9 回メディア環境研究所フォーラム (2012.12.6) 調査報告資料
NHN ジャパンプレスリリース、2013 年 1 月 18 日号
『週刊東洋経済』2013 年 1 月 19 日号
『民間放送』日本民間放送連盟、2013 年 2 月 3 日号
総務省ホームページ　http://www.soumu.go.jp
NTT DIGITAL MUSEUM「電信・電話の歴史年表」http://park.org/Japan/NTT/DM-/html_ht/H)

Ang, Ien (1985), *Watching Dallas: Soap Opera and the Melodramatic Imagination*, London: Methuen & Co.Ltd.
Hall, Stuart (1973),"Encoding/Decoding in Television Discourse", *Culture, Media, Language* (Working Papers in Cultural Studies, 1972-79, The Centre for Contemporary Cultural Studies, University of Birmingham), Hutchinson
IOC,"Olympic Marketing Fact File 2012 edition"
IOC,"IOC Marketing: Media Guide London 2012"
Lazarsfeld, P. F. /Berelson, B., Gaudet, H. (1944), *THE PEOPLE'S CHOICE −How the Voter Makes Up His Mind in a Presidential Campaign*, New York: Duell, Sloan and Pearce
Morley, David (1980),"The Nationwide Audience: Structure and Decoding", Morley, D. and C.

Brunsdon (ed.), *The Nationwide Television Studies*, London: Routledge
Reed, David P. (2001),"The Law of the Pack", *Harrard Business Review*, February 2001
Schramm,W., Schramm, W. S., Roberts, F. (1954), *The Process and Effects of Mass Communication*, Illinois: University of Illinois Press
Webster, J. G. /Wakshlag, J. J. (1983), "A Theory of Television Program Choice", *Communication Research* Vol. 10, No. 4

AP通信, 2012年1月25日付
BBC News Centre, 2012年8月13日付
Broadcasting & Cable, 2011年6月7日付
Broadcasting & Cable, TV by the Numbers, 2012年8月13日付
NBC Sports Group Press Box, 2012年8月4日付

あとがき

　「岩崎さん、そろそろテキストを書きましょう。先生になってもう3年経ちましたよ」。本書は、2年前の小川孔輔先生のこのひとことから始まった。小川先生は、法政大学大学院イノベーション・マネジメント研究科教授で、私が同大学院経営学研究科・修士の時からの恩師である。私は卒業と同時にそのまま法政大学の経営大学院で客員教授となり、コンテンツビジネス論の講義と大学院生のゼミ指導を行うことになった。そして、前出の言葉は、これまでの講義資料や論文、そして30年の実務の実績を合わせて形にしてみてはどうかという天の声であった。日本テレビの業務がメインであり、日々忙しいことを言い訳にして、テキストを書きたいと思いつつも先延ばしにしてきたのである。覚悟を決めて本書の執筆にとりかかった。

　メディアの世界で、書くことや企画を立てることを生業にしてきた自分にとって、メディアやそれにまつわるコンテンツの本を書くことは、当初さほど難しいことではないと思っていた。しかし、テキストを書くという仕事は手ごわかった。自分が常に時代の空気や流れの中で実感として受け止め、感性で表現してきたものを、先人の知見を踏まえたうえで、学術的にわかりやすく表現し直すという作業である。メディアを歴史の流れや技術の進歩の中で捉えること、さらにメディアの現状を俯瞰して見て全体の中で捉えること、受け手（生活者）の側から、また文化や政治など社会の中で、さらにはマーケティング概念の枠組みで捉えることなど、視点を変えればきりがないほどメディアの捉え方は多様で、かつ流動的なものであった。今書いていることが、すぐ過去になるジレンマを抱えながら、その本質を射抜くにはどうしたらいいか思案した。

メディアについてこれまでさまざまな言説があるが、「メディアとは」という言葉を自らに問うてみると、まずはエンターテインメントや情報、広告などのコンテンツを送る手段としての視点に立つ。しかし、本書を執筆するうちに、メディアは自分自身であり、また自らの中に内包するものを外に吐き出すときに機能する力、ということを実感した。つまり、極めて存在論的な視点である。やっかいなやつと関わったものだと思いつつ、一生添い遂げるつもりである。

本書の執筆において、多くのご教示をいただいた小川教授に心より感謝したい。そして、慶應義塾大学出版会を紹介してくれ、本書を出す素地をつくってくれた法政大学大学院イノベーション・マネジメント研究科の高田朝子教授、また、社会学的視点やコンテンツにおいて日頃からご教示いただいている法政大学大学院政策創造研究科の増淵敏之教授の両氏に深くお礼申し上げる。そして、実務との二足のわらじでいつも忙しい私を支えてくださっている法政大学大学院イノベーション・マネジメント研究科の先生方に心より感謝する。

日本テレビの先輩でもある編成局専門局長の土屋敏男氏、韓国コンテンツ振興院のキム・ヨンドク所長の両氏には快く取材に応じてもらい、非常に興味深い話をいただいた。改めてお礼を申し上げる。

最後に、本書出版の相談にのってもらい、そのきっかけをつくってくれた木内鉄也さん、初めての単著でとまどうことが多い著者を、的確な指摘と大きな心で支えてくれた慶應義塾大学出版会の乗みどりさんに心から感謝する。そして、私を支えてくれる多くのみなさんのおかげで本書が完成したことを、切に感じている次第である。

　　2013年3月

　　　　　　　　　　　　　　　　　　　　　　　　　　　岩崎　達也

索　引

〈人　名〉

ア行

アーカー，ディヴィッド・A（Aaker, David A.）　160, 161
アームストロング，エドウィン・H　32
アベランジェ，ジョアン（Havelange, João）　149
アング，イエン（Ang, Ien）　59, 118
アンダーソン，クリス（Anderson, Chris）　184
ウェルズ，G・オーソン（Welles, George Orson）　33
エジソン，トマス（Edison, Thomas Alva）　31, 43
オング，ウォルター・J（Ong, Walter J.）　2, 13–15

カ行

ガーブナー，S　55
カッツ，エリュ（Katz, Elihu）　53
グーテンベルク，ヨハネス（Gutenberg, Johannes）　10, 27
クラグマン，ハーバート・E（Krugman, Herbert E.）　94
クラッパー，ジョセフ・T（Klapper, Joseph T.）　54
ケラー，ケヴィン・L（Keller, Kevin Lane）　102, 104, 137, 161
皇太子明仁親王（今上天皇）　39
コーリー，ラッセル・H（Colley, Russel H.）　69
コトラー，フィリップ（Kotler, Philip）　71, 102, 104
ゴフマン，アーヴィング（Goffman, Erving）　16

サ行

サマランチ，フアン・アントニオ（Samaranch, Juan Antonio）　143
シュラム，ウィルバー（Schramm, Wilbur）　54, 56
正力松太郎　23, 39
ストロング，エドワード・K（Strong, Edward K.）　68

タ行

高柳健次郎　38
ダン，マイケル（Dunn, Michael）　110
デイビス，スコット・M（Davis, Scott M.）　110

ナ行

ノエル＝ノイマン，エリザベス（Noelle-Neumann, Elisabeth）　55

ハ行

ハイデガー，マルティン（Heidegger, Martin）　2
フィスク，ジョン（Fiske, John）　59, 119
ブーアスティン，ダニエル・J（Boorstin, Daniel Joseph）　5–7
フェッセンデン，レジナルド（Fessenden, Reginald A.）　31

ブラッター, ジョセフ (Blatter, Joseph) 149
ベル, グラハム (Bell, Alexander Graham) 43
ベンヤミン, ヴァルター (Benjamin, Walter) 8, 9
ホール, サミュエル・ローランド (Hall, Samuel Roland) 69
ホール, スチュアート (Hall, Stuart) 57, 58

マ行

マクエール, デニス (McQuail, Denis) 56, 57, 118
マクルーハン, マーシャル (McLuhan, Herbert Marshall) i , 1, 2, 9–13, 15, 17, 45
マッカーシー, エドモンド・J (McCarthy, Edmund Jerome) 68
美濃部達吉 28
メイロウィッツ, ジョシュア (Meyrowitz, Joshua) 16–18
モーレイ, デイヴィッド (Morley, David) 59, 118

ヤ行

ユベロス, ピーター (Ueberroth, Peter V.) 140

ラ行

ラザースフェルド, ポール・F (Lazarsfeld, Paul Felix) 53
リップマン, ウォルター (Lippmann, Walter) 3–5
ルイス, セント・エルモ (Lewis, St. Elmo) 68

〈事　項〉

ア行

アーンドメディア　72, 112
アウラの喪失　8
アジェンダ設定　20
アップル　29
アドエクスチェンジ　53, 82
アフィリエイト　52
アプリ　48, 52, 117, 155, 180, 182, 186
アマゾン　28, 29, 177
アメリカ・マーケティング協会（AMA）　65, 159
一次的な声の文化　14
位置連動型広告　84, 85
一県一紙制　23
移動体受信機向けの地上デジタル放送　40
印刷受委託　25
インスタントメッセージ　50
インストア・プロモーション　100
インターネット広告　50, 82-85, 98, 177
インターネットラジオ　36
インタラクティブ性　82
インタラクティブ放送　153
インナー向けプロモーション　98, 99, 101
インフルエンサー　106, 107
インプレッション保証型広告　85
ウィキペディア　185
ウィズ・バックプレミアム　99
ウィンドウイングモデル　178
ウェブ広告　52
『宇宙戦争』　33, 53
衛星放送（BS）　39, 95, 98
エキスパンド広告　85
エスノグラフィー　59
エンゲイジメント　94
「エンコーディング／デコーディング」に関するモデル　57, 58
オウンドメディア　72, 73, 112
オープンプレミアムキャンペーン　99
おさいふケータイ　45
オピニオンリーダー　53-55, 107
オフィシャルサプライヤー　141, 152
オフィシャルスポンサー　141
オフィシャルパートナー　143
オプティマイザー　95
オプトインメール広告　85
オリンピック　iii, 98, 137, 140, 142-144, 146-148, 154-157
　アテネ・──　145
　ロサンゼルス・──　140, 141, 145
　ロンドン・──　145, 146, 153, 154, 156, 181
オンライン放送　153

カ行

街頭テレビ　39
確認視聴　57, 120
カジュアル世論　105
カスタマーBook　77
活版印刷　10
カラー本放送開始　39
カルチュラル・スタディーズ　57, 59
カルティベーション（培養）効果　55
感覚価値　163
環境監視（Surveillance）　20
環境ビデオ型視聴　120
カンヌ国際広告賞　87
カンヌライオンズ国際クリエイティビティ・フェスティバル　67
観念価値　163
冠スポンサー　137

期間保証型広告　85
企業ブランド　162, 163
記号論　57
疑似イベント　5, 7
疑似環境　3, 4
記事広告　103
記者クラブ　22
議題設定効果　55
基本価値　163
キャラクター　169-172, 175, 176, 182, 185
キャンペーン　80, 108, 167, 168, 170-172
　——ニュース　99, 101
強力効果論　53, 54, 56
協働マーケティング　71
（昭和天皇）玉音放送　34
キンドル（Kindle）　29
グーグル（Google）　19, 82, 83, 177
『グーテンベルクの銀河系』　9
クーポン（割引券）配布　98, 99
クールなメディア　13
クチコミ　89, 106, 107, 111
グリー（GREE）　51
クリーン・ベニュー（Clean Venue）　143
クリエイティブ・オプティマイゼーション　84
クリック報酬型（課金）広告　85
クロスメディア　71, 109, 110, 112
携帯電話　25, 29, 44, 46-48, 59, 60, 84, 85, 120
ゲートウエイ機能　20
『幻影の時代』　5
検索連動型広告　84, 85
懸賞・くじ　98
幻想（イメジ）　6, 7
限定効果論　53, 54, 56, 57
高精細度　13
広告　iii, 65-79, 82-90, 92-96

　——アローワンス　100
　——効果階層モデル　68, 70
合意の製造　5
公式スポンサー　138
皇太子明仁親王（今上天皇）御成婚　39
（米国）高等研究計画局（ARPA）　48
行動ターゲティング　53
　——広告　84, 85
小売業者プロモーション　98, 99
声の文化　13-16
　二次的な——　15, 16
『声の文化と文字の文化』　13
コード化　60
ゴールデン　121
ゴールドパートナー　143
国際電信電話諮問委員会（CCITT）　49
『国民之友』　27
個人視聴率　120, 129, 132
戸別宅配制度　23
コミュニケーション戦略　iii, 65
コミュニケーションデザイン　112, 113
コミュニケーションの二段階の流れ　54
コミュニケーションの非対称性　57
コミュニティ放送　35
コミュニティFM　35
コンタクト・ポイント　110, 111
　影響——　110
　購買後——　110
　購買時——　110
　購買前——　110
コンテクスト　57
コンテスト　99, 100
コンテンツ海外流通販促機構（CODA）　176
コンテンツ産業　175-177
コンテンツビジネス　iii
コンフェデレーションズカップ　153

サ行

サービス総合デジタル網（ISDN） 49
最高有効フリークエンシー 94
最低有効フリークエンシー 94
再販売価格維持制度 23
再部族化 11
三冠王 121
（株）産業革新機構 29
三者間市場 185
（商品）サンプリング 65, 77, 91, 98, 99, 101
讒謗律 22
シームレスCM 89
視聴質 122
視聴率 120–123, 125–128, 130–132
実演販売 99
支配的立場 58
社内セミナー 99, 101
習慣視聴 130
充足のタイポロジー 56
自由民権運動 22, 27
出版条例 27
（株）出版デジタル機構（サービス名称：パブリッジ） 29, 30
出版法 28
準拠集団 54
状況論的アプローチ 17
小新聞 22
消費者エンパワーメント 51
消費者向けプロモーション 98
商品ブランド 162, 163
ショートフィルム 90–93
シリウスXMラジオ 33
新学習指導要綱 25
身体性 3
身体性／文字性 2
新聞解話会 22

新聞広告 74, 95, 109
新聞紙条例 22
新聞紙法 22
シンボルマーク 159, 167
深夜放送 35
ステレオタイプ 3–5
ストリーミング 180
スピリチュアルマーケティング 71
スポーツイベント 137, 138
スポットCM 78–82, 178
　──逆L型 80
　──コの字型 80
　──全日型 80
　──ヨの字型 80
スポット広告 42
スポンサー権販売 141
スポンサーシップ 137, 140, 142, 144, 151–153
スマートテレビ 21, 117, 180, 181
成果報酬型広告 85
製造業者プロモーション 98, 99
セールスコンテスト 99, 101
セールスマニュアル 99, 101
セカンドスクリーンサービス 180
世帯視聴率 120, 124–128, 132
接触時間 77
接触率 77
『世論』 3, 4
選択的接触 54
戦略PR 105, 106
ソーシャルグラフ 72
ソーシャル視聴 182
ソーシャルネットワーキングサービス（SNS） 50, 83, 88, 107, 113, 114, 155, 156, 180, 181
ソーシャルメディア ⅰ, ⅲ, 19, 20, 22, 46, 50, 51, 53, 60, 66, 69–73, 88, 89, 97, 107,

135, 136, 154–157, 177
　——オリンピック　154
総世帯視聴率　122
属性ブランド　162, 163
存在論的地平　6

タ行

ターゲティング性　82
タイアップパブリシティ　96, 104
大会マーク　138
大新聞　22
タイム広告　41
タイムCM　78–82
体面的コミュニケーション　i
対話的なコミュニケーション　59
宅配制度　23
ダブルウィンドウ視聴　180, 185
タブレット端末　28
多様な読解　58
『ダラス』　118
弾丸理論　53
知覚品質　160, 161
地球村（グローバルヴィレッジ）　11
地上波デジタル放送　40
地上放送のデジタル化　167
直接的内部相互補助　184
チラシ配布　99, 110
チラ見視聴　120
沈黙の螺旋仮説　55
ツイッター（Twitter）　i, 20, 46, 51, 52, 66, 69, 71–73, 88, 135, 154–156, 177, 180
テアトロフォン　40
提供表示　78
通信省　40
ディスクジョッキー　35
ディスプレイ・アローワンス　100
低精細度　13

テキスト広告　84
デコーディング　57, 58
デジタルライブラリー　28
デモグラフィックターゲティング広告　84, 85
『テレビジョン・カルチャー』　119
『テレビと日本人』　119
テレビ放映権料　141
「テレビ50年調査」　119
電気通信省　44
電気メディアの段階　10, 11
展示的価値　8, 9
電子決済　28
電子ジャーナル　28
電子出版　28, 29
電子出版制作・流通協議会　29
電子書籍　29–31
電子メール　50
店頭プロモーション　101
店頭POP　65, 101
天皇機関説　27
電波三法（電波法、放送法、電波管理委員会設置法）　34, 38
動画CM（広告）　85
特別陳列　99
時計回りの法則　129
トランジスタラジオ　35
トリプルメディア　73, 83
トレード・プロモーション　100

ナ行

ながら視聴　130, 170
ナショナルスポンサー　153
日本衛星放送（JSB・WOWOW）　39
日本テレビキャンペーン　167
日本電子書籍出版協会（電書協）　29
日本電信電話株式会社（NTT）　45

日本電信電話公社　44
日本放送協会（NHK）　34, 38, 39, 119, 142, 186
日本民間放送連盟　79
日本ラジオ広告推進機構（RABJ）　38
ニュースネットワーク　39
人間の拡張　1, 12
認定放送持株会社　41
『ネーションワイド・オーディエンス』　59, 118
ネットタイム　78, 80
能動的なオーディエンス　57

ハ行
『パーソナル・インフルエンス』　53
博報堂DYメディアパートナーズ・メディア環境研究所　114, 182
『場所感の喪失』　16, 17
バナー広告　82, 84
話し言葉の段階　10
『花とアリス』　92
パピレス　31
パブリシティ　103, 108
　──イベント　102, 103
　フリー──　103
　ペイド──　102, 103
バラエティ番組　123, 126
番組終了の法則　129, 130
番組フォーマット販売　178, 179
『ピープルズ・チョイス』　53
皮下注射モデル　53
非貨幣市場　186
ビデオ・オン・デマンド　41
日比谷焼打事件　22
非複製性／複製性　2
非放送系コンテンツ収入　41
ファミリー・ブランド　163

フェイスブック（Facebook）　i, 20, 46, 51, 52, 66, 69, 71, 72, 88, 154–156, 177, 180, 181
複合影響説　56, 57
『複製技術時代の芸術』　8
プライム（タイム）　121, 123, 124
プラットフォーム　177, 186
フランクフルト社会科学研究所　9
ブランデッド・エンタテインメント　89
ブランド　106–108, 110, 159, 161, 162
　──イメージ　92, 126, 162, 164, 165, 167, 172
　──階層　162
　──価値　163
　──形成要素　165
　──認知　160
　──連想　160, 161
　──・エクイティ　160–162
　──・コミュニケーション　111, 164
　──・ポートフォリオ　162
　──・マネジメント　165
　──・ロイヤルティ　160, 161
『フリー』　184, 185
フリークエンシー　92–94
フリーミアム　185
フリー・イン・ザ・メールプレミアム　99
プレイオン・アド　90–92
プレスコード　27
プレスリリース　102, 106
ブロードバンド配信　41
フローティング広告　85
ブログ　50, 69, 73, 107
　──パーツ　87
プログラム価値マップ　120, 123–125, 127, 131
プロダクト・プレイスメント　90, 92
プロポーザル方式　141

文化イベント　137
文化マーケティング　71
ペイドメディア　73, 112
便宜価値　163
編集タイアップ　76
放送関連4法（放送法、有線ラジオ放送法、有線テレビジョン放送法、電気通信役務利用放送法）　40
放送法　40
放送法等の一部を改正する法律案　40
ポータルサイト　19, 83
ポーツマス講和条約　22
ポケベル　46
ホスピタリティ　151, 153
ホットなメディア　13

マ行

マーケティング・パブリック・リレーションズ（MPR）　103-105
マーケティング3.0　71, 72
マーチャンダイジング　138, 179
マイスペース（Myspace）　51, 88
マスコット　138
『マス・コミュニケーションの効果』　54
マルチウインドウ視聴　180
ミクシィ（mixi）　51, 52
民間衛星放送局　39
民間放送　38
無線電信法　38
メールマガジン広告　84
メディアスパイラル　114
メディア接触時間　20, 21
メディアニュートラル　110
メディアの受け手　19, 56, 58, 118
メディアのテクスト　57
メディアの法則　i
「メディアは、メッセージである」　12

メディア変容の位相　3
メディアミックス　86, 109
『メディア論―人間の拡張の諸相』　12
メディア・リテラシー　59-61
木版印刷　27
文字の文化　i, 14
文字メディアの段階　10
モニタリング　98, 99
モバイル検索連動広告　53
モバイル端末　21, 82

ヤ行

ヤフー（Yahoo！）　19, 82
ユーストリーム（USTREAM）　51
ユーチューブ（YouTube）　51, 88
有料電子新聞サービス　25
ユニバーサルアクセス権　147

ラ行

ライセンス料　151
ライン（LINE）　51, 52, 182
らじる★らじる　36
リアルタイムビッディング　83
リーセンシー　94
リーチ　71, 73, 76, 87, 92-94, 109, 110, 122, 135
　――保証型広告　85
リードの法則　51
リッチコンテンツ　53, 82
リッチメディア広告　84, 85
流通業者向けプロモーション　98, 100
流通タイアップキャンペーン　99, 100
礼拝的価値　8, 9
連合国軍最高司令官総司令部（GHQ）　23, 28, 34
レンジブランド　163
ローカルタイム　78, 80

ロゴ　159-161, 167, 169-171
ロングセラーの法則　129-131
ロングテール　28

ワ行

（FIFA）ワールドカップ　iii, 137, 147, 149-151
　——マーケティング権　151, 153
　——ホスピタリティ　151, 153
　——ライセンス料　151
ワンセグ　40, 45

英数字

1県4チャンネル政策　39
3回露出の有効性　94
4マス　19, 22, 95
4P理論　68
5つのM　67
ACC・CMフェスティバル　88
AIDA理論　68
AIDCAモデル　68
AIDMAモデル　68, 70
AISASモデル　69, 70
(株)All Nippon Entertainment Works　176
AMA→アメリカ・マーケティング協会
Android Market　48
Anime Expo（米）　175
ARPANET　49
BBC　38, 153
BCLブーム　35
Book in book　77
BSデジタル放送　39
CCCS（英国・現代文化研究センター）　57
CCITT（Consulting Committee of International Telegraph and Telephone）→国際電信電話諮問委員会
CI（コーポレート・アイデンティティ）　167
CoFesta　175
CPM（Cost Per Mille）　87
Cross Media HAAP　95
DAGMAR理論　68
DiaLog　95
eコマース　185
F1含有率　79
FIFA（国際サッカー連盟）　147-149, 151-153
FIFAパートナー　151
FIFAワールドカップスポンサー　152
FIFAワールドカップ組織委員会（WCOC）　148
FMラジオ放送　35
FSP　99
GRP（延べ視聴率）　121, 132
Hami書城　31
IOC（国際オリンピック委員会）　142, 143, 145, 146
iPad　29, 183
iPhone　155
ISDN（Integrated Service Digital Networks）→サービス総合デジタル網
iTunes Store　48
JAPAN EXPO（仏）　175
JoinTV　166, 182
KDKA局　33
MI4（Measurement Initiative for Advertisers, Agencies, Media and Researchers）　94
Nスクリーン戦略　187
NOC（各国オリンピック委員会）　143
nottv（ノッティービー）　117
OOH（Out of Home）　91, 109
PR（パブリック・リレーションズ）　65, 101-104, 107, 108, 113

PT（Participating Commercial）　79, 80
Qレイト　　120, 122-130, 132
radiko　36, 38
SB（Station Break）　79, 80
SEM（Search Engine Marketing）　83
SEO（Search Engine Optimization）　83
Shazam　155, 181
SIPSモデル　69, 70
SP（セールスプロモーション）　65, 98, 99, 113
tコマース　185

TAF（東京国際アニメフェア）　187
TIFFCOM（東京国際映画祭）　187
TOP(The Olympic Programme)　142, 143, 157
UNIQLOCK　87
VI（ビジュアル・アイデンティティ）　167
V-Low帯向け音声放送　36
Web1.0　50
Web2.0　50
Web3.0　50

岩崎達也（いわさき　たつや）
㈱日テレ アックスオン執行役員、同映像事業センター専任センター長、法政大学大学院イノベーション・マネジメント研究科兼任講師、共立女子大学文芸学部非常勤講師。
1956年生まれ。法政大学大学院経営学研究科修了（MBA）。㈱博報堂でコピーライターとして、カネボウ、スズキ自動車、JRA、サントリーなどを担当。日本テレビ放送網㈱にて、宣伝部長、編成局エグゼクティブディレクターなどを経て、2011年7月より現職。2000～2010年、㈳日本民間放送連盟スポーツ編成部会広報分科会幹事。
［著作］『異文化適応のマーケティング』（共訳、ピアソン桐原、2011年）、「多メディア環境下のテレビ視聴行動」（共著、『日経広告研究所報』237号、2008年）、「テレビ番組のプログラム価値マップ」（共著、『日経広告研究所報』240、241号、2008年）。
［受賞］「読売広告大賞」（2000年金賞、2002年読者賞）、「グッドデザイン賞2001」（コミュニケーション部門入賞）、「JR東日本ポスターグランプリ」（96年銀賞、97年銅賞、99年金賞、01、02、05年銀賞）、「デジタルサイネージアワード2012」（ブロンズ賞）など多数。

実践メディア・コンテンツ論入門

2013年4月30日　初版第1刷発行

著　者─────岩崎達也
発行者─────坂上　弘
発行所─────慶應義塾大学出版会株式会社
　　　　　　　〒108-8346　東京都港区三田2-19-30
　　　　　　　TEL〔編集部〕03-3451-0931
　　　　　　　　　〔営業部〕03-3451-3584〈ご注文〉
　　　　　　　　　〔　〃　〕03-3451-6926
　　　　　　　FAX〔営業部〕03-3451-3122
　　　　　　　振替 00190-8-155497
　　　　　　　http://www.keio-up.co.jp/
装　丁─────後藤トシノブ
印刷・製本───株式会社加藤文明社
カバー印刷───株式会社太平印刷社

　　　　　　　Ⓒ2013　Tatsuya Iwasaki
　　　　　　　Printed in Japan ISBN 978-4-7664-2031-9

慶應義塾大学出版会

コミュニティ・メディア
―コミュニティFMが地域をつなぐ

金山智子 編著　地域住民、自治体、学校、企業などが、コミュニティFMラジオによってどのようにつながっているのか。地域のまちづくりにどう貢献しているのか。地域コミュニティにおけるコミュニティ・メディアの存在意義を探る。●2000円

ニュースはどのように理解されるか
―メディアフレームと政治的意味の構築

W・ラッセル・ニューマン、マリオン・R・ジャスト、アン・N・クリグラー 著／川端美樹・山田一成 監訳
メディア報道とニュースの受け手の理解との乖離はどこからくるのか。実証研究により、ジャーナリストによるニュースの「意味づけ」と、視聴者・読者の「解読」の緊張関係を明らかにしたニュース研究の必読書の翻訳。●2800円

コミュニケーション研究 第3版
―社会の中のメディア

大石裕 著　コミュニケーションを考えるための入門書。コミュニケーションが社会の中で果たす役割、新たなメディアの社会的影響などを体系的に整理し、多くの図表を掲げてわかりやすく解説。最新のデータを盛り込んだ第3版。●2800円

表示価格は刊行時の本体価格（税別）です。